心の危機と臨床の知　9

「いま」を読む

消費至上主義の帰趨

川田都樹子・編

人文書院

まえがき

シリーズ『心の危機と臨床の知』第九巻として刊行されることとなった本書『「いま」を読む――消費至上主義の帰趨』は、「現代人の心の危機」へのアプローチの方法として、その背景にある社会的コンテクストを包括的に浮かび上がらせようとするものである。専門分野を異にする論者が、それぞれの切り口から「いま」「現在」という時を読み取り、未来への展望を自由に描きだしてみようというのが、本企画の趣旨であり、共通のキーワードとして「消費至上主義社会」を設定した。現在の諸問題を、特に戦後日本の「消費社会」という切り口から考察しようというわけである。

周知の通り、戦後日本は、過激なまでの国民経済成長主義の国家政策をとり続け、長期的、系統的、かつ強力な国家介入を備えた資本主義システムを貫いてきた。それによって日本は敗戦の廃墟の中から立ち上がり、奇跡的な高度成長をなし遂げ、急速な生活水準の向上を果たして「経済大国」と呼ばれるまでになった。しかし、その結果、都市問題、過疎問題、地球環境問題等々高度成長の諸矛盾が社会問題として顕在化し、日本を有数の富裕国へと押し上げた企業主義・効率主義は、あらゆる分野における価値観の基準を経済構造の中に見出すという悪癖をも定着させてしまった。そこでは、何もかもだ短期的な商品価値によって評価され、短期間に消費されてしまうのである。

さらに一九八〇年代後半のバブル景気は、企業や富裕層のみならず、一般人まで巻き込んだ一大消費ブームを引き起こした。ところが九〇年代初頭、バブル崩壊とともに景気は一気に後退し、一般に「失われた一〇年」と称される平成不況の混乱に見舞われる。しかもそのただなかで起きた阪神・淡路大震災において、私たちはそれまで築き上げてきた物質文明が一瞬にして脆くも崩れ去り、たちまちパニック状態に陥るのを目の当たりにしたのだった。こうした大きな変動を経験し、経済社会機構への危機意識が高まったせいでかえってますます、消費をベースとしてあらゆる価値を測ろうとする傾向が増幅されているように感じる。それはあたかも、欲望という名のブラック・ホールを中心に据えて歪《いびつ》に膨張し続ける「消費宇宙」を形成していくかに思えるのである。

今や私たちの日常生活は、欠如充塡のための単純な消費活動の域をはるかに超え、欲望の自由度がこの上ない高まりを見せるなか、人は「消費のための消費」を繰り返し、モノ（商品）に囲まれて生きるうちに、自らが所有するモノだけを、己の「個性」表現の術にしてしまっている。しかしながら、消費マーケットがターゲットとしているのは、画一性の中からあるものを選択するだけの「個性」なのであり、同じ商品を使いながらそれを個性の表徴であると信じ込む共同幻想それ自体である。「オリジナリティ」という神話さえも、こうして「モード」として消費されていくわけである。こうした消費社会を形成していく商品を提供する側からの、ブランディング戦略としての社会操作の状況は、本書、谷本論文で確認できるだろう。また、そうした「消費」が、いかにネガティヴな「破壊」概念と結びつくものであるのかを、映画を手がかりに雄弁に語るのが、飯島論文である。そして、川田論文では、かような社会におけるアート界の一断片を描写してみた。

さて、こうして「個」としての「私」のありかを見失ってしまったために、「ここにはいない私」が「本当の私」だという、これまたコマーシャリズムのキャッチ・コピーに乗せられた若者たちが、（時にマスコミが提供する第三世界のユートピア・イメージを手に海を渡り、）「自分探しの旅」に出たりする。（〝私には、今私が居ない場所に於いて、私が常に幸福であるように思われる〟――ボードレール「この世の外ならどこへでも」）だが、そうした旅の過程で消費・消尽されていくのは、「ここにいる私」なのではなかろうか？　そして、あまりにも多くの「私」からはぐれた若者が、現在、「居場所」を求めて道に迷っているのである。興味深いことに、これとよく似た状況は、どうやら言論・思想の領域にも共通して見受けられるようである。自己の立脚点を見失い、あらゆる価値の相対化の中で真理を語る術さえも人は見失いつつあるのだ。西論文では、この思想界の「いま」の実情が告発されている。

「私」からはぐれた若者たちの急増は、「いま」の社会が抱える難題である。思えば、「フリーター」という言葉は、八〇年代の末ごろに出来た和製造語で、元来は、高度成長期の競争社会で企業戦士としてがむしゃらに生きてきた親世代のキャリア・モデルへの批判に端を発し、「スロー・ワーク」や「ワーカーズ・コレクティヴ」といった新しい就労体制を目指す姿勢だった。しかしながら、九〇年代以降には、日本が産業空洞化に陥り、日本型雇用（新規学卒一括採用や終身雇用）制度の崩壊によって求人需要が激減しはじめ、かわって急増したのが、コスト削減のための非正規雇用だった。フリーターはむしろ、非正規雇用にあぶれた、低廉な「使い捨て」労働力として「消費」されてきたのである。また、近頃は、正規雇用にさえ就かない者を指す「ニート」という言葉が一種の流行語になっており、「ひきこもり」の高齢化問題との親縁性からも深刻な社会問題と見なされている。こうした学卒無業者の増加自体、高度成長期に形成された「戦後型青年期」の構造に関わっていると言えるだろう。そうした若者たちに、根気強く向き合ってきた者の生の声として、田中論文を読んでいただきたい。

「スロー・ワーク」の概念は、今も健在である。他にも「スロー・ライフ」「スロー・フード」といった、効率主義的消費社会に抵触する概念が、昨今の流行となっている。しかし、それさえ今は消費者の欲望をそそるための、一つの「商品価値」に対する心地よいネーミングになっていよう。それらに限らず、消費文化の表層では常に、便利で快適で清潔かつ迅速たものとともに、豊かさ、幸福感、「可愛さ」等々の「明るい」イメージばかりが蔓延している。こうした消費主義の中に、あらゆる人間の創造活動はただ取り込まれてしまっているだけなのだろうか。創造のプロセスとその結果は、既存の価値の中に取り込まれ、それによって使い尽くされ、消耗し、形を失っていく、すなわち「消費」されていくだけなのであろうか。商品であることに抵抗を示すような、批判力を持つような創造がいよいよ困難になっている今、こうした消費プロセスに対して、芸術を始めとする「創造」活動の中に抵抗線を探ることは可能だろうか。または、消費文化を逆照射するカウンター・アクトとして芸術が機能することは可能だろうか。吉岡論文は、消費社会のこの「スロー・ライフ」なるクリシェに、アートの実践をもって抵抗した記録であり、また、美学・芸術学の研究者として「いま」にいかに対峙すべきかを世に問うものである。そして、笹岡論文では、なにもかも「消費」ベースで進行してしまう現代の状況の只中にあって、アートの実践・「実戦」の様が、アーティストの側から生き生きと語られている。

また、「戦後型青年期」とは、在学中は家族と学校の管理と保護のもとに置かれ、卒業と同時にその生活が企業社会に包摂されていくというパターンを指すが、そこでは、家族・学校・企業を超えた「社会」による若者の成熟の保障・支援制度が著しく欠如しがちである。そもそも「消費」ばかりをベースとする社会の中で、青少年の教育のあり方が変容してしまった。過熱するばかりの受験競争を背景に、学習塾や家庭教師を家庭教育の延長として消費し、個々の教育費だけが膨れ上がるが、その一方で、私たちは、かつてはどこにでも見られたであろう地域コミュニティぐるみでの「養育」の術を失ってしまった。コミュニティ単位での血の通った連携自体が抜け落ちてしまったのである。この現代的な問題を考察するための、ひとつのヒントを与えてくれるのが、羽下論文であろう。戦前・戦後の炭鉱労働者たちのコミュニティにおける家族役割の交換の記憶である。

ところで、豊かで便利な生活への欲求によってあらゆる近代技術は発展したはずであるが、その技術によって逆に被害が発生することがある。そして、消費社会で潤っている企業や国家は、その被害を認識し補償するどころか逆にその認識を阻害する側にまわるという矛盾した状況が生まれている。トラウマ研究の視点から、この「いま」の事態を浮き彫りにするのが森論文である。一方、私たちを巻き込んでいる激しい消費社会の動向からはむしろ外れた場所にいて、独自の（そしてかえって人間らしい）消費の形態を見せてくれるのが、統合失調症の患者たちだった、という山口論文のリポートも、私たちの「いま」を考えるヒントを与えてくれることだろう。だがまた、臨床心理学という領域自体が、実は市場競争原理に侵されつつある、という、極めて刺激的な大森論文の告発を、この学問領域に携わる全ての人々に届けたいと思う。

　本書は、こうして、主に心理臨床に携わる者と、芸術や美学に携わる者とが、それぞれ全く独自の視点から、自由に「いま」という地点を語った論考の集積なのであるが、改めて、ここに集まってきた原稿を眺めてみると、各執筆者の語る「いま」が、大きく三つのフェイズに分けられるように思えた。まず、「いま」まさに私たちが抱えている問題点を鋭く見極め理論的に告発していくもの。次に、執筆者本人が「いま」の問題に実践的に向き合った事実を生きた言葉で綴っていくもの。最後に、「いま」の状況に至るまでの経緯を振り返り歴史的に検証したもの、の三つである。そこで、本書を三部構成とし、それぞれ、第一部　見すえる、第二部　生きる、第三部　たどる、とした。個々の論文は、元々独立したものであり、それぞれの問題点をそれぞれの視点で説き起こしたものであるから、読者諸氏は、この三部編成に関わり無く、どの論文からお読みいただいても構わない。しかし、どこからお読みいただこうとも、各々に通底している「消費至上主義の帰趨」としての「いま」という時点への痛切な批判が、重層低音として響きあっている様を感じ取っていただけることと思う。

　本書は、本シリーズ他巻と同様、甲南大学人間科学研究所が開催した研究会にご参加下さった方々を中心として執筆されたものであり、一連の研究会の成果として上梓するものである。私は、このたび編者などという大役を仰せつかったが、研究会のテーマを設定する段階から執筆メンバーの選定まで、全て人間科学研究所のスタッフの皆さんに貴重なご意見と多大なご協力をいただくことで、なんとか研究会の運営と本書の出版が成立した次第である。特に森茂起さん、斧谷彌守一さん、港道隆さん、羽下大信さん、西欣也さん、そして博士研究員の明石加代さん、石原みどりさん、濱田智崇さん。本書は、これらのメンバーによる協同企画というべきものである。

ここに至るまでのご尽力に心から感謝申し上げたい。また、毎回の研究会にご参加くださった、内外の研究者の方々や甲南大学の大学院生・学部生の皆さん。研究会での熱心な討論の成果が、ここに収めた各論文に反映されている。改めて御礼申し上げたい。また、人間科学研究所の活動を組織としてご支援下さっている甲南大学にも。そして何より、私たちの研究会にも常にご同席下さり、本書の編集と出版に温かい眼差しと大きな熱意、そして並々ならぬ忍耐をもって当たってくださった人文書院の井上裕美さんには、どんなに御礼申し上げても言葉は足りないが、心がおよぶかぎりの感謝を申し上げたい。

二〇〇七年一月一七日　あの震災からちょうど一二年目を迎えた神戸・岡本にて

編者　川田　都樹子

「いま」を読む——消費至上主義の帰趨　目次

「いま」を読む——消費至上主義の帰趨

第一部　見すえる

消費とカタストロフィ

飯島洋一

1 自傷的な破壊

デイビッド・フインチャー監督の一九九九年の映画『ファイト・クラブ』では、消費文明がアイロニカルに批判されている。[1]「僕もご多分に漏れず北欧家具の奴隷だった」という主人公（エドワード・ノートン）は不眠症を患っているが、アパートのインテリアについては北欧家具「イケア」の商品を好んで買っている。主人公の住んでいる部屋はイケアの家具をはじめとする消費物で埋められている。彼はブランド志向で、カルバン・クラインのシャツ、DKNYの靴、アルマーニのタイなどの商品も愛用している。

主人公はイケアの家具や雑貨のカタログを見ながら、気に入った商品を電話で注文する。たとえば「エリカ・ベッカーリのほこりよけカバー」を、映画の中ではオーダーしていた。主人公の部屋はまるでイケアのカタログがそのまま移し変えられたかのようになっていく。「クリスプクのオフィス家具、ボヴェトレック健康バイク、グリーンの縞模様のオハマシャブ・ソファ、環境にやさしい無煙白紙のリズランパ・ランプ」という具合に。

しかしこうしたブランド品に溢れた生活の中にも、何か満たされない気持ちが彼にはあるようだ。主人公は出張の帰りの飛行機の中で、突如、こう呟く。「機体が大きくかしぐと僕は〝事故になれ〟と祈る。でなきゃ空中衝突でもいい」と。すると乗っていた飛行機が本当に爆発炎上する妄想が現われる。

この出張中の機内でのシーンは、主人公の消費的な生活が、これから崩壊するのを暗示する場面である。この映画は明らかに「消費とカタストロフィ」を主題にしている。それがよりはっきりとするシーンが、飛行機爆破の妄想に続いて登場する出張からアパートに帰宅した場面だ。アパートの部屋は爆破されており、大切にしていた生活品がすべて焼けて消えていた。

これは妄想ではなく、映画の中では現実に起きた出来事として描かれている。すべてを失った主人公は、知り合ったばかりの女性マーラ・シンガー（ヘレナ・ボナム・カーター）に電話するのだが、彼女とはうまく話ができず、機内でたまたま隣の席に座ったタイラー・ダーデン（ブラッド・ピット）にもらった名刺に気がつき、彼に相談の電話をかける。タイラーは主人公とまったく同じタイプのスーツケースを持っており、彼の関心を惹いていた。タイラーは「石けんの製造と販売」を仕事にしている。そして彼は「ガソリンと冷凍オレンジ・ジュースでナパーム弾を作れる」という奇妙な事も言っていた。

二人は酒場で会うが、主人公は爆発で失ったソファやステレオや服のことをとても後悔している。タイラーは、どうして「デュヴェ」という毛布のことを「生存のための必需品でもないのに皆が知っている」のか、と尋ねる。主人公は「消費文明の世の中だから」と答えるのだが、タイラーはそれに対してこう言う。「そう、我々は消費者だ。ライフ・スタイルに仕える奴隷だ。殺人、犯罪、貧困。誰も気にしない。それよりアイドル雑誌にマルチ・チャンネルTV、デザイナー下着、毛生え薬、インポ薬、ダイエット食品」と。いろいろなものを失ったが「幸い保険をかけてた」という主人公に向けて、タイラーは「お前は〝物〟に支配されている」と警告する。

この映画は主人公が語り部であり、ストーリーはほぼ彼のナレーションで進行するが、消費文明を極度に否定するタイラーは、主人公を次第に破壊へと誘惑していく。その手始めとして、タイラーは主人公とともに「ファイト・クラブ」という名の「殴り合いのアンダーグラウンドの集会」を組織する。タイラーに魅了される主人公は自宅が爆破された後、タイラーの自宅――と言ってもそれはほとんど廃屋なのだが――で暮らしていた。

タイラーは先にも書いたように、石けんをつくっている。しかしそれは、人間の脂肪を使った石けんである。彼によれば「塩分のバランスがいいのは人間の脂肪だ」からだ。その「脂肪を精製」して、石けんをつくる。しかしこの石けんづくりには別の意図も隠されている。「グリセリンをすくって硝酸を」つくり、そこから「ニトログリセリンができる」。次に「硝酸ナトリウムとおが屑を足すとダイナマイト」になる、と言うからである。つまり「石けんがマイトになる」とタイラーは言うのである。

実はこのタイラーは、主人公自身が解離した「もう一人の人格」である。この事実は、映画の前半では人々には知らされていない。主人公が銃口を口に入れられていて、何者かに殺されかけている衝撃的なシーンから映画はスタートするが、その後に「振り返って考えると――あの銃、爆薬、革命計画。すべてマーラ・シンガーが原因だ」と、主人公が過去を回想するセリフが述べられた後、ショットはいきなり過去の場面――巨漢の男の胸に主人公が抱きかかえられるシーン――に逆戻りする。そこから衝撃的な冒頭のシーンに至るまでの経緯が展開していく。これらは今野雄二も「フィンチャーのヴィジュアルは脳髄を直撃し、覚醒させる！」で指摘しているように、「フラッシュ・バック」という有名な手法である。(2)

タイラーとの一対一の殴り合いにも見えたものも、実は主人公が自分自身を殴っていた「自傷的な行動」であった。ラスト近くでタイラーと主人公がホテルの一室でそのことを語り合うシーンでは、この解離の事実がはっきりと明らかにされる。タイラーが「なぜおれとお前を混同するのか」と問い掛けると、主人公が「おれたちは1人？」と答える。タイラーは言う。「その通り」だと。お前にとって「こうなりたいと願う願望がおれ」なのだと。

主人公はタイラーと殴り合っていたのではなく自らを殴っており、タイラーと組織した「ファイト・クラブ」も実は主人公が一人で組織したものであった。また廃屋のようなタイラーの自宅でテロリスト集団を育て、それをアメリカの各地に広めていたのもタイラーではなくて主人公自身であった。冒頭の、口にファロスを連想させる銃口を挿入された性的なシーンも、タイラーがやっていることではなく、主人公が銃口を自身の口に入れて、引き金を引こうとしている「究極の自傷行為」だったのである。

物語はこうして冒頭の衝撃的な場面に戻る。主人公はラストではタイラーを、つまり自分が生み出した「もう一人の人格」を消去したいと考え始める。それは、彼がついには自分自身の「影」を必要としなくなったのを意味する。彼の中にあった二つの人格――一人は平穏な人生に不満を持ちながらも商品に囲まれて何とか生きている自分。もう一人は消費社会を無味乾燥なものとして破壊しようとする自分――に分裂していた主人公は、自らの頭を撃ち抜くことによって、過激なテロリストとしての「本当の自分」についに目覚める。

しかし引き金を引く自殺的な行動は、タイラーを消去するだけでなく、本来なら主人公の死も意味するはずであるが、映画ではタイラーだけが倒れ、主人公は瀕死の怪我を負っているにもかかわらず、なぜか息絶えて死ぬことはない。その主人公の背後で、爆薬を仕掛けられた高層ビル群が次々に崩壊していく。

映画の冒頭では「〝騒乱計画《メイヘム》〟の爆破委員会が12のビルに爆弾を仕掛けた。あと2分で起爆装置が作動。周囲数ブロックが跡形もなく吹っ飛ぶ」という主人公のナレーションが入っていたが、その言葉の通りに、ラストでは金融の象徴としてのウィルミントンのクレジットカード会社の高層ビル群が爆弾によって崩壊してしまう。

この映画は、主人公の意味深長な言葉で終わる。それは「出会のタイミングが悪かった」というセリフである。これはおそらく、ジャック・ラカンが『精神分析の四基本概念』に所収の「テュケーとオートマトン」で夢に関連して使う「つねに出会い損なわれるこの出会い」であり、「出会い損なわれた現実、いつになっても決して到達されることのない目覚めの中で果てしなく繰り返されるほかない現実」のことであろう。そしてこの「出会い損ね」という言葉は、本論の後半以降では大変に重要なキーワードになっていく[3]。

ところで社会学者のジョージ・リッツアは、その著書『無のグローバル化』において、この『ファイト・クラブ』に注目している。リッツアは映画の舞台が合衆国の大西洋岸の中部にあるデラウェア州の中でも最も大きな都市ウィルミントンであること、主人公が金融会社に勤務していること、彼が「クレジットカードを使う大量消費に深くはまり込んでいる」こと、「世界的チェーンであるイケアの安価な大量生産家具を電話で注文しているシーンがある」こと、「この映画では、ほとんどの人びとがクレジットカードを使って、定期的に、イケアの非場所でイケアの非モノを購入している」こと、「映画の〝ヒーロー〟は非場所と非モノに支配された退屈で味気ない生活を送っていたが、彼がファイト・クラブに紹介されたときに劇的な変化が起きた」こと、「ファイト・クラブは、彼が現代大量消費社会で失われたものの少なくとも一部をみつけることができる場所である」ことなどを指摘する。(4)

リッツアにとっては、この映画の主人公が愛用する「イケアの店舗および製品は本書(『無のグローバル化』)で無とみなすものの主要例(それぞれ非場所および非モノの例)である」(括弧内は引用者)。リッツアも言うように、イケアは高級家具とは違い、きわめて安い値段で購入できる商品である。たとえば渡部千春は、その著書『北欧デザインを知る』の中で「イケア」について触れているが、(5)その記述によれば、イケアは一九四三年にイングヴァル・カンプラッドによってスウェーデン南部につくられた。イケアは北欧の小さな町からスウェーデンへ、そしてアメリカをはじめとする世界各地へと進出した。そしていまや「世界最大の家具チェーン店」であり、その特徴は「郊外型のショップをメインに安価な家具、日用雑貨を提供する」ことにある。「まるでインテリア雑誌のよう」なカタログによって商品を選び、実際の店舗では「スーパーマーケットのようなセルフスタイル」で買い物をする。

リッツアはイケアを「無」だと言うが、では彼の定義する「無」とは何か。リッツアは「**特有な実質的内容を相対的に欠いており、概して中央で構想され、管理される社会形態**を指すものとして、この概念を使用する」。イケアだけでなく、「世界貿易センタービル」にもあったショッピングモールも、リッツアは「無」として同じ本の中で定義している。

リッツアは「スーパーマーケット、あらゆる業種のチェーンストア、ショッピングモール、空港（フライトという消費を可能にし、ほとんどチェーンストアからなるショッピングモールがますます増えている場所）、そのほかの多数の現象（クレジットカード、ギャップのジーンズ、グッチのバッグ、ATM、チェーンストアの店員、マニュアル化された接客法など）」は、「無とみなすことができる」とする。これらは「明らかに現代消費社会の中心に組み込まれ、広くグローバル化している無」だからである。

これに対して「この映画で描かれているファイト・クラブはいろいろなものを含んでいるが、それは空虚**ではない**。ファイト・クラブで生まれているものは存在である。それはファイター自身が構想し、管理するものであり、各ファイトはかなり特有な内容をもっている」と言う。この場合の「存在」とは、「特有な内容をもち、現地で構想され、管理されるものが失われる傾向」を指し、「無」とはいわば対極的にある概念のことだ。

リッツアによれば、『ファイト・クラブ』に見られるような「クレジットカード」も「無」として定義されるが、それに関連してウィルミントンという都市とそこに存在するクレジット会社のビル群に、あるジャーナリストが感じた強い「空虚感」を、リッツアは次のように引用している。

「わたしは緑の日よけがあるおもしろみのない四棟が互いに連結されたMBNAのビルの回りをくまなく歩いた。そこで、わたしは**何も**みず、だれにも会わなかった。わたしはチェースのビルも一回りした。それから、ファーストUSAのビルを吟味するために、クリスティナ川に向かって七ブロック歩いた。これはコンクリートだらけの**空虚な**広場と歩道である……ここの**空虚さ**はクレジットカードの問題について歌を作られればと思わせるほどだった……。」

このジャーナリストが感じた空虚感も、現代消費社会の「無」がもたらしたものである。ジャーナリストは、このようにクレジット会社の都市が「記号」の群れによって成り立っていることを明快に記している。また彼は

『ファイト・クラブ』についても次のように興味深い見解を述べる。

「そこでは、**空虚な**大量消費文化のなかで感じている**麻痺**に反発するかのように人びとが無分別に殴り合っている。

映画の終盤に、語り手はファイト・クラブが妄想であることに気づく。隠喩として、また悲劇的結末として、彼はこの擬似ウィルミントンの摩天楼を粉々に破壊する。この映画は、クレジットカードで借金したことがある人や人間を解放するというハルマゲドンの考えを受け入れたことがある人にとっては、つまらない映画ではない。」

『ファイト・クラブ』は、「無」に支配された現代の消費社会がいつかは終末的な崩壊を迎えるだろうと予告している。これは「存在」の側からの、いわば「無」への攻撃のことを言っているかのようだ。それは飛行機が爆発する主人公の妄想と、ラストのテロによるビル破壊のシーンの二つとがまるで一つに組み合わさったような、あの二〇〇一年九月一一日のテロリズムにより確かに現実の事態となった。

実際のところ、「世界貿易センタービル」はクレジット会社ではないものの、まぎれもない金融関係のビルである。それが金融関係のビルであったことが、映画ではウィルミントンのクレジット会社の場合がそうだったように、ツインタワーがマンハッタンの数多くの超高層ビルの中から、テロの攻撃対象に選ばれた理由なのは間違いないのかもしれない。

スーザン・ソンタグも『良心の領界』の中で、「永年ニューヨークに住んできたひとりとして言えば、世界貿易センターを優れた建築作品だとは誰も思っていませんでした。どちらかと言えば不評でした。でも、それはアメリカ資本主義の世界的な象徴でした」と発言しているが、それは彼女もビルが金融関係のものだったから攻撃されたのだ、と考えているからである(6)。

有賀夏紀は「反消費主義から新しい消費文化へ」の中で、この視点を別の角度から説明している。有賀はブッシュ大統領が二〇〇一年九月一一日のテロ後の最初のスピーチで、「今朝、アメリカの自由が攻撃されました」と言っていたのを引き合いに出し、「世界貿易センタービル」、つまりWTCとその攻撃について次のように書いている。

「この建物には世界各国の企業のオフィスのほか、レストラン、ショッピングモールがはいっていた。つまりWTCは多国籍企業の活動の拠点であり、ニューヨーク市民の消費と娯楽の場所であり、世界資本主義、すなわち今日のグローバル化した資本主義とアメリカの消費文明を象徴する建物だった。したがってWTCへの攻撃は、資本主義、消費文明への攻撃を意味し、それはブッシュのいうように「アメリカの自由」への攻撃となったのである。[7]」

2　カタログ化された世界

映画『ファイト・クラブ』は、「無」へと向かう現代の消費文明がある日、カタストロフィによって脆くも崩れ去ることを予言した。しかしその危うさは、テロの前に何も『ファイト・クラブ』だけに先鋭的に表現されていたわけではない。これとほぼ同じ時期の二〇〇〇年に製作されたメアリー・ハロン監督の映画『アメリカン・サイコ』では、そのことがテロの前年に、凄まじいカタストロフィ、すなわち残虐で猟奇的な連続殺人の描写によって暗示されていたからである。[8]

金原由佳は『映画のデザインスケープ』の中の『アメリカン・サイコ』の項目において、「カタログ世代の自分に自己嫌悪しつつも奴隷であることを自覚するのがデイヴィッド・フィンチャーの『ファイト・クラブ』[9]」だと書き、『ファイト・クラブ』と『アメリカン・サイコ』のインテリアを比較してみることを薦めているが、確かにこの二つの映画には凝ったインテリアだけでなく、いろいろな意味でかなり通底するものを感じる。もちろん『アメリカン・サイコ』では、『ファイト・クラブ』のようなテロリズムがストレートなかたちで描かれているわけではない。しかしいささか捩れた格好で、アメリカの消費文明の危うさが連続殺人という形式で批評されている。いや、その捩れ方ゆえに、『アメリカン・サイコ』の方が『ファイト・クラブ』の直接性よりも、ある部分で「よりリアルな映画だ」と言うことさえ可能なのである。

『アメリカン・サイコ』には、『ファイト・クラブ』のようなビル崩壊といった直接的なシーンこそないが、その代わりとするべきか、映画の一年後に崩壊する「世界貿易センタービル」が空撮などで何度か登場している。私はテロ後にこの映画を観たのだが、あのテロを目撃した後では、そうしたさりげないビルのシーンも、いろいろなイメージをこちら側に掻き立てさせる。一年後には崩壊するビルが、主人公の連続殺人の合間に何度も出てくる事実は、実に暗示的だと思うからである。そういう観点からするならば、『アメリカン・サイコ』で描かれた暗示と『ファイト・クラブ』のビル崩壊とが結びついて、二〇〇一年九月一一日の現実の出来事に到達したと想像することさえできるかもしれない。

『アメリカン・サイコ』はブレット・イーストン・エリスの一九九一年の同名小説の映画化である。[10] 映画に原作の改変はつきものであるが、この映画の場合はそれほど大きくつくり変えられてはいない。もちろん原作から映画へと進めていく段階でアレンジは随所でなされている。そのアレンジもまた重要な要素である。したがって本論ではさまざまな描写や登場人物のセリフなどの多くの引用部分は原作からとしながらも、そこに映画の重要なシーンも織り交ぜるかたちで、『アメリカン・サイコ』という作品全体の分析を進めていくことにしたい。

原作と映画とが内容的に多少混乱するかもしれないが、私がここで問題にしたいのは記述の正確さではない。いかにパトリック・ベイトマン（クリスチャン・ベール）が商品の洪水の中に生きていたか、それが彼にどのような作用を及ぼしたか、作品にはどのような時代背景があって、それが現在の私たちの社会にどう影響しているのか、それらを指し示してみたいのである。

『アメリカン・サイコ』では、消費文明を鋭く批判してみせた『ファイト・クラブ』と較べ物にならないほどの過剰な消費行動に溢れ返っている。そしてここでの主人公も、『ファイト・クラブ』の場合と同様にナレーター役を務めている。

証券会社ピアス&ピアスの副社長のベイトマンは二七歳の未婚男性だが、この作品の中で、彼はさまざまなブランド名をしつこいほどにあげている。たとえば彼は友人が着ているブランド名を細かく言い当て、同時に自分はどのブランドの商品を着用しているのかもくどくどと説明する。たとえば次のような描写がそれである。

「彼はカナーリ・ミラノのリネンスーツにアイク・ベハールのコットンシャツを着て、ビル・ブラスのネクタイをつけ、ブルックス・ブラザーズで買った、爪先《つまさき》に飾りのある、紐《ひも》で結ぶ革靴をはいている。私は軽いリネンスーツに、プリーツをつけたズボン、コットンシャツ、斑点《はんてん》のある絹ネクタイ。どれもヴァレンチノ・クチュールのもの。そして、アレン・エドモンズの穴あき爪先飾りつき革靴。ハリーズの店内へ足を入れたとたん、目立ったテーブルに陣取っているデイヴィッド・ヴァン・パッテンとクレイグ・マクダーモットが見つかる。ヴァン・パッテンが着ているのは、ウールとシルクを使ったダブルのスポーツコートに、やはりウールとシルクの、前開きをボタンで留める、逆プリーツがついたマリオ・ヴァレンチノのズボン。ギットマン・ブラザーズのコットンシャツ。ビル・ブラスの水玉の絹ネクタイ、ブルックス・ブラザーズの革靴。マグダーモットのほうは、織り合わせリネンのスーツに、プリーツつきのズボン。コットンとリネンを素材にしたバジーレのボタンダウン・シャツ。ジョゼフ・アブードの絹ネクタイ。スーザン・ベニス・ウォレン・エドワーズのオストリッチ革ローファー。」

これは小説の中で、ベイトマンがブランド名を解説するほんの一例に過ぎない。こうした描写が小説のあちこちにうんざりするほど登場する。『アメリカン・サイコ』にはさしたるストーリー展開はなく、言ってみればさまざまな商品のカタログによって小説全体が構成されているようなものだ。それらの描写はベイトマンの知識の豊富さを思わせもするが、同時にその言い回しは、あたかも雑誌を朗読しているだけのようにも見える。

たとえばファッション雑誌では、写真に登場するモデルがどのブランドの何を着ているのか、その値段はいったいどれくらいなのか、そのような情報を写真のキャプションで細かく記載している。そして、そのキャプションをそのままに読み上げているような感覚がベイトマンにはあるのだ。そう考えると、小説の中で友人のヴァン・パッテンが「な、ベイトマン。こういう質問を『GQ』に送ろうってわけさ」と言っているように、有名な男性誌『GQ』の名前が繰り返し登場するのも偶然ではない。

またベイトマンは、ジェネシスやホイットニー・ヒューストン、ヒューイ・ルイス&ザ・ニュースといったミュージシャンについての薀蓄を得意げに語る。そこにも雑誌の記事を読み上げるような知識の陳列を感じさせるが、新元良一による原作者ブレット・イーストン・エリスへのインタヴューを読むと、ベイトマンの言うことは「他の人間が聴く音楽を聴き、主義・主張もまるでない。(批評の)言語そのものは、あたかも音楽雑誌の焼き写しのようで、〝今年買い逃してはならないアルバムはこれ〟みたいな響き」だと作者自身も、考えているのがわかる。(11)

ベイトマンはビデオレンタル店にもしばしば出かけているし、朝のテレビ番組の『パティ・ウィンターズ・ショー』は欠かさずに見ている。またニューヨークのレストランの中で、いまどこが最もトレンディなスポットかを知っているし、そうした店の予約を取るのが快感にもなっている。たとえば有名店の一つ、パステルズでの料理もブランド名の「抜き書き」のように記述されている。

「注文は前菜としてアンコウとイカのセヴィーニにゴールデンキャビア添え。その次にグラヴラックス・ポットパイのグリーン・トマティーヨソースを頼むと、いやに色気のある、射るような視線をよこすので、こちらが興味津々だと思われないためには、細長いシャンペングラスに入ったピンク色のベリーニを、まじめくさった面持ちで見つめ直さないといけない。プライスの注文は、まずタパス、それから鹿肉のヨーグルトソース。ゼンマイの薄切りマンゴ添えを付けあわす。マクダーモッドは、まずサシミとゴートチーズ、そして鴨の燻製《くんせい》にエンダイブとメープルシロップ。ヴァン・パッテンが、帆立てソーセージに始まって、グリルド・サーモンのラズベリー・ビネガーにグアカモーレ添え。」

ベイトマンは名刺にも異常なこだわりを持つ。友人たちに出来立ての名刺を見せて、「ボーンホワイト」、「字はシリアン・レイル」と言って自慢する。しかしヴァン・パッテンが自分の名刺を取り出して、自分は「エッグシェル・ホワイトに、字体がロマリアン」だとベイトマンに言い返すと、彼の中に「羨望《せんぼう》が突き抜ける」。ティモシー・プライスが差し出したのは「字を浮き彫りにして、色は薄めのニンバス・ホワイト」の名刺であった。自分の名刺が友人たちと較べて勝るかどうかは、彼にとって重大事である。劣ったとわかると極度に落胆し、それが彼の抑えがたい怒りの原動力になっていく。

自宅の立地やインテリアも、ベイトマンの場合は普通ではない。映画のシーンでは、大理石の床の上にミースのバルセロナチェアが置かれ、マッキントッシュの有名な背の高い椅子の姿も見える。壁には八〇年代に絶大な人気を誇ったロバート・ロンゴの二枚の「メン・イン・ザ・シティーズ」が飾られている。

杉浦邦恵のロンゴへのインタヴュー「芸術の宇宙飛行士」によると、「メン・イン・ザ・シティーズ」は、ロンゴが「友だちを屋上に連れて行って、何か物を投げつけたりしながら撮影した」写真を、身体のパーツごとに合成し、それを基にしてドローイングに仕上げたものだという。ロンゴは「何かが起こった瞬間、何かが起ころうとする瞬間、そういう一瞬というものに関心があったんだ」と言う。[12] この「何かが起こった瞬間」とは後で詳しく述べるような「カタストロフィの瞬間」に関係しているだろう。また「ロバートは眠らない」という論文の中でポール・ガードナーは、ロンゴは「アンディ・ウォーホルを手本と思っていると公言する」と書いているが、[13] ロンゴがウォーホルの影響を受けているという事実は、本論の後半の展開からも、十分な注意を傾けておきたい点である。

しかしエリスの原作では、肝心のロンゴの絵はまったく出てこない。原作でのベイトマンの自宅インテリアは、次のように描写されているからだ。

「白い大理石と御影石《みかげいし》を使い、丸太に似せたガス管による暖炉の上に、デイヴィッド・オニカの絵が掛かっている。複製ではない。」そして「この絵が見下ろす位置にあるのは、羽毛入りの白くて長いソファと、東芝の三十インチ・デジタルテレビ」だ。「オーディオ部には、内蔵MTSと片チャンネル五ワットのアンプを搭載。テレビ下のガラスケースに東芝製ビデオデッキがある。」また「部屋の四隅に、ハロゲン灯の電気スタンドがある。床から天井におよぶ窓が八箇所あって、いずれにも白い薄手のヴェネチアン・ブラインドがかかる。天板にガラスを使い、オーク材の脚をつけたターチン製のコーヒーテーブルが、ソファの前に置かれている」。

ファッションや名刺やインテリアだけでなく、ベイトマンは自分の身体にも同じような執着心を見せる。彼は「アッパー・ウェストサイドのアパートからだと四ブロックの距離にある」「エクスクルーシヴという会員制のクラブ」に通い、そのヘルスクラブで身体を鍛えている。さらに自宅でも多くの商品を使って身体を入念にケアしている。

「シャワーを浴びながら、まず水で活性化するジェルクレンザー、次にハニーアーモンドのボディースクラブを使い、顔には剥離《はくり》作用促進性のジェルスクラブを使う。ヴィダル・サスーンのシャンプーがとくに良いと思うのは、これによって、乾いた汗、塩分、油分、また空中を飛んでくる汚染物質や土埃《つちぼこり》がへばりついているのを落とせるからだ。ほうっておくと、髪にまとわりつき、ぺったり地肌まで寝かせてしまって、その結果、老けて見えることになる。このメーカーはコンディショナーも良い——シリコン・テクノロジーのおかげで、コンディショニング効果のわりには髪を寝かさない。これも老けて見えなくてすむ。」

ベイトマンにとって、ファッションやレストランや名刺やヘルスクラブは、ただの「おしゃれ」ではない。それらは彼の所属する世界が実体のない「記号」によって成立しているのを暗示している。問題はその「記号」をいかに組み合わせるか、その組み合わせのパターンだけである。『ファイト・クラブ』の主人公にとって、現実の部屋を作成するのに重要なのはイケアの「カタログ」であったように、ベイトマンにとっても大事なのはやはり商品の「カタログ」である。彼らが求めているのは「カタログ」であり、「現実」ではない。二つの映画では、そのように「現実」と「カタログ」との関係が逆転している点は見逃せない。

しかし自身が組み合わせた「記号」は、友人たちが合成した「記号」パターンとほとんど同じなのに、それらの間にはどうしても微妙な「差異」が生じてしまう。それは現実的にはほとんど無視して構わない程度の「差異」だが、ベイトマンにとっては致命的である。彼はその「差異」に強迫神経症的な執着心を持ち、激しい敵意を燃やす。

その敵意は、彼を恐ろしいもの、つまり「殺人」へと駆り立てる。『アメリカン・サイコ』においてカタログのように陳列されるのは商品だけではない。ベイトマンの殺人も、ブランド名と同じようにカタログ的な描写に見える。ベイトマンは新しい服を調達するのと同じような感覚で人を殺す。新しいレストランに電話で予約を入れるような手つきで殺人を犯す。そしてその死体を切り刻む。たとえば友人のポール・オーエンを斧で殺害する場面は、次のような記述である。生々しいシーンにもかかわらず、どこか記号を並べただけのように見える点に注意しよう。

「と、言いかけたところで、斧が彼に命中する。ずばり顔に当たって、開いた口に厚手の刃が横から割りこみ、彼を黙らせる。ポールの目玉が私を見上げ、それから自律的にぎょろっと白目をむいて、また私を見つめ、すると彼の手がいきなり斧の柄につかみかかってくるが、いまの一撃で力は抜けきっている。すぐに血が出ない。音も、ばたついている足元の新聞紙が、びりびり破けるだけだ。打撃のあと、わずかに時間があって、口の両脇《りょうわき》から血がゆっくり湧《わ》き出し、私が斧を引き抜き——オーエンは、頭を引かれる力で、ほとんど椅子から転げそうになるが——もう一回、斧をたたきつけて顔面を割れば、彼の腕が空中にじたばたして、褐色ぎみの血が、二ヶ所いっぺんに噴き上がる間欠泉のように、私のレインコートに飛び散ってくる。」

3　消費という破壊

このようなベイトマンの殺人を、消費では満たされない欲望を充足させるための「究極の快楽」だと解釈するのは簡単である。もちろんその見方も間違っていない。だが私には、ブランドに溺れる彼の「消費」と「破壊」の二つが、もっと他の重要な意味を孕んでいるように思えて仕方がない。

スチュアート・イーウェンとエリザベス・イーウェンの著書『欲望と消費』によれば、「消費」の語源には「破壊」という言葉があるという。彼らは「レイモンド・ウィリアムズの〝消費者〟という言葉の語源研究によれば、この言葉の意味の変遷は、ライフスタイルの変遷の反映である」とした上で、次のように書いている。

「もともと〝消費する〟（語源はフランス語）という言葉は、略奪行為という意味で用いられていた。〝完全に取りあげる、むさぼり食う、浪費する、費やす〟という意味で用いられたのだ。ウィリアムズによれば、「初期の英語用法のほとんどの場合において、消費する《コンシューム》という言葉は芳しくない意味を持っていた。つまり、破壊し、使い切り、浪費し、枯渇させるという意味だった[14]」」。

「消費」は「破壊」という言葉と根を同じくする。だとすれば、「消費」が必ずしも「殺人」と相反する概念ではなく、二つの言葉はもともと一つの言葉の裏と表だと考えてもいいような気がする。過剰な消費もこの論法で言えば、どこかで過剰な殺人と結びつく。

もちろん、ベイトマンのような過剰な消費に浸る人が、みな等しく残虐な連続殺人を犯すわけではない。だが消費社会がある限界点に達した時に、あたかも「消費」の語源を辿っていくかのように、「破壊し、使いきり、浪費し、枯渇させるという意味」に向けて近づくこと、つまり「殺人」に近づくことはやはり考えられる。過剰な消費主義の傍らで連続殺人を行う主人公を描写した『アメリカン・サイコ』を読むと、なおさらその思いは募ってくる。

ところでベイトマンのような一九八〇年代アメリカのエリートを「ヤッピー」という。そして同じ時代に、ヤッピーと表裏のような関係として「ホームレス」が存在した。ヤッピーもホームレスも、レーガン政権における格差政策によって生み出された人々である。「消費」の語源が「破壊」に行き着くように、「ヤッピー」もまた「ホームレス」に行き着くのだ。ベイトマンが殺害するのはポール・オーエンのような友人の場合もあるが、伊藤章が栩木玲子を引用して指摘するように、娼婦やホームレスなどの社会的なマイノリティが多いのは、レーガンの生み出した格差の問題と深く関係している(15)。

バーバラ・エーレンライクは『「中流」という階級』の中で、「ヤッピー」を次のように描いている。「彼らは「自分自身を発見する」とか、ラディカルな運動に参加することには時間を浪費しない。彼らは経済の主流のなかに直接入り込み、稼ぐことにも費やすことにも同じ情熱をもっていた」と。

彼女はこうも書く。「ヤッピーの刻印は――男でも女でも、結婚していても単身者でも――消費だった。典型的なヤッピーは、四万ドルの外車を乗りまわし、季節ごとに元気よく休暇を楽しみ、一見して高級住宅地とわかる住所にあるコンドミニアムを熱望した」と。そしてヤッピーにとって「フィットネスは、耽溺することとはっきりと目に見える努力とが、完全に調和するという消費の形式であった」し、「料理は食べるステイタスとなった」。

エーレンライクのこうした記述は、まるで小説や映画の中のパトリック・ベイトマンをそのまま思い浮かべながら書いているかのようだ。一方、彼女はホームレスについても次のように触れている。

「八〇年代半ばにメディアの注意を集めたホームレスたちは、貧者のなかのもっとも不運な人として時どき紹介されるような、特別な種類の人々ではない。」なぜならば「彼らの家は取り壊されたか、あるいはヤッピーによって象徴されるような企業や行政にかかわる階層の生活する場所をつくるために、改築され優雅に彩られた」からだ。

『アメリカン・サイコ』の舞台となったレーガン政権時代では、繰り返すが、貧富の格差を生み出す政策がとられていた。エーレンライクによれば、「レーガンの裕福な支持者層は一連の大幅減税によって報いられていた。政府は貧者への支出の打ち切りと、裕福な人々のための減税とを組み合わせることによって、巨額な富の上層への再配分を誘発したのである」(16)。この格差政策のもたらした歪みについては、一人のホームレスに対するベイトマンの、次のような虐待行為が端的に象徴しているだろう。

「私は手をさしのべ、もう一度、やさしく心をこめて、そいつの顔にふれ、「おまえ、どうしようもない負け犬だな。わかってるか」とささやく。やつは力なくうなづきだす。私は、ぎざぎざな刃のついた細長のナイフを抜いて、殺さないように気をつかいながら、半インチばかり、やつの右目に押しこみ、ちょこっとナイフの柄を持ち上げて、一瞬のうちに網膜を抉《えぐ》りだす。」

ベイトマンがホームレスを虐待するのは、彼らが自分と対極にいる人間だからではない。むしろ両者はどこかでつながり合っている。ホームレスはベイトマンという鏡の中のもう一人の自己としてそこに映し出されている。だからベイトマンは自分自身を刺すかのように、ホームレスを刺すのである。そして、そうした殺人行為は同じように娼婦にも向けられていく。

殺人という観点でもう一つ注意したいのは、ベイトマンが惨たらしいシーンをビデオで録画していることである。彼は殺人の際に、被害者に「これが見えるか？　ちゃんと見てるか？」と言いながら、以前にやった殺人の映像を次の被害者に見せたりもする。ガールフレンドのベサニーを殺害する際には、「ソニーの掌《てのひら》サイズのハンディカムを用意して、これからの手順をすべて録画できるようにする。カメラをスタンドに固定し、自動撮影に設定すると、私は鋏《はさみ》を使って、彼女の服を切り捨てていく」と言っている。

ベイトマンがベサニーを殺害した理由の一つは、彼女がベイトマンの着ているスーツのブランド名を間違えたからである。ベイトマンは瀕死のベサニーにこう叫んでいる。「スーツはアルマーニだ！　ジョルジョ・アルマーニだ」、「それをヘンリー・スチュアートと言いやがったな」と。殺人の動機は、名刺が「ボーンホワイトか、それともニンバス・ホワイトか」というような、実に些細なことなのである。

トーリとティファニーという二人の「エスコートガール」を殺害する時は、彼はこう言っている。「いつもの通り、こういう女たちを理解したい私は、その死を映像に記録するところだ。トーリとティファニーを撮るのは、ミノックスのLX超小型カメラで、これは九・五ミリフィルムを使用し、十五ミリf／3・5レンズと露出計を装着し、ニュートラル・デンシティフィルターを内蔵して、三脚に載っている。トラヴェリング・ウィルベリーズのCDを、ポータブルCDプレーヤーに入れたのがベッドの頭板に置いてあるから、これで悲鳴が消せるだろう」と。

殺人の場面に、「ソニーの掌《てのひら》サイズのハンディカム」や「ミノックスのLX超小型カメラ」という「商品名」が具体的に氾濫している。「殺人」と「商品」とが同一の面の上に等価値に並べられているのがわかるだろう。しかし殺人の記録は、単に彼の悪趣味によるものではない。ベイトマンにとってテレビや映画で起きている出来事は、現実と同じくリアルである。ベイトマンの現実はカタログのように記号的であるが、テレビの番組もカタログのような記号の集積である。カタログのように陳列されるファッションも、カタログのように陳列される殺人も、ともにテレビのごとく「表面」的であり、「記号」的なのだ。殺人の残虐さより、殺人がテレビ番組のように見える点に注意すべきである。

ラリイ・マキャフリイは著書『アヴァン・ポップ』で『アメリカン・サイコ』に言及しているが、そこで彼は

「エリスたちは生まれた時から五十七ものチャンネルで構成されたメディアスケープを生き、そんな世界しか知らない初めての世代だ」とし、エリスを「テレビ世代」に位置づけている。その上で小説の根幹に関わることを次のように言っている。

「延々と続けられる「あまりにも些末なこと」の描写はベイトマンの頭の中——それは彼の意識が遭遇する消費アイテムによって文字どおり「構築」されている——をディスプレイする手段なのだ。遭遇の一つ一つがテレビとそっくりの、単調で深みのない、クールで中立的な調子で読者のために再現される。[17]」

つまりエリスの作品においては、ベイトマンに掲げる「あまりにも些末なこと」の陳列はテレビと同様の「単調で深みのない、クールで中立的な」構造を持つのである。このテレビの構造が指し示すものは、本論の終盤部分の展開とも深く絡んで重要だが、いずれにしても、テレビのような「表面」に釘付けになったベイトマンはすでに現実を生きていない。彼は次のように言っているからである。

「ある抽象としての、パトリック・ベイトマンという人物像はあるのだが、現実の私などはなく、幻影だけの存在であり、たしかに私は、冷たく見つめる目の色を隠すこともあるし、そっちから私の手を握れば、握りかえす肉の感触があるだろうし、似たりよったりのライフスタイルだと思うかもしれないが、それでも私は、そこにいない、のである。いかなるレベルで考えても、私の言うことは理屈になりにくいだろう。私そのものが作り物だ。異常な産物だ。」

4　遮断と切断

それにしても、何がベイトマンにこのような振る舞いをさせるのか。「現実の私などなく、幻影だけの存在」

とか「それでも私は、そこにいない」とか「私そのものが作り物だ」と言うベイトマンだが、確かに彼は残酷な殺人者である。しかしこうした猟奇的な連続殺人は、単に彼の個人的な欲望によって行われたというよりも、まるで彼が「何者か」にとりつかれて行っているようにも見えなくはない。つまり「何者か」がベイトマンを殺人へと誘導している、という意味である。

では、彼を誘導しているものとは何か。そのことを考える上で参考になるのが、日高優の「カムフラージュの技法」と題する論文である。『美術史の7つの顔』という「顔」を主題にした叢書の一本として書かれた同論文は、副題が「アンディ・ウォーホルの《マリリン》」となっている。事実、ウォーホルの六〇年代における有名なマリリン・モンローのシリーズ作品《マリリン》が、この論文では日高の重要なモチーフとなって展開する。(18)

日高によれば、ウォーホルがマリリン・モンローのポートレイトのために使った写真は映画『ナイアガラ』で宣伝用につくられたスチル写真であったという。ウォーホルはその顔の部分だけを取り出して、それをさまざまに変奏させていった。《マリリン》と呼ばれるシリーズがこうしてつくられていく。しかし六七年の《マリリン》から、「マリリンの顔とみていたものが単なる色面構成の産物とみえてくる」と日高は指摘する。そして「ウォーホルはこの事態からカムフラージュの技法を見出したのではなかろうか」と主張する。

「《マリリン》においてはそもそも顔が存在していたのではなく、事態は反転して色面構成にすぎないものが顔に偽装していたとみえてきた。そして後の作品をみていくと、ウォーホルはカムフラージュの技法を次第に転調させつつ、積極的に採用していくことになる。つまり、偽装するための方法から偽装のうちに隠されるものを〈探す〉ための手法へとカムフラージュの手法を転調させてさかんに用い始めたのである。そもそもカムフラージュとはあるものが何か他なるものを装って偽装する身振りをいうのだが、それは同時にそのものの実体を隠すことでもある。カムフラージュは、隠されるべきものが存在するという約束のもとに作動する。」

カムフラージュは、外面的には何かを隠している。隠されたものがとりあえずはそこにあるのがカムフラージュである。しかしカムフラージュにおいては単に何かが隠されているだけではない。ウォーホルの文字通りの《カムフラージュ》（八七年）という迷彩模様の作品について、日高は「何かが隠されているはずだと探してみても、そこには何もあるはずがない」と指摘している。

隠されたものの裏側には、結局はお目当てのものは何も見つかることはない。見つからないが、しかしそれでも画面の中に何かを探さなければならないといった強迫観念だけは止むことがない。それが「カムフラージュ」の根幹にある欲望である。日高は「迷彩模様というカムフラージュの技法を前にして、観者はそれでもこの迷彩を偽装する何ものかが存在しているのではないか、迷彩の背後には何かが秘匿されているのではないか、と作品に向かうしかない」とする。

ウォーホルの《マリリン》でも、隠されているものを探し出すことが要請される。日高がウォーホルの《シャドウズI》（七九年）や《ロールシャッハ》（八四年）という作品に絡めて使う言い方によれば、作品からは「何かが隠されているのだというメッセージを送りつけられ、そこに観者は何かを幻視し、読み込むようにと誘われる」のである。カムフラージュは、人に対してそこに何が隠されているのか、その「抑圧されたものを発見せよ」と誘惑する装置である。これに囚われることは、すでに一つの「症候」だと言えるだろう。

たとえばそれが《マリリン》ならば、人は《マリリン》という作品の裏側に隠された「真のマリリン」を探してみたくなる。あるいは何枚もあるマリリンの中のどれが「真のマリリン」なのかと迷い出すだろう。しかしどんなに探してみても、そこに「真のマリリン」を最後まで見つけることはできない。人は「真のマリリン」にどうしても出会えない。日高はこれを「マリリンを見よと要求しつづける」ゲームだとし、次のように書いている。

「だからといって決定的な確固たる自己が見出せるわけではない。観者はウォーホルの誘いにのって隠されたはずのものの痕跡を探し出そうとする。そしてそれは延々とつづけられるゲームの様相を帯びるだろう。エディションのなかに次々と生み出されてほほえむ《マリリン》はどれもがマリリンでありながらマリリンではないから、終わらないマリリン探しのゲームが始まるのだ。」

もちろん、「真のマリリン」はもとから存在しなかったわけではない。実は人は「真のマリリン」に、すでに出会っているのだ。だが、その出会いの際にそれと「出会い損ねている」のである。だから《マリリン》のことは、「真のマリリン」との出会いから少し「遅れて」から知ったのである。「真のマリリン」と《マリリン》との間には、このような「遅れ」が存在している。

この「真のマリリン」と《マリリン》との間の「遅れ」とは、たとえばヴォルフガング・シヴェルブシュが『鉄道旅行の歴史』で紹介するエピソードにかたちを変えて発見することができる。そこでは軍医が負傷兵に見出した戦闘中のショック体験について書かれている。シヴェルブシュは「十八世紀に軍医が発見した負傷の衝撃《ショック》は、それゆえ明らかに負傷のひどさのせいばかりではない。それはまた火器により負傷を受ける特殊状態、つまり予期の態度のなさのせいでもある。十九世紀の軍医の診断も、同じ結論を出している」として、こう続けている。

「グレーニンゲンは、このような症例を挙げている。「マクロードは、ある士官は両下腿をもぎ取られたが、起き上がろうとしたときに、初めてそれに気づいた、と報告している」。予期の態度のなさと、火器による負傷が「気づかれない」こととの関連を、ローズが明確にしている。「たいていの負傷者は、自分が負傷したことに気がつかない。それは負傷の迅速さのためばかりでなく、むしろ他の目的に精神が集中しているためである[19]」」。

この記述の中で特に注目したいのは、グレーニンゲンの症例報告である。つまり「ある士官は両下腿をもぎ取られたが、起き上がろうとしたときに、初めてそれに気づいた」という部分である。この「両下腿をもぎ取られた」士官にとって、負傷という出来事は彼の気がつく少し前にすでに「起きていた」。それがいわば「真のマリリン」である。だが士官はその起きた瞬間から少し「遅れ」て、ようやく自分の負傷という現実と出会う。この「遅れ」を伴った出会いこそが《マリリン》なのである。

そしてこの「時間差」が、実はトラウマを生み出す要因となる。シヴェルブシュを援用するならば、「負傷者は、自分が負傷したこと（真のマリリン）に気がつかない」（括弧内は引用者）。負傷者が「負傷の瞬間（真のマリリン）」を十分に受容していないために、ショックを受けた負傷者はつねにそれと出会えず、「負傷の瞬間（真のマリリン）」をその後も繰り返し「探さない」といけなくなる。この繰り返し探す行為こそがフロイトの言う「反復強迫」である。[20] そして「負傷の瞬間（真のマリリン）」は、負傷者にとってはゼノンのパラドクスのように、いつまで追いかけても追いつくことができない幻影のように存在するのみである。

これは何を意味するのかというと、日高の言う「カムフラージュ」が「トラウマ」をそのままに示唆しているのである。繰り返すが「真のマリリン」とはこの場合、トラウマをもともと誘発した「出来事」、つまり「負傷の瞬間」である。カムフラージュという覆いで「隠しているもの」とは「抑圧」である。人はどうしても「真のマリリン」に出会えない。だとすれば、バリエーションが増え続ける《マリリン》のシリーズは、この「抑圧」が反復的に現われるフラッシュ・バックだと考えればいい。

実は日高の論文でも、ハル・フォスターの論文 "Death in America" を手がかりとしながら「カムフラージュ」を「トラウマ」との関係で結び付けている。フォスターは、ウォーホルが「ぼくは死ぬということを信じていない、起こった時にはいないからわからないからだ。死ぬ準備なんてしていないから何もいえない」と言っている点に注目する。

日高によれば、「ウォーホルにとって死はつねに早すぎるか遅すぎる」のである。この死の認知の「遅れ」が要するに「トラウマ」なのだが、日高は「フォスターは、ウォーホルにおける死との〈出会い損ね〉をラカンにならってトラウマと呼ぶこととし、トラウマ的リアリズム（トラウマ的題材を用いたリアリズム）という観点を導入することでふたつの路線を接合し、ウォーホル作品を読み解こうとする」と言いて、フォスターの次のような興味深い発言を引いている。

「トラウマ的リアリズムという観念をおし進めるひとつの方法は、「僕は機械になりたい」という、ウォーホルの仮面の有名なモットーを通過することである。通常、このせりふは芸術家も芸術も、じつは［神話的な存在でも何でもない］空っぽなのだということを確認するために引き合いに出される。しかしそれは空っぽな主体を指し示しているというよりも、ショックを受けた主体を指しているのであって、ショックを受けた主体が、このショックに対する防御として模倣的に自分にショックを与えるものの性質を身にまとっているのである。」

フォスターも言うように、ウォーホルは「死と〈出会い損ね〉ている」。それが彼のショックとして、彼の作品の中に投影されている。フォスターは同じ論文の中で、「反復はトラウマ的と理解される現実を遮断するのに役立つ。しかしまさにこの要求が現実を指し示し、反復という遮断幕を切断するのはこの点においてである」とも書いている(21)。

ウォーホルの絵画は、潜在的なトラウマを普段は遮断しているかに見える。この潜在的なトラウマの「遮断幕」が剝がされるのは、何らかの力が強く作用した場合だが、その力は絵画の外側からやってくるのではない。フォスターも「しかしまさにこの要求が現実を指し示し、反復という遮断幕を切断するのはこの点においてである」と言うように、「切断」はその遮断幕それ自体から、つまり絵画そのものから発せられるのである。遮断幕は遮断しながらも、同時に「遮断幕を切断せよ」という矛盾したメッセージも発している。「切断」を人に向けて繰り返し発動させるのは、この「遮断幕」からの絶え間ない信号である。

ウォーホルの《マリリン》に見られる「カムフラージュの技法」がそうであるように、遮断幕は「隠しながらも自分を探せ、遮断幕を切断せよ」とつねに人々を誘惑し続けている。そのたびに「抑圧」は回帰する。日高の言い方ならば、こうして「顔との、自己との出会い損ねというショックは、繰り返される」わけである。

5　皮膚とショック

さて、ここまで論じてきた日高優やハル・フォスターの「トラウマ」の視点を援用しながら、『アメリカン・サイコ』におけるベイトマンの心理についてより深く考えてみよう。

たとえばその際に、神尾達之の著書『ヴェール／ファロス』が参考になる。とりわけ「皮膚を破る、皮膚を磨く、皮膚を着る」というパラグラフでは、本論で問題にしてきたエリスの『アメリカン・サイコ』が取り上げられて、実に的確な作品の分析が試みられている。(22) 神尾の文章を参照することによって、私たちはここまで日高の論文や、日高が引用したハル・フォスターの指摘を参照しながら述べてきたアンディ・ウォーホルにおける「遮断」と「切断」という概念を、エリスの『アメリカン・サイコ』における「遮断」と「切断」にもつなげて考えられそうである。

神尾は「主人公をめぐる世界の描写に、ブランド名やミュージシャンやビデオのタイトルなどの固有名が張りめぐらされ、世界の表面に高度資本主義社会が産み落とした商品群が瀰漫する。文体上のこの特徴はそのまま、主人公の「表面に、皺に、皮膚に踏みとどま」ろうとする欲望に対応している」として、まず「商品」、あるいは「記号」が集積する場としての「表面」、すなわち「皮膚」に着目する。

そしてベイトマンが「「アイスパック」、「毛穴の汚れ落としローション」、「ハーブミントの香りのフェイシャルマスク」、「剥離《はくり》作用促進性のジェルスクラブ」、「非アルコール系の抗バクテリア製剤」、「モイスチャライザー」、「クラリファイング・ローション」、「老化防止アイ・バーム」」などの商品を使用していることを並べてから、「肌は多くの薬剤で「正常」にされ、テクストには多くの記号がちりばめられる」というように、それらの過剰な商品の消費によって、彼自身の肌が健全な状態になると指摘する。

「商品」によって過剰に磨きこまれた「皮膚」は、ちょうどウォーホルの《マリリン》の「表面」にそのまま呼応している。ウォーホルもまた、数多くの「商品」を作品の「表面」にストレートに描き出した。すなわち「コカ・コーラの壜」や「キャンベル・スープの缶」などであるが、それらは「マリリン・モンロー」と同じ「記号」でもある。そしてこれらの「商品」、あるいは「記号」は、ベイトマンにとっての「アイスパック」や「モイスチャライザー」や「クラリファイング・ローション」と同じだと考えていい。

ウォーホルはシルクスクリーンという「表面」の上に「マリリン・モンロー」という「商品」を描き込み、ベイトマンは自身の「皮膚」という「表面」の上を「モイスチャライザー」という「商品」で磨き込む。そして《マリリン》がそうであったように、ベイトマンの「皮膚」においても、カムフラージュは変わらずに行使されている。

というのもベイトマンは明らかに、過剰な化粧品を使い、そして自身の「皮膚」を人工的に磨き上げることによって、「皮膚の裏側に「何か」を隠しつつ、同時にその「何か」を隠蔽していることを仄めかしているからである。しかし結局は「皮膚」の裏側には何も隠されてはいないのだが、隠蔽が仄めかされている以上は、ウォーホルの《マリリン》のケースで検討してきたように、人はその「皮膚」の奥について考えざるを得なくなる。

神尾の言い方を援用するならば、このような状況下において「記号が限りなく水平に横滑りしていくときに」、つまり「皮膚」の奥に隠されているものについての問いかけが過剰になる際に、「いわば剰余のエネルギーが垂直方向に生じてしまう」。この「剰余のエネルギー」が、「皮膚」という遮断幕からの「切断」の誘惑である。「皮膚」はそれによってヴェールをかけながら、その同じ「皮膚を切断せよ」とベイトマンに命じてくる。

ここで切断を「誘惑」しているのはベイトマンではない点には十分な注意を傾けよう。繰り返すが、遮断幕を「切断」するようにと誘惑しているのは遮断幕、すなわち数々の化粧品によって磨かれた「皮膚」である。「皮膚」を別の言葉に置き換えれば、それは「世界の表面」である。彼を誘惑しているのはこの「世界の表面」すなわち高度資本主義社会である。

殺人を犯すのは確かにベイトマンだが、彼の意志をコントロールしているのは彼自身ではない。実際にベイトマンは秘書のジーンに、「どうせ、意志は……そうコントロールできない」と言っている。

「皮膚を剝がしてみよ」とベイトマンに殺人を命じるのは化粧品で磨かれた「皮膚」であり、つまりは現代の「消費社会」なのである。『ファイト・クラブ』において、タイラー・ダーデンが主人公に向かって、「石けんがマイトになる」と言っていたのをここでもう一度、思い出そう。つまりそこでも「爆弾（切断）」は「石けん（遮断幕）」という商品によって誘発されるのである。

ウォーホルの《カムフラージュ》について日高優が、「何かが隠されているはずだと探してみても、そこには何もあるはずがない。しかし迷彩模様というカムフラージュの技法を前にして、観者はそれでもこの迷彩を偽装する何ものかが存在しているのではないか、迷彩の背後には何かが秘匿されているのではないか、と作品に向かうしかない」と言っていたように、「剰余のエネルギー」は「世界の表面」を引き剝がして、その背後にベイトマンの手を何とか届かせようとする。

そのエネルギーがベイトマンにとっては、結果的には猟奇的な連続殺人となって表われる。神尾も言うように「ベイトマンは自分の皮膚を滑らかに保つことに夢中になるにもかかわらず、いや、だからこそ、同じように慎重に他人の皮を剝ぐ」。この「他人の皮を剝ぐ」という行為が、「迷彩の背後には何かが秘匿されているのではないか」と、ヴェールの向こう側に触手を伸ばしてしまうこと、「商品」、あるいは「記号」による遮断幕を切断することを指し示す。

神尾は同じ著書において、ベイトマンの実に残虐な殺人の手口を描写する。たとえば「彼は死体の口に手を入れ、「奥のほうで、埋めこんだチューブのようになっている血管」を、掴んで引っ張り出す。すると、「皮膚がひきつって裂ける」と。

小説の中でもベイトマンは「私がどれだけ空虚なのか、キンブルはまるで知らない」とか「私は空っぽで、およそ感情が欠落している」と言う場面があるが、ベイトマンが「内面の「空虚」」を自覚しているのを神尾も指摘した上で、そうした「「空虚」とは、表層に無限にちりばめられる記号が特権的なシニフィアンに収斂することなく無限循環することを、鋭く意識化し、それに耐えられなくなることだ」と規定する。つまり空虚を持ちこたえられないからこそ遮断幕を切断するのである。

「そのとき、ベイトマンは皮膚の向こう側をがむしゃらに求める。ベイトマンは「奥のほう」に手を突っ込み、肉体の内部を引き出す。「死にぎわの」女性の「腹を、素手で引き裂く」ベイトマンは、致命的に欠落している特権的なシニフィアンに、どこか内部の深みで触れようとしているかのようだ。」

神尾はこう書いた後で、次のように続けている。「だが当然のことながら、彼が切り裂く皮膚の下にも、表層における記号の出発点となり、かつまた、表層の記号の戯れのいっさいを無効にしてしまうような特権的なシニフィアンは隠されていない」と。

遮断幕を切断してみても、そこには何も確かなものは隠れてはいない。これは日高優が論文「カムフラージュの技法」の最後の部分で記しているウォーホルをめぐる視点と、ぴたりと一致する。

「色彩の層の下に、あるいは色彩のせめぎ合うなかに隠されていく顔には、何か自己の痕跡のようなものを透かして見ることができるかもしれないというあわい期待が賭けられている――しかし期待は挫かれるためにある。

そもそも顔は存在しなかったのだから。」

シルクスクリーンの「画面」にせよ、磨き込まれた「皮膚」にせよ、いくらそれらの「表面」を引き裂いて、その下に隠されているものに触手をのばしてみたところで、そこに実感としての「何か」に手が届くことはない。そこには実感できるものは何も摑めない。日高の言い方を借りるならば、そこには「顔との、自己との出会い損ねというショック」があるだけだからだ。

つまりウォーホルが「〈死と〈出会い損ね〉ていた」ように、ベイトマンもやはり「死と〈出会い損ね〉ている」のである。「両下腿をもぎ取られたが、起き上がろうとしたときに、はじめてそれに気づいた」士官がそうであったように、ベイトマンも「もぎ取られた瞬間」に気づくことができず、それに「遅れて」しまっている。だから負傷した士官も、あるいはウォーホルやベイトマンも、三人ともその「もぎ取られた瞬間」にどうしても追いつくことができない。従って彼らはただひたすら、そのショックをフラッシュバックするしかない。

ベイトマンにもウォーホルと同様の「トラウマ」があると言える。(23) そのショックを反復するかのように、彼は殺人を何度でも反復してみせる。しかしどんなに人を殺しても、起きた時に気づくべきだった「もぎ取られた瞬間」には追いつけない。追いつけないがゆえにとするべきか、誰かの「皮膚」は繰り返し剝がされることになるのだ。

現実の殺人だけではない。「いつもの通り、こういう女たちを理解したい私は、その死を映像に記録するところだ。」そう言ってベイトマンは殺人行為を記録する。そしてそれを彼は何度も繰り返し見るだろう。それから見飽きたビデオ録画のように、今度は現実の殺人が反復されるだろう。しかしいくらそれらを繰り返してみたところで事態は何も変わらない。

神尾は「彼は記号の残骸が「砂の粒」のように舞い上がる「無限状態」を生きるしか道はない。記号には出口がないのだ」と書いているが、この奇妙な閉塞感は、ベイトマンが殺人の「反復強迫」の中へと取り込まれているのを暗示する。

ベイトマンは小説の終盤部分で、友人のハロルド・カーンズに自らの犯罪を告白する。「おれが、やつを殺したんだ。やったんだよ、カーンズ。おれが、オーエンの頭をぶった切ったんだ。おれが、女を何十人も責め殺したんだ」と。しかしいくらそう告白しても、カーンズはまったく取り合わない。

ベイトマンにとってトラウマを生み出した要因が、ウォーホルと同様に「死との〈出会い損ね〉」にあったのはたぶん間違いない。だが、ベイトマンの「死との〈出会い損ね〉」は、何もこの時代のアメリカにおいて、彼一人だけのものではないような気がする。新元良一による原作者エリスへのインタヴューの中で、エリスはこうも言っている。

「『アメリカン・サイコ』で描いているのは、自分に夢中でその世界から出られない男の話だよ。靴、スーツ、レストラン、殺した女は、物体として存在するだけで、それ以上の何物でもない。スーツにしても、本来は、着る人間の個性が表現されるべきものだろう。ところが、ベイトマンには表面しか見えない。これは、80年代を象徴するもののひとつと言えるね。」

そう述べた上でエリスは、ベイトマンとレーガン政権の関係について、次のように示唆している。

「真実は深層に存在するのに、表面だけに真実があると信じられた。全く腐敗しきったレーガン政権がいい例だよ。外見や印象だけに気を配って、真実とは逆のことを平気で話す。カルチャーにおいてもそれが主流となってまかり通った。」

エリスはこれらの指摘によって、ベイトマンとレーガン時代は同じような「表面」に執着していたと発言している。「ベイトマンには表面しか見えない」し、レーガン政権では「表面だけに真実があると信じられた」。だとすればベイトマンのトラウマも、アメリカが抱え込んでいるトラウマと、どこかで連動しているように思うのである。

6　カタストロフィの瞬間

もちろんそのトラウマは、普段はカムフラージュされているからよく見えない。シヴェルブシュは先の『鉄道旅行の歴史』の中で、「ショックとは、人工的、機械的に、つくられた運動ないし状態の継続を打ち破る、あの突然の激しい暴力事件、ならびにこれに続いて起こる破壊の状態、を表わすものである」とも書いているが、遮断幕に誘発されたショック、つまり「あの突然の激しい暴力事件、ならびにこれに続いて起こる破壊の状態」は、遮断幕そのものを切断することによってその都度に「抑圧」を回帰させる。

『アメリカン・サイコ』の中には、レーガン政権時代に起きた「あの突然の激しい暴力事件、ならびにこれに続いて起こる破壊の状態」が、実はそれとなく主人公たちの会話で暗示されている。それは小説の最初の章で、ベイトマンが友人のティモシー・プライスと会話している最中に、プライスが言うセリフに表われている。それは一九八六年に実際に起きた、ある「事故（ショック）」のことだ。

「だからさ、おれは感じやすいって言うわけ。あいつに言ったんだ。おれはチャレンジャー号の事故ですっかり気がおかしくなっちゃうような人間だって。」

もちろんプライスだけでなく、この時代を生きた多くのアメリカ人たちは、同時多発テロの時と同じように、スペースシャトル・チャレンジャー号の空中爆発事故のシーンをいまだ鮮明に記憶しているはずである。それを証明するように、たとえばハリー・コリンズとトレヴァー・ピンチは『迷路のなかのテクノロジー』でこう書いている。

「あの重大な事件について、いつどこで初めて聞いたのかを著者たちは覚えている。四五歳過ぎの私たちは、ジョン・F・ケネディが暗殺されたと聞いたとき、何をしていたのかを覚えている。同じように、テレビを見ていた人なら誰でも、スペース・シャトル「チャレンジャー号」が爆発した一九八六年一月二八日、アメリカ東部標準時間午前一一時三八分に何をしていたかを覚えているだろう。推進固体ロケットブースターが作り出した、渦巻く輪が連なった白煙のうねりが、七人の乗組員の死と、宇宙計画における「できる」の不可謬性の終焉を告げていた。[24]」

コリンズらは、「テレビを見ていた人なら誰でも、スペースシャトル「チャレンジャー号」が爆発した一九八六年一月二八日、アメリカ東部標準時間午前一一時三八分に何をしていたかを覚えているだろう」と言う。しかしコリンズらはどうして「テレビを見ていた人なら誰でも」、「何をしていたかを覚えているだろう」と、そうまではっきりと言い切れるのだろうか。

それはこの事故が、テレビでライブ中継されていたからだろうか。あるいはこれがあまりにも衝撃的な事故であったからだろうか。確かにそれらの事柄も重要である。しかし本当の要因は、この事故がショックそのものであり、それがアメリカの中に隠されている根源的な「トラウマ」をどこかで指示するからではないか。そのことが『アメリカン・サイコ』で、「おれはチャレンジャー号の事故ですっかり気がおかしくなっちゃうような人間だって」というプライスのセリフとなって表われているのだ。

この問題を考える上で参考になる論文がある。メアリー・アン・ドーンの「情報、クライシス、カタストロフィ」である。(25) 藤井仁子による同論文の「解題」によると、ドーンの論文は一九八八年――つまりチャレンジャー号の事故から二年目の年――に開かれた「テレビ」をめぐる国際会議に際して執筆されたものだという。(26) 事実、この論文そのものが「テレビ」を主たるモチーフにしている。チャレンジャー号の爆発に見られたようなライブ中継は、映画や写真には決してあり得ないことであり、それはテレビ独自のものである。それらをしっかりと見据えながら、ドーンはカタストロフィがテレビ報道にいかに大きく作用しているのかを明らかにする。

事実、ドーンの論文にはチャレンジャーの空中爆発事故をめぐる報道についてかなり長く描写されている。たとえば次のような箇所がそれに当たる。

「だがおそらく、ここでもっと重大なのは、テレビ自身がその現場にいたという事実だろう――カタストロフィの目撃者として。そして繰り返し流されたチャレンジャー号爆発の映像、フロリダの真っ青な空を背景に枝分かれして降下していく何本もの白煙の線――反復へと向かうテレビの衝動の絶え間ない証明――は、出来事のカタストロフィ的性質だけでなく、テレビの即時記録能力を、テレビがそこにいたという事実を思い起こさせるものだった。カタストロフィの時間性は瞬間のそれである——それははかなくパンクチュアルだ。一方テレビ報道は、まさにその持続性によって特徴づけられる。出来事の突然性、予期されざる性質を補うかのように。

ドーンは、テレビ報道は「その持続性によって特徴づけられる」とし、その「持続性」を破断するのが瞬間的であり、パンクチュアルな「カタストロフィ」だとしている。そのようなテレビ報道とカタストロフィ、つまり持続性とパンクチュアルとの対比的な関係は、別の箇所では次のように言い換えられる。「ここには、さもなくば連続的であったはずのシステムにおける予期せざる断絶をカタストロフィは表象するという、カタストロフィ理論が示す定義にテレビ的なカタストロフィが従うという、きわめて驚くべき感覚がある」と。

テレビ報道の「持続性」あるいは「連続性」は報道そのものだけでなく、テレビ番組の構成の仕方やコマーシャルにも表われる。カタストロフィは、そうしたシステムさえ破断する。そして破断されたことによって、テレビ番組やテレビ報道やコマーシャルによって普段は隠されていたもの、つまり「抑圧」が回帰してくる。ドーンはこれらのことを次のように書いている。

「この視点からするとカタストロフィの規模は、テレビのレギュラー番組編成をどの程度中断するか、特定の時間に何を視聴できるかについての通常の期待をどの程度破壊するかで測定できることになるだろう。毎日毎週と、番組スケジュールをきれいに並べていることによって、テレビは「社会的秩序の論理のリズムを〝自然〟なものとして生み出すことを促進している」というニック・ブラウンの言が正しいとすれば、そのような時間の秩序化の内部に包含できないものをカタストロフィは表象していることになる。抑圧されたものの回帰を示すわけだ。こうした破壊が持つトラウマ的性質は、カタストロフィの報道の際、コマーシャルが不在であることによって強調される。」

この「抑圧」が指し示すものは、アンディ・ウォーホルの場合がそうであったと同様に「死」である。ドーンは「日常生活の社会的リズムに、何よりもまず包含できないものは死だ。あるレヴェルにおいて、カタストロフィはつねに死体に関するもの、死との遭遇に関するものである」と書いている。そして「カタストロフィの不確定性と予期できないという性格は、われわれが住む世界に潜在するトラウマをまさに説明するように思われる」とも言う。

こうした「潜在するトラウマ」は、普段は遮断幕に覆われている。しかしパンクチュアルなカタストロフィは、それらの遮断幕を切断し、「抑圧」をフラッシュバックさせる。ロバート・ロンゴが「何かが起こった瞬間、何かが起ころうとする瞬間、そういう一瞬というものに関心があったんだ」と言うのは、パンクチュアルなカタストロフィであるとともに、この「抑圧されたものの回帰」する瞬間のことでもある。

ドーンは「カタストロフィ」を「死体に関するもの」、あるいは「死との遭遇に関するもの」と書いているが、トラウマそのものは死そのものではなく「死との〈出会い損ね〉」により生じる。「潜在するトラウマ」を抱えるのは、先にフォスターがウォーホルに見たように、私たちがこの現代消費文明の中で「死と〈出会い損ね〉ている」からである。『ファイト・クラブ』の主人公が「出会のタイミングが悪かった」とするのも、同じ「死との〈出会い損ね〉」を指し示している。

ドーンは「現代社会は死を隠蔽するように働いているので、死についての一般的な経験は、表象を通じての代理体験になっている。直接的認識からの死の剝奪という、ベンヤミンの指摘によれば一九世紀に始まっていたプロセスは、今日も続いているのだ」と記している。この指摘は重要である。「死との〈出会い損ね〉」が起きてしまう理由は、現代消費主義における「死の隠蔽」が大きく関与しているからだ。

しかし「死の隠蔽」は、その人自身の死の隠蔽ではない。当たり前のことだが、人は自分の死を直接的に認知することはできない。ウォーホルが「ぼくは死ぬということを信じていない、起こった時にはいないからわからないからだ」と発言しているのは、この意味ではまったく正しいのである。

だがいま問題にしたいのは、そういう事柄ではない。これはドーン自身が論文の中で引用している部分なのだが、ベンヤミンが「物語作者」の中で、「かつて死は、個人の生活における公的プロセスであり、人に公開されるものだった」と言うように、以前は誰もが他者の死体を見て、人の死を認知することができた。しかし現在はそれがさまざまな事情で可能ではなくなっている。わかりやすく言うと、現代消費社会の「潜在するトラウマ」とは、この「他者の死との〈出会い損ね〉」のことである。ハル・フォスターが注意を傾けている先のウォーホルの発言も、その事柄と絡めて捉えるべきである。

藤井は先の「解題」の中でドーンの論文の主旨を、テレビの「「報道（coverage)」というものがまさにそうした潜在的トラウマに覆いをかけるものであるという事実を暴露し、連続的なシステムを中断させてしまう破局《カタストロフィック》的な悲惨事を、そうした覆いを破って顔を覗かせる「抑圧されたものの回帰」として捉えることを可能にする」と実にうまくまとめているが、そのように考えてみれば、テレビ報道というものは、ここまで論じてきた「遮断」と「切断」とも深くつながっている。

つまり藤井も言うように、テレビ報道は「潜在的トラウマに覆いをかけるものである」といった意味ではそれは「遮断」の機能を果たしているのであり、それに対して「連続的なシステムを中断させてしまう破局《カタストロフィック》的な悲惨事」、つまりカタストロフィとはその遮断幕の「切断」に該当するからである。

そしてここまでの論旨を繰り返すならば、そうした「切断」はむしろ「遮断幕」によってこそ誘惑されたものであった。遮断幕は、ただ遮断してその裏側にある何かを隠すだけでなく、わざわざ見えにくくしたものを「見る」ようにと、矛盾した場所へと人を誘惑する。それが「カムフラージュの技法」なのだと日高は指摘していたわけだが、その考え方をここでも援用すれば、カタストロフィによる「切断」もまた、元を辿ればそれを隠しながら同時にそれを「起こそうとするもの」、遮断しながら「切断させようとするもの」、つまりそもそもは遮断幕からの誘惑なのである。

私たちに対してテレビが絶えず誘惑し続けているのは、このような「カムフラージュ」である。また《マリリン》のような「記号」や、ベイトマンが愛用した「商品」、あるいはそれによって磨かれた「皮膚」が私たちに誘いかけるのは、そのような「カムフラージュ」である。

このことはチャレンジャー号の爆発事故だけでなく、「世界貿易センタービル」のテロによる爆破のケースでも同様に見られたことだった。ドーンは論文の末尾につけた「追記（二〇〇三年）」の中で、「この論文は一五年前に書かれたものであるけれども、ここで記述された傾向は強化され、深まるばかりであるとわたしは思う。二〇〇一年九月一一日のテレビ報道は、「カタストロフィに付随する死は、その制御不可能なものたち――クライシスのなかにある身体、不具合になったテクノロジー――によって、リアルなものとテレビが直接衝突しているかのように確実に感じさせることになる」という考えを、猥雑にも確証するものだと思えた」と、自らの一五年前のチャレンジャー空中爆発などに基づいて検討した結論を、それから一五年後に起きた同時多発テロに際しても有効だと発言している。

ところでマンハッタンの「世界貿易センタービル」のテロリズムの後に、あるアーティストが提案した再建案はいま述べてきた文脈からとても重要である。それはメレディス・マイケルズの提案なのだが、『カーサ　ブルータス』の二〇〇二年三月号によると、マイケルズの案はサンフランシスコのカルチャー誌の『surface』に掲載された。

ブルータス誌には彼女の二つの案が紹介されているが、そこでは二案ともにかつてのツインタワーを何棟も建てている。ただしそのうちの一案は以前と同じタワーのデザインだが、もう一案の方は増産したタワーの表面をすべて「迷彩模様」で覆っている。その写真のキャプションには次のように書かれている。「『迷彩柄の都市の中で繰り返し／複数化／クローン』都市構造としてのツインタワー。でもＷＴＣの跡地は空っぽにして。ＷＴＣがどこでも見られる、ＷＴＣ自体は見ずに」と。[27]

当然のように、本論の文脈から言って興味深いのは二つの案の後者、すなわち「迷彩模様」の方だ。つまりツインタワーが建っていたのとは別の場所にタワーと同じものを何棟も建設し、どれが本物のタワーであるかを混乱させた上で、それらの表面をさらに「迷彩模様」で覆ってしまうアイディアである。

同じタワーをただ再建してもまた次のテロで攻撃される可能性がある。だから、今度は兵士たちが戦場でそうするように、建物の表層を「迷彩模様」で「カムフラージュ」してしまえばいい、という作者のメッセージだろうか。しかし「迷彩模様」に彩られた「世界貿易センタービル」こそ、「このビルとはいったい何であったのか」を考えるうえで、実は大変に暗示的なのである。

なぜならば「世界貿易センタービル」は、メレディス・マイケルズの再建案のように「迷彩模様」などわざわざ用いなくても、テロの以前からすでに人々を「カムフラージュしていた」からである。そもそもこのビルもまた、ウォーホルの《マリリン》のように一つの「記号」であった。「世界貿易センタービル」と《マリリン》とは、建築とアートというように媒体こそ異なれ、まったく同じ構造を示す二つのあり方に過ぎない。

ジャン・ボードリヤールは『象徴交換と死』の中で、そのことを巧みに説明している。彼はまず「世界貿易センタービル」に触れながら、「このような二つのまったく同一の建築が向かいあって存在するという事実は、一切の競争の終わり、オリジナルなものへの一切の準拠の終わりを意味する」とし、「これこそアンディ・ウォーホルがやったことである」と続けている。「マリリン・モンローの顔写真をいくつもコピーした彼の作品は、オリジナルという概念の死と表象の終わりそのものだった」からである。(28)

「世界貿易センタービル」もまた、ウォーホルの《マリリン》と根底でつながっている。つまりツインタワーは単に二棟だけでなく、論理的には同一タイプがいくつも生産される可能性を持っていて、しかもそのオリジナルはどこにもない。《マリリン》がそうであったように、そのすべてが実感のないコピーである。

「世界貿易センタービル」も《マリリン》もともに「オリジナル」には追いつけない。それらはそもそも「オリジナルと〈出会い損ね〉ている」からである。ここでの「オリジナル」をそのまま「死」と置き換えていい。

だとすれば、「世界貿易センタービル」も、《マリリン》のような「カムフラージュ」を使っていた、と演繹的に言えるのではないか。

カムフラージュするということは、すでに述べたように、その「表面」を引き千切れば、そこに本質的な何かが隠れているはずだと考えさせることである。テレビ報道が遮断幕であるように、「世界貿易センタービル」もまた遮断幕であった。だから人はそのビルの「皮膚」の奥にはいったい何が隠れているのか、それを見たいと誘惑される。

二〇〇一年九月一一日の出来事はそのように考えてみれば、テロリストが「世界貿易センタービル」を攻撃したのではない。意外なことを発言していると思われるかもしれないが、本論の文脈から言えばそうなるはずである。テロリストが攻撃を欲望したのではない。逆にテロリストを攻撃へと誘惑したのは、「世界貿易センタービル」の方である。すなわちテロという「切断」を誘惑したのは、「世界貿易センタービル」という遮断幕なのである。

その遮断幕は《マリリン》のように、あるいはベイトマンにおける「皮膚」のようにカタストロフィを誘惑する。《マリリン》の中に「真のマリリン」を探そうとしたように、あるいはベイトマンが「皮膚」を引き千切ることでその奥に何かを見ようとしたように、テロリストはビルという遮断幕からの誘惑によってビルに激突し、その遮断幕を切断して、結果的にビルを粉々に破壊した。テロリストは現代消費社会に「潜在するトラウマ」と呼応して、「抑圧されたものの回帰」を試みようとしたのだ。しかしそこに実感できる「何か」を見つけ出すことは、どうやってみてもできない。

神尾達之は「ベイトマンは「奥のほう」に手を突っ込み、肉体の内部を引き出す。「死にぎわの」女性の「腹を、素手で引き裂く」ベイトマンは、致命的に欠落している特権的なシニフィアンに、どこか内部の深みで触れようとしているかのようだ」と書いていた。それを援用するならば、テロリストたちもこのベイトマンのように、

「世界貿易センタービル」に飛行機で激突して、そのビルの皮を剝いだ。そしてその「「奥のほう」に手を突っ込み、肉体の内部を引き出」した。「死にぎわの」ビルの「腹を、素手で引き裂」さいた。

だが、死体を切り刻むようにビルを粉々に破壊してみても、テロリストが「切り裂く皮膚の下にも、表層における記号の出発点となり、かつまた、表層の記号の戯れのいっさいを無効にしてしまうような特権的なシニフィアンは隠されていない」。グラウンド・ゼロと呼ばれた瓦礫の中には、ただ「記号の残骸が「砂の粒」のように舞い上がる」だけなのである。

現代社会では、テロリストだけが先進国から引き離された特殊な世界にいるわけではない。彼らも豊かな石油資源に依存する現代の消費文明に生きている。彼らも自動車に乗り、飛行機で移動し、インターネットを使い、ある意味では消費生活を楽しんでいる。だからテロリストたちもウォーホルやベイトマンのように、現代消費社会では「死と〈出会い損ね〉ている」と言えよう。

だとすれば、テロリストたちも、あの時すでに「死に遅れてしまっていた」のだと、そう言えるのではないか。

(1) 本論においてデイビッド・フィンチャー監督の映画『ファイト・クラブ』(一九九九年作品。DVDの発売元は20世紀フォックスホームエンターテイメントジャパン株式会社)を参照。この映画の登場人物たちのセリフは、すべてこの映画の字幕翻訳者の戸田奈津子訳によるものであり、引用に際してはそれらを接合し、文意が通るように統一したり、一部訳文を変えた箇所がある。本論において『ファイト・クラブ』のセリフの引用は、特に断り書きのない場合はすべてこの戸田奈津子翻訳による。

(2) 今野雄二「フィンチャーのヴィジュアルは脳髄を直撃し、覚醒させる!」(『ファイト・クラブ』劇場用プログラム、スタジオ・ジャンプ編集、二〇世紀フォックス(極東)株式会社発行権、東宝(株)出版・商品事業室発行、一九九九年)による。

(3) ジャック・ラカン『精神分析の四基本概念』(ジャック=アラン・ミレール編、小出浩之他訳、岩波書店、二〇〇〇年)

の中の「テュケーとオートマトン」による。以下、本論においてラカンの発言は、特に断り書きのない場合は同書の同部分による。下河辺美知子『トラウマの声を聞く』(みすず書房、二〇〇六年)も参照。

(4)ジョージ・リッツア『無のグローバル化』(正岡寛司監訳、山本徹夫他訳、明石書店、二〇〇五年)。以下、本論において特に断り書きのない場合は、リッツアの発言やリッツアによる引用文はすべて同書による。

(5)渡部千春『北欧デザインを知る』(日本放送出版協会、二〇〇六年)。

(6)スーザン・ソンタグ『良心の領界』(木幡和枝訳、NTT出版、二〇〇四年)に所収のシンポジウム「この時代に想う」でのソンタグの発言部分による。

(7)有賀夏紀「反消費主義から新しい消費文化へ」。同論は常松洋他編『消費とアメリカ社会』(山川出版社、二〇〇五年)に所収。

(8)本論ではメアリー・ハロン監督の映画『アメリカン・サイコ』(二〇〇〇年作品。DVDの発売元は東芝エンタテイメント株式会社)も、いくつかの場面で参照している。なお、「ガーデンシネマ・イクスプレス第74号 アメリカン・サイコ」(報雅堂編集、ヘラルド・エンタープライズ株式会社発行、アミューズピクチャーズ株式会社発行権、二〇〇一年)も参照した。

(9)これは杉原賢彦他編『映画のデザインスケープ』(フィルムアート社、二〇〇一年)に所収の項目「アメリカン・サイコ」による。執筆者は金原由佳。

(10)本論では特に断り書きのない場合は、小説『アメリカン・サイコ』の登場人物のセリフ、あるいは描写などは、すべてブレット・イーストン・エリスの原作本(小川高義訳、角川文庫の上巻と下巻、一九九五年)による。

(11)この新元によるエリスへのインタヴューは、新元良一『One author, One book.』(本の雑誌社、二〇〇一年)に所収の「『アメリカン・サイコ』ブレット・イーストン・エリス」による。本論において新元によるエリスへのインタヴューは、特に断り書きのない場合は同インタヴューによる。

(12)杉浦邦恵によるロバート・ロンゴへのインタヴュー「芸術の宇宙飛行士」(木下哲夫訳)による。同インタヴューは『美術手帖』一九八八年一月号に所収。本論において特に断り書きのない場合、ロンゴへのインタヴュー記事による。なお、ロンゴについて、多木浩二は『それぞれのユートピア』(青土社、一九八九年)に所収の「メメント・モリ」において、「ロンゴの作品が瞬間であるなら、その背後にはなにもない。ほとんど絶対といっていい空虚である」と発言している。伊藤俊治『最後の画家たち』(筑摩書房、一九九五年)に所収の「瞬間のなかの死」も参照。多木浩二の『進歩とカタストロフィ』(青土社、二〇〇五年)も参照。

(13)ポール・ガードナー「ロバートは眠らない」(嶋崎吉信訳)による。同論文は(12)の雑誌に所収。

（14）スチュアート・イーウェン、エリザベス・イーウェン『欲望と消費』（小沢瑞穂訳、晶文社、一九八八年）。常松洋『大衆消費社会の登場』（山川出版社、一九九七年）も参照した。
（15）このあたりは伊藤章編『ポストモダン都市ニューヨーク』（松柏社、二〇〇一年）に所収の、伊藤章の「『アメリカン・サイコ』」における栩木玲子の発言部分を参照した。
（16）このあたりのエーレンライクの発言はバーバラ・エーレンライク『「中流」という階級』（中江桂子訳、晶文社、一九九五年）による。レーガン政権の貧富の格差についてはケヴィン・フィリップス『富と貧困の政治学』（吉田利子訳、草思社、一九九二年）も参照した。
（17）ラリイ・マキャフリイ『アヴァン・ポップ』（越川芳明他編、筑摩書房、一九九五年）に所収の「アヴァン・ポップ１０１」による。「アヴァン・ポップ１０１」の翻訳は栩木玲子による。なお上岡伸雄『ヴァーチャル・フィクション』（国書刊行会、一九九八年）の「アヴァン・ポップ」の章や（15）の伊藤章のパートも参照した。
（18）日高優「カムフラージュの技法」。同論は小林康夫編『美術史の7つの顔』（未來社、二〇〇五年）に所収。日高の引用するハル・フォスターの"Death in America"もこの論文からの引用による。本論で特に断り書きのない場合は、日高の発言はすべて同論による。
（19）ヴォルフガング・シヴェルブシュ『鉄道旅行の歴史』（加藤二郎訳、法政大学出版局、一九八二年）に所収の「余談――ショックの歴史」による。この部分はフロイトの「快感原則の彼岸」からの影響である。たとえば「驚愕はわれわれにとっても意味がある。その条件は、刺激を最初に受けとる体系の過剰な備給をもつ不安という準備段階が欠けていることである。そのとき、この低量の備給のために体系は来襲する興奮量をうまく拘束することができなくて、それだけに刺激保護の破綻の結末が、はるかに容易に現われるのである」という部分。これについては『フロイト著作集　第六巻』（井村恒郎他訳、人文書院、一九七〇年）による。これに関連する参考文献としては、キャシー・カルース『トラウマ・歴史・物語』（下河辺美知子訳、みすず書房、二〇〇五年）がある。なお、本論において特に断り書きのない場合は、シヴェルブシュの発言はすべて同書の同部分による。
（20）（19）で触れたフロイトの「快感原則の彼岸」による。
（21）このハル・フォスターの発言は、（18）の論文の註の部分による。
（22）神尾達之『ヴェール／ファロス』（ブリュッケ、二〇〇五年）に所収の「皮膚を破る、皮膚を磨く、皮膚を着る」の部分による。なお、本論において特に断り書きのない場合は、神尾の発言や、神尾が引用するエリスの『アメリカン・サイコ』に関する記載や引用部分もすべて同部分による。一部、誤植を訂正したところがある。
（23）（15）の伊藤章のパートでは、「それとも、本人も意識していない過去のトラウマ的経験が関与しているのか」と記載されている。

(24) ハリー・コリンズ、トレヴァー・ピンチ『迷路のなかのテクノロジー』(村上陽一郎他訳、化学同人、二〇〇一年)に所収の「裸にされた打ち上げ」による。本論において特に断り書きのない場合は、彼らの発言はすべて同書の同章による。

(25) メアリー・アン・ドーン「情報、クライシス、カタストロフィ」(篠儀直子訳)による。同論文は『Inter Communication No. 58』(NTT出版、Autumn 2006)に掲載されている。本論において特に断り書きのない場合は、ドーンの発言やドーンが引用する部分など、すべて同論による。なおドーンも同論において(19)のシヴェルブシュの同じ本の別の箇所を引用している。

(26) (25)のドーンの論文のための藤井仁子の「解題」による。本論において特に断り書きのない場合は、藤井の発言はすべて同「解題」による。

(27) 『カーサ ブルータス』の二〇〇二年三月号の記事「WTCの跡地、この後どうなるんですか?」におけるメレディス・マイケルズの作品のキャプションによる。

(28) ジャン・ボードリヤール『象徴交換と死』(今村仁司他訳、ちくま学芸文庫、一九九二年)。なお、同書の引用箇所に関連して言えば、日高は(18)の論文の中で、「《マリリン》の決定的な一枚など存在しない。どれもがマリリンであるが同時に唯一のマリリンはないという非決定的な差異的存在様態において、《マリリン》が産出されていくのである」と書いている。

市場競争原理と臨床心理学

大森与利子

1　はじめに

「こころ」と冠すれば衆人の合意を得られるくらいに浸透してしまった「こころ主義」は、新世紀に突入して熱い展開を加速させている。それに伴い臨床心理学という学問に特権的な意味付けがなされ、さらなる構築活動が高唱されている。また、社会的需要に対応し、カウンセリングや心理療法の解説書や技法書の類も数多く市場に供給されるようになった。従来、《隠花植物》としての意義・存在価値を維持してきたはずの臨床心理学が、急激に《顕花植物》として一気に表舞台に迫り上がったのである。それは、臨床心理学そのものに商品価値が付与され消費対象とされ始めている証左である。飛ぶ鳥を落とす勢いの様相さえある。

こうした現象を歴史的必然性のひとつとして受け止め、社会的使命と要請に敏感に処していくのが、臨床家としての不可欠のスタンスであると捉える者は実に多い。

その一方で、静かな活動と化してはいるが、臨床心理学発展への手放しの礼賛や現実追随ではなく、学問自体が孕み持つ思想、人間観を自戒的に捉え返す探索者達の論考も黙過できない。例えば、「心理主義化する社会」、「心の商品化社会」、「セラピー語法化する社会」を危惧し批判的に問い直す鋭利な指摘が一部の臨床家達によっ

て遂行されているのである。(1)

今後、どのような方向に収束されていくだろうか。一連の経過を辿り、本来的な姿に回帰していくのか。それとも、一時的ブームどころか、個人に分断化されていく現代社会の構造に見合う利便知を供給し、ますます繁栄とポピュラリティの方向に突き進んで行くのか。もはや臨床心理学は市場競争原理に取り込まれ拡大化し、《成功ストーリー》から降りることは難しい状況であるとも言えるかもしれない。さらに、この学問は資本主義社会における市場競争原理と深く解け合い、支配的論調の補完的役割を担う可能性も充分ある。

断っておくと、本稿の趣旨は、このような突出現象についての肯定的、賛同的論調を展開することではなく、臨床心理学を市場競争原理という視角から読み直すことである。(2)

それにしてもタイトルの「市場競争原理と臨床心理学」は、強引で煽情的な発想と映るだろうか。しかしながら臨床心理学の繁栄とポピュラリティは、今日の時代背景や時代心性抜きに論じることはできない。

そろそろ臨床心理学が市場に及ぼす功罪、それに伴う臨床家の責務について検証してみる必要があるのではないかと思うのである。

2　表舞台へ——臨床心理学の現在

表舞台に登場した臨床心理学の飛躍は評価に値する現象ではある。まさに時代的支持が結集されたポピュラリティ現象なのである。しかし、こうした状況が、必ずしも臨床心理学という知の正当性を証明しない。ポピュラリティと正当性とは次元が違うのである。

そうであっても、とにかく臨床心理学は表舞台に迫り上がることとなった。紛れもない事実である。

先に触れたように臨床心理学の世界は一枚岩ではない。主流言説の陰で深遠な問題提起をし続ける少数派も存在する。ここで俎上に載せる臨床心理学は、勿論、主流言説の体系である。

まずは、臨床心理学の現在を語る上で欠かせない、これまでの経緯を概観してみよう。

一九六四年、「日本臨床心理学会」（以下、「日臨心」と略記）が創設された。当初から、精神医学の亜流なのか、独自の体系を持つ学問なのかの議論はあった。そして一九六九年の第五回総会においては、「臨床心理士資格認定案」も検討された。その一方で、「一体、資格は誰のためのものなのか。我々の行ってきた心理臨床業務は、患者やクライエントのためになっているのか。専門家として自分達が為してきたことは、学問的業績の一環にすぎなかったのではないか」という根源的な問い直しもなされていった。この総会以来、様々な立場からの議論の交換を経て、「日臨心」は、一九七一年には改革委員会を発足させ、臨床家としての自己批判を展開していったのである。ところが、「日臨心」の真摯な懐疑は内部で共有されず、学会は対立し脱会者が出た。その後、旧理事層を中心とする脱会者達は、学問への姿勢を自己変革していく作業は学問の質自体をむしろ低落させてしまうだけであると、一九八二年に、「日本心理臨床学会」（以下、「日心臨」と略記）を発足させている。学術的質の更なる向上と資格認定を高唱し、専門家待望論を流布させていった学会である。その成果が、一九八八年の「臨床心理士」資格発行開始と、一九九〇年の文部省（現文部科学省）認可の財団法人「日本臨床心理士資格認定協会」の創設である。

無論、その間も、「日臨心」の継続的問題提起は消滅していない。だが、この学会は、さらに分裂の事態に遭遇することとなる。「日臨心」が臨床家としての自己点検をしつつ、資格制度への妥協案をも検討し始めたからである。このような「日臨心」の路線変更に異議を唱えた会員達が脱会し、一九九三年、「日本社会臨床学会」（以下、「日社臨」と略記）が創設された。

臨床心理学の世界は、こうして「日心臨」という巨大組織を軸にして、その周辺に、緩和策、現実路線を選択した「日臨心」、主流言説へのアンチテーゼを主たる活動方針としている「日社臨」という勢力構図ができ上がった。臨床心理学の世界は決して一枚岩ではなく、多種多様な言説が行き交う思潮空間でもなく、一視点だけが突出しているのが実状であることが理解できよう。そのアンバランスな構図に不健全な時代状況が映し出されていると言える。

学問とは、何よりも弁証法的追究が必要不可欠であり、それが最も健全な姿であろう。それぞれの立場の議論を練り上げ、止揚していく手立ての模索こそ科学史の真髄なのではないか。残念ながら今日の臨床心理学界は対論の機会すら全く喪失している。

それでは、舞台裏から表舞台に迫り上がり、華麗なる飛躍を遂げた「日心臨」を中心とする主流言説に関して議論を進めてみよう。

言うまでもなく、臨床心理面接技法、カウンセリング技法は、個の内面世界に照準を合わせ、じっくり個に寄り添うための援助法である。その適用範囲は、かなり限定的であり、理論的基盤は、個人の心的装置へと還元させる解釈体系を旨としている。

確かに、「日社臨」が指摘するように、臨床的問題を社会構成的視点からも捉える必要はある。個人還元論的人間理解だけでは難点が見逃せず、再考の余地も多分にあり過渡期を迎えていると言える。だからと言って筆者は、現存の臨床的営為を全面否定し、急進的展開を推し進めようとすることが得策だとは考えていない。しかしながら、特殊空間での方法的知見を、様々な生活領域に向けた活用知として拡大化・特権化する昨今の潮流には懐疑と危惧の念を禁じ得ない。

従って、ここでの論及のターゲットは、この学問のメジャー化（拡大化）図式である。表舞台に登場した経緯とその功罪である。

学説のメジャー化や権威付けには、それなりの必然的な理由がある。学説が公にされ陽の目を見るようになるためには、何よりも、その学問体系が時代秩序を大きく揺さぶってしまうほどの威力を持たない安全性が不可欠となる。時代秩序を守り、さらに予防的役割を装備した知見であればなおのこと、メジャーな立場を確保できオーソライズされていくこととなる。まさに、「権力と分断されたところで自由に飛びまわれるという欄外としての知の領域などありえない(3)」のである。

臨床心理学という知見も、既存体制の安全維持装置のひとつであり、維持を先導していく層のための知・テクノロジーであるという側面は否めない。生活世界でその知見を受容・消費する側にとっても、日常が無傷に反復され、しかも効率良い知識であるならば、即座に、そこに《妙薬》的な意味付けを定位するであろう。さらに、人心を翻弄する混沌、曖昧さ、暗闇、不気味さ――などの負の領域を抹消してしまいたい、整序したいという欲望(4)の受け皿としても、臨床心理学的知見は重用されている。つまり、安全・安心獲得の知として、その商品価値が認知されたと言える。そして、いったんこの知見を取り込むと、あまりにも饒舌な人間理解の武器と映り、心の暗部を解消してくれるかのような幻想的期待は膨らむが、その利便性や効率性に対する懐疑心などよぎる余地はなくなるであろう。現状維持を望み、大きな変革は回避したいという現代人的心性に、臨床心理学は見事に呼応しているのである。表舞台への迫り上がりは、このような時代的事情によるものと思われる。それはそれで評価に値することではあるが、先述したように、ポピュラリティと学問的正当性とは次元が違うのである。

この学問は繁栄とポピュラリティを獲得したが、同時に、拡大膨張に伴う危うさを露呈してしまったのではないか。繰り返しになるが、「市場競争原理と臨床心理学」というタイトルの趣旨は、ここにある。

今日の日本経済の中枢である市場原理主義――市場に何でも委託し自由にするのが良策だという新古典派経済の自由主義――は、ますます隆盛の一途を辿っている。思想的に言えば、ネオリベラリズム（新自由主義）やリバタリアニズム（自由意志決定主義）が世界を席巻している。この種の経済・思想下で叫ばれるスローガンは、個性尊重、成長欲求の充足、努力主義、フロンティア精神……といった、あくまでも個の特質に準拠させた人間観を呈しているのが特徴である。これらの極めて響きのいいスローガンは、結局は全て個々人の問題域に帰結させていく思想形態であり、その本質は個人還元的な発想に根差す臨床心理学の知見と親和性があると言える。

それどころか、臨床心理学的知見は、市場主義経済をより活性化、再生産させていく理論的道筋とさえなり得ている。例えば、自己実現、自己理解、自己分析、個性を活かす、セルフコントロール、コミュニケーションスキル、心身の解放、といった言説は、徹底して個を個の内側に留め置くための説明原理となる。こうした言説体系に包囲されると、成果を上げるも上げないも、自己責任、自助努力の問題と言い放つ競争原理主義への服属は避けられなくなるであろうし、心構えや気持ちの持ち方に矛先を向け、個々の内的問題に帰属させた私事化、個人化がますます促進されていくだけであろう。そして個々人は、関係性や状況性の中で自己を相対化し多様な人生を捉えていく余裕も手段も喪失してしまうのである。

3　情報消費者化される個と家族

ここまでの論及は、一学問の社会的影響に対する過剰反応と見做されてしまうだろうか。

だが、日々の実践・研究の切磋琢磨に励むだけで事足りるという状況ではもはやないであろう。臨床心理学という学問が、資本主義社会における市場競争原理主義の補完性を孕み、時代の支配的論調に加担してしまうという可能性について議論を深めていくべきなのではないか。表舞台に登場したことの功罪に責任を持つ必要があるのではないか。

競争原理主義は——勝者のために市場があり、勝てない者は自然淘汰されるのは理の当然で、市場に任せておけば結果は出る——という貫き方をする。しかしながら、この社会は、本来、強い者も弱い者も存在することで成立している。市場に任せておけば、強者がより勢いを付け、より強くなっていくのは必然である。にもかかわらず、努力第一を掲げ、自己責任・自助努力が高唱され、人心を惑わせてしまう。そして、競争からの離脱を余儀なくされた大多数の人々には、「個性浪費社会」[5]が用意されているのである。表層的な個性に囚われ、感情や心の手際良い管理法の提供や記号の消費者として、個人や家族が翻弄されていく社会のことである。それは、コミュニケーション能力、問題解決能力、内省力などのスキルアップに強迫的に没入せざるを得なくなる社会のことでもあるだろう。無論、資本主義の流儀や競争社会のすべてを否定しているわけではない。人間の自由を抑圧すると捉えられた社会主義へのオルタナティヴを提示した肯定的側面はある。好き嫌いにかかわらず、我々は、恐らく今後も長期的に資本主義下で生存していく運命を背負っている。

とはいえ、規制緩和（民営化路線と利益優先）、自己責任の濫用（責任所在の曖昧化・無責任化）、福祉の削減や雇用不安（格差社会）、地方の疲弊化（共生的コミュニティの解体）、私生活主義の横行（他者への想像力の欠如や公共性の欠落）など座視できない問題は山積している。社会・経済システムのあり方の模索や共同性感覚の復活は喫緊の課題であろう。

以上の観点を踏まえ、個人や家族がいかに情報消費者と化していくか。そして、臨床心理学的知見が、どのように援用・重用されていくことになるのか。そこに問題はないのか。これらについて言及してみたい。

本来、子育て、教育、健康という日常世界に不可欠な情報や貴重な生活知などは、ごく自然に獲得できたはずであるが、コミュニティが解体しつつある現代社会においては皆無に等しい。その道の専門家と称する人々の援助なしには一歩も踏み出せない程、個人も家族も足腰が弱体化していると言えよう。そうした事態にもかかわらず危機意識は希薄であり、むしろ専門家に依存する生活を享受しているくらいである。それは専門家の顧客になることに他ならぬ生活姿勢である。

このあたりの状況は、イリイチ（Illich, Ivan）の（The Age of Disabling Professions）、即ち、「人々の能力を奪

う専門家の時代」という指摘が参考になる。それは、「市民をエキスパートによって救済されるべき顧客に転化[6]」させてしまう時代を意味している。エキスパートの権威とは、「人を顧客と定義し、その人の必要を決定し、その人に処方を申し渡せる[7]」ことなのである。さらに、「助言し、教授し、指導する知的権威、それを受け入れることが有用であるばかりか、義務であるとみなす道徳的権威、そして最後がカリスマ的権威[7]」なのであると、『専門家時代の幻想』の中でイリイチは論及している。すでに四半世紀以上も前の先行研究であるが、今日の日本社会における切実な状況を解読する手掛かりとなるであろう。

また、共著者のマクナイト（McKnight, John）は、「専門化されたサービスと人を不能化する援助」と題して次のように述べている。まず専門家は、「あなたは欠陥人間だ。あなたは〝問題〟人物だ。あなたは一連の問題を抱えている[8]」と、いかにサービスが必要であるかを人に伝えていく。そしてサービスを必要とすることを伝えられ不能化、無力化させられた人は、修復欲望を掻き立てられていく。すると専門家は、「われわれは、あなたの抱える問題にたいする解決策そのものだ。われわれはあなたがどんな問題を抱えているかを知っている。あなたは、その問題や解決策を理解することができない。われわれだけが、この解決策によってあなたの問題の処理がすんだかどうかを決定できるのだ[9]」というロジックで、修復サービスを供給していく――マクナイトによれば、これらのサービスの徹底した慣行の総和こそが、人を不能化し、人間自らが持つ解決力を略奪してしまう決定的プロセスであるというのである。こうして、個は自らの現在地さえ自力で確認決定することができなくなるどころか、未来図も自力で描くことができなくなり、専門家への依存傾向が促進していくのではないだろうか。

ただ、情報弱者である《素人》は、情報強者である《専門家》が供給する知識に依存せざるを得ないのも事実であり、サービス供給を完全に無視した日常も非現実的なことではある。日々の個人的体験の中から生活世界を捉えていく我々にとって、突如、非日常的出来事を突き付けられた時の困惑や混乱も想像に難くない。このような時、打開策としての心理学的知見の恩恵を過小評価してはならない。それでもなお、臨床心理学的知の拡大解釈的援用は慎むべきであろう。

勿論、臨床心理学という学問が弁証法的な発展を遂げていくことに異議はない。だが、瞬く間に拡大膨張という市場原理に組み込まれ、そこからの離脱は困難となっている——この現況を捉え、発展的展開と言えるか否か。

そもそも消費至上主義社会とは、その本質において常に絶えざる拡張を必要としている。ところが市場はいつか限界に達し終焉の時期が到来する。市場が極限に達した時、最も安易な方策とは消費欲求を掘り起こすことである。そのために消費者には常に空白感情を抱かせる戦略が不可欠となる。現代社会において特権的位置を獲得した臨床心理学の世界も同様の戦略が必要となるであろう。例えば、臨床言語や啓発言説を次々と市場に送り出し、消費者の不安を煽り、消費の方向に誘導していけばよいわけである。まさに需要と供給の《マッチポンプ》状態である。臨床心理学にかかわる人達の動向と、近代性を超える方途を発見できない個や家族の心性が巧い具合に交差しているという絵図が見え隠れしている。これは、先のマクナイトが示唆した「専門家されたサービスと人を不能化する援助」が、我が国にもすでに上陸しているということであろう。

消費至上主義の論理が平然と心の分野にまで浸透し、心までが商品流通の仕組みに取り込まれてしまった——という趣旨の批判的論評も散見するが、正鵠を射ている。(10)

確かに臨床心理学の知見は、未知のものを既知のものへと還元し、未知への恐怖、戸惑いから解放してくれると言える。不可視の巣窟としての心の内実が、心理学用語で可視化され概念化されていくと、本源を射止めたかのような達成感と快感を抱くことができる。徒にカオスの渦中で悶々と佇むよりはましという場合もあるかもしれない。しかしながら、いったんある現象が事分けされ腹に収まってしまうと、思考回路が単線化してしまうことも起きる。つまり、この現象にはこの道理、あの現象にはあの道理という具合に、事態の実体化、物象化が生起していくのである。と同時に、事態の背後に潜む状況性や関係性への視座は消滅してしまうであろう。また、主観を研ぎ澄ましていく心理主義的対象把握は、了解困難な者（物）への無関心さと不寛容さを助長し、排他性さえ産出する可能性もあると言えよう。

いまや個人や家族は、個と共同性という緊張関係のテーマを丹念に掘り起こし、そのプロセスの中で、時には対立したり、傷付け（られ）体験もしながら共存、融合していくという実りある回路が断たれてしまったのではないだろうか。そして、迷い・悩むという、生の自然な姿を認め合うことや手間暇かけた人とのかかわりを切り捨て、不安解消の《妙薬》のごとく、心理主義的知見が合理的、効率的に動員・消費されていく社会であるならば、それは実に息苦しいと言えよう。

4　教育場面における個人化・私事化の促進

一九九〇年前後、日本社会は世界史的変動によって急速に様変わりした。一九八九年、東欧諸国の社会主義政権が終わりを告げ、一九九一年にはソ連が解体し冷戦が終結した。それと共に、アジア唯一の経済大国を誇る我が国の経済は停滞し、バブルが崩壊した。そして民営化、規制緩和を唱えた市場万能、新自由主義経済は、グローバリズムという洪水に巻き込まれた。企業は終身雇用や年功序列を捨て、代わって能力主義、業績主義を導入し、その水面下にある選別思想や排除思想は黙認された。

同時期（一九九五年）、臨床心理学の学校現場への進出として、スクールカウンセラー派遣調査事業が開始されることとなる。

学校教育というものは、国家と産業社会を支える知的、身体的能力を備えた主体を育てていくというイデオロギー装置として機能してきた。よって常に経済界・産業界の要請・意向の下にある。

では、バブル崩壊とグローバリズム下における経済界・産業界の学校教育への要請・意向とは何か。

近代学校教育の目的は都市労働者の養成であった。軍隊と牢獄をモデルとしたのは、近代過渡期という社会が必要としていた大量の都市労働者（ホワイトカラー・ブルーカラー）を養成するためであったことは周知のことであろう。一九六〇年代の高度経済成長期、労働現場に必要とされた資質は従順さや協調性であった。相互扶助、共同作業という共生思想が学校教育に盛り込まれていた時代である。ところが近代過渡期以後、グローバル化、自由化の波は共生的コミュニティを解体し、人は個々に分断されていくこととなった。

新自由主義経済とは、勝つための競争社会をより峻烈化させ、少数の勝者と多数の敗者を必然的に産出してしまう一人勝ち（A winner takes all）の論理体制である。しかし、社会は社会そのものの維持と秩序のために敗者を放置しておくわけにはいかない。敗者には内面に蓄積されていくであろうルサンチマンを自らによって処理してもらわなければならない。そうしなければ怒りや不満が膨れ上がり、社会不安を招来してしまうことにもなる。だからこそ、敗者にも敗者なりに無難に存在してほしいという願いのもと、時の主導権を握る層は、敗者の心に訴え内面統制をしていかざるを得なくなる。[11] この種の操作性が学校現場でも稼働しているのではないか。

今日の教育改革とは、教育場面における市場原理、競争原理の浸透化、徹底化のことであると言ってもいいであろう。「特色ある学校づくり」、「学校選択の自由と学校間の競争」が提言され、小中学校の段階から教育機会の差別化を拡大するような動きも強まっている。[12] 表層的には――子ども達に選択の機会が広がり、多様な生き方も可能であり、ひとりひとりの能力・才能を伸ばし、個性を尊重していく二十一世紀のグローバル社会における教育のあり方という趣旨であり――非の打ちどころのない施策と映る。だが、市場競争原理に基づく教育改革には、階層格差、社会的差別が助長されていく要素が垣間見られる。「個性の尊重」は、学力という能力抜きに論じられているわけではない。また市場原理において不利益を強いられる層の存在を軽視した教育施策は、強者・優生思想、エリート主義が露骨に表面化していくだけであろう。

このような教育現場において、臨床心理学は、どのような知見を提供（供給）してきたのか（していくのか）。

学校現場における臨床家の登用は、校内暴力、不登校、いじめなどの緊急事態への対処であることは確かであるが、臨床心理学の持つ合理的側面の導入を意図していたことも付加しなくてはならない。即ち、個々の内的問題に収束させていく臨床心理学的アプローチは、学校現場の秩序維持と安寧のための合理的解釈装置となるわけである。

子ども達の日々に一喜一憂している教員や保護者にとって、現状把握どころか、予測、推測という知見を供給してもらえる安堵感は捨て難い。まさに不安緩和剤として心理学的知見は消費されているのである。診断名も教員や保護者の苦悩や徒労を解消してくれる、極め付きの概念装置となるであろう。

時として　学級場面は、無秩序や混沌への忌避感情や嫌悪感という空気に支配されてしまう。例えば、突如、教室で大声を出し動き回る子がいるとする。臨床心理学的知識のある教師であればあるほど、子どもというカオスと直面すると過剰反応しやすい。その内的動揺の鎮静化のために臨床言語と自らの秩序観を駆使し、その子どもの言動を逸脱として意味付与していく→そして、学級社会に悪としての逸脱観が、教師の暗示的、明示的眼差しにより蔓延し現実が構成されていく→個々の子ども達は、それらを自分の内的世界に取り込み、子ども達のその子への暗黙の合意形成がなされていく→子ども達の秩序世界が作り上げられていく→秩序からこぼれ落ちたら管理、排除の対象とされることを、子ども達は体験的に学び、内面化していく→学級社会に支配的空気が流れる。

恐らくここまでは、学級社会の凡庸な日常風景と思われるが、問題はその先である。つまり、教師側が子ども達の秩序世界、さらにはその学級内情を察知した保護者達の監視下に置かれ、鋭い眼差しに晒されるという逆転が起こる。そうなると、教師は事あるごとに、《問題化した子》への苛立ちが募っていくだろう。教師の心に以前にも増したカオスが訪れる。ままならぬカオスは、より強固な道徳規範を自らに課すことで解消しようとするものである。かくて、《問題化した子》を、規範の逸脱者としてだけでなく、個人の特異な病理として定位し、その子を無力にしてしまう我が姿に無自覚となっていく。当然ながら診断名も駆使して混沌が仕切られていくことになる。

以上が、教師としての《安心と保証》を再獲得するまでの内的作業プロセスである。何もここで教師の思慮不足の一面として指弾しようというのではない。日頃、教師は、児童や生徒へのかかわりに自らが培ってきた生活者としての感性を働かせている。このような基本的姿勢があるからこそ、教育が成立しているのである。ところが、その根底が揺さぶられ、その揺さぶりを受けている自らを、そのまま受け止めていくことが許されていないのである。教師の人間としての苦悩を駆除するかのような不寛容さも見られる。教師本人にとって何よりも辛いことは、自らの周辺に起きている難題を他者が否定的にしか捉えてくれず、可視的結果だけを催促されることであろう。そのような時、カウンセラーという存在や心理主義的知見は、《救いの神》と映るのではないか。合理的脱出策として依存せざるを得なくなるのは当然と言えよう。短期の危機介入、母親面接、夫婦面接、個人心理療法などの広範な対応法は説得力があり、教師は、問題解決の着実なルートを獲得できたかのような安堵感を持つであろう。そして今は教育現場には精神医学的知見も導入されるようになった。学校内に、ＬＤ（学習障害）、ＡＤＨＤ（注意欠陥／多動性障害）、アスペルガー症候群、行為障害などの精神医学的パラダイムが行き交い、それらに精通しているか否かが、教師としての技量の証明材料とさえなっているほどである。

一方、派遣されるカウンセラーにしてもジレンマは回避できない。組織自体が内包している矛盾を学校現場で実感したとしても、それを率直に提言できる構造ではないのである。その結果、組織内部の矛盾から目を逸らし、組織温存に一役買うカウンセラーと化していくことにもなる。むしろ、その方が重宝がられるという現実もある。

思うに、教師にしてもカウンセラーにしても、その力量とは、状況、関係、社会に敏感であること、危機や不安を煽る言説の当事者あるいは賛同者にはならないことなのではないか。

近代が産み落とした学校社会は、市場原理、競争原理に囲い込まれ、その枠内からこぼれ落ちた子ども達にはセラピー的機能を介入させ、ますます個人還元思想に翻弄されていくかのようである。そこでは、共同性や公共性への視点は欠落している。いまや学校は、他者との関係性において生じる当たり前の衝突に、最初から蓋を閉め予定調和的に事態を収束させようとするロジックに覆われた世界と化しているのではないか。当然ながら子ども達の他者への想像力は痩せ細り、ひたすら「内閉的な個性志向[13]」に専心し、個人化・私事化が促進されていくだけである。

考えてみれば、そもそも民営化、規制緩和、自由化などの経済政策は、自己利益に向かう功利性と効率性の徹底追求であり、共同性や公共性を捨象した土壌が暗黙の大前提なのである。その意味で、子ども達の有り様は、まさに経済界・産業界の要請・意向通りと言えるかもしれない。

こうした現況下において、臨床心理学的知見が重宝がられる時代的様相や臨床心理言説の援用拡大化を再検討してみる必要性があるのではないか。

5　市場競争原理と専門家依存

ジョージ・リッツア（Ritzer, George）は、ファストフード・レストランの原理こそ、現代の合理化の象徴だと捉え、「マクドナルド化する社会[14]」と名付けた。その基本原理は、効率性・計算可能性（数量化）・予測可能性・テクノロジーによるコントロールの四次元からなる。リッツアによれば、今や、ファストフード業界だけではなく、教育・医療・家族・健康・娯楽・性愛・生死・政治・マスメディアなど、あらゆる生活領域が「マクドナルド化」されつつあると言うのである。それは、市場原理にのみ任せてはならない領域までが、市場化対象とされていく時代が到来したことを意味している。

また、モーリス・バーマン（Berman, Morris）は、マックス・ウェーバー（Weber, Max）の概念である「脱魔術化」を「再魔術化[15]」という言葉に置換して論点を提示している。近代文明は、神秘世界や迷信などの非合理性を排除し、科学的な合理主義への道、いわゆる、「脱魔術化」を目指した。だが、この合理的秩序の世界は、再び魔術世界に舞い戻ったかのようである。合理的に何もかも支配、操作できるかのような共同幻想——これ自体、すでに魔術性を帯びている。「マクドナルド化する社会」にしても、「再魔術化」する社会にしても、いずれも消費という魔力に魅せられた現代人の欲望充足システムのキーワードと言えよう。

さて、ここで考えてみたいことは、合理化欲望と魔術的思考に取り憑かれた現代社会における専門家依存の有り様である。

まず、「マクドナルド化する社会」における臨床家の位置付けを考えてみよう。クライエントを効率よく把握し、予測し、時には心理テストにより数量化し、また、時にはクライエントを程よく調整（コントロール）していくという役割図式は、まさに「マクドナルド化する社会」に符合している。4で見てきたように、学校現場における臨床家登用の趣旨は、臨床心理学が持つ合理的機能に対する期待だということが、ここでも明らかとなる。

企業社会も同様の論理が働いている。市場競争原理、規制緩和、新自由主義の唱導者達による企業社会の論理の大前提は、能力優先、効率優先思想である。無駄、非効率を排除した徹底的合理性の追求なのである。よって敗者、脱落者には、自己責任や自助努力の欠落が明示される。自己責任、自助努力の精神でやるべきだ……と唱えられた時、頼りになるのは市場の動向であろうし、専門家と言われる人々の実践や言説であろう。臨床家の実践や言説が重用されるのは、個人の特異な認識傾向に焦点を定め、問題点を集約させていく手法によって、まずは合理的解決を迎えることができるからである。

言うまでもなく自己責任や自助努力等々の言説は個の姿勢を鼓舞する上での意味深きものであるが、こうした啓発言説群がどのような文脈で語られ重宝がられているかを注視しなければならない。個の所作への帰責を主調とする啓発言説、思想の蔓延は、市場競争原理社会に必然的に生じる結果である。個人の抱える問題を、あくまでも個人の心的装置の問題として捉えていく臨床心理学の立場が、このような市場競争原理社会の補完的役割を担うのも理の当然と言えよう。勿論、職場における勤務体制や組織風土の矛盾点は脇に置かれがちとなる。学問自体が、その意図を本来的に内包しているという意味ではないが、明解で合理的な人間理解法、人間掌握技術法として命を付与された知である限り、支配的、権力的論調に加担させられる危うさは指摘しておかなくてはならない。

次に、「再魔術化」する社会と専門家依存について考えてみたい。

近代合理主義は、世界の脱呪術化を推進させ、世界は理性が支配し得るものとして定位された。社会も個人も科学的な理性によって分析し理解し得るものだし、コントロールも不可能ではないと捉えられたのである。まさに、「脱魔術化」の世界観である。科学の絶対真理性、普遍主義、人間の合理性、秩序性、使用価値、人類の進歩、発展などといったパラダイムが、脱呪術化、脱神話化を目指して組み立てられていったのである。その理論的基盤は、ルネ・デカルト（Descartes, René）の二元論的思考である。デカルトの二元論では、主体性と能動性を持つ精神が、一切の制約から解き放たれているという人間像を想定している。従って、精神は社会や状況という問題域とは別次元に位置付けられた。こうした主観主義的な人間観を踏み台にして、近代科学的、合理的対象把握が時代の潮流となっていったわけである（近代知である臨床心理学は、その流れの中で誕生している）。

だが、この把握法は先のバーマンの言う「再魔術化」を招来した。つまり、合理的世界観、科学を無前提に信じる傾向は、神の存在を闇雲に信じてきた宗教的世界と実は同質なのである。科学という魔術への信仰――これこそが「再魔術化」する社会の真相である。このような社会のなかで起きていることは、科学を取り扱う者、すなわち専門家への幻想であろう。心の問題を科学的に解明できると位置付けられた臨床家も、「心のケア」の専門家として幻想対象になった。そして、人はケアする人―される人という二者関係に引き寄せられていく(16)。この関係性に意味を見い出すと、専門家から供給されるパターナリスティックな言説に魔術的幻想を抱くようにもなり、目と耳は塞がれ思考は停止してしまう。また、教育、子育て、人間関係のヒントとして拡大的に解釈されている臨床心理学的言説は、付加価値が与えられ市場化、商品化され始めた。これでは、人は、生活人として持ち備えている《勘》が鈍り、ただ情報消費するだけの存在と化してしまう。

6　おわりに——職業的倫理と責務について

今日の臨床心理学は、人の誕生から死に至るまで、広域を射程に入れた学問としての構築活動が推し進められている。そのことが社会的貢献であるというスタンスなのである。だが、個々の心的装置へと還元していく伝統的知見が、事態の全容や本質の解明に寄与できるのであろうか。

誤解のないように補足しておくと、臨床心理学の営為を全面否定し、状況還元、社会還元論的な視座に徹するだけで充分であるということではない。状況、関係そしてその中で生きている個々人の諸条件——これら総体で、事の全容に接近していくことが不可欠なのではないかということである。

さらに言えば、近代システムの構造的矛盾を視野に入れた把握の仕方が、もしも臨床心理学の研究姿勢に加わったならば、隣接領域の学問と相互補完的な関係が成立し、社会的にも個々の人間にとっても有益となるであろう。

社会的、時代的要請に応じるとは、こうした位置感覚を持つということであろう。臨床場面においての特異な関係性や理論体系を押し広げて一般の生活領域に持ち込み、生き方のヒント・解読法として差し出す作法が社会的貢献であると言えるのであろうか。また、診断し予測を立てるという見取り図の提示が、何よりも社会的需要に応じる責務だという捉え方も罷り通っている。ところが臨床言説による解釈は、個人内現象、家族関係、親子関係に焦点化し、その圏域から一歩も踏み出さない論理図式に落着しやすく、対人管理イデオロギー、意識操作の一種として濫用されやすい。

カウンセリングに関し、社会学の分野からの次のような指摘があるが、的を射た論点である。

たしかに求められる需要があるからそれは存在している。ただ、そうした場は、存在の承認の失敗を繕うものとして必要とされるのではないか。そして、特別の場にあるから機能し、局所にあるから存在しうるものをそのまま社会の全域にもってくるなら、それは不当な拡張である。(17)

家族や地域など人と人を繋ぐ集団が解体され、個人が《アトム化》し、さらに新自由主義、グローバリズムによる競争原理と格差拡大という現実がある。このようなマクロ世界への視座を欠いたまま、臨床言説を日常世界に運び出し、解釈パラダイムとして普遍化、自明視させるならば、これこそ、まさに「不当な拡張」である。市場競争原理社会における表舞台への登場とは、臨床心理学という学問が市場経済の中に再編され、開発―征服という支配システムへの加担を余儀なくされることを意味している。その功罪について等閑視はできないであろうし、俎上に載せ論議を尽くす時期なのではないかと思われる。

現下の課題は――依拠している学が、どのように社会に流布され、人にどのような統御機能を施し、専門家依存を促進させてしまうのか、そして現実世界をどのように構成していく水路づけとなってしまうのか――このような問い直しをしながら、自らの学問的営為の前提を、一度、相対化してみることなのではないか。

以上の論点を、臨床実践に携わる者の倫理・責務として提示したいと思う。これは、臨床心理学の世界に限ったものではなく、知を供給しているあらゆる学問分野に敷衍できることである。

情報消費に翻弄される時代において、情報供給者は、自らの営為の射程と限界及び市場拡大化の功罪について認識を深める責務がある。一方、情報消費者側も、専門家への過剰依存を脱し、自らの足腰を自らの生活知で鍛え直し、自律的に専門家を活用する《自覚的消費者》へと態度変換していく必要があろう。さもないと、マクナイトの指摘にもあったが、専門家支配の世の中は個人を無力化させ、市民社会システムの崩壊すら呼び込んでしまうであろう。

(1) 例えば、日本臨床心理学会編『心理治療を問う』現代書館、一九八五年。日本社会臨床学会編『カウンセリング・幻想と現実 上下巻』現代書館、二〇〇〇年。小沢牧子『「心の専門家」はいらない』洋泉社新書y、二〇〇二年。あるいは小沢牧子・中島浩籌『心を商品化する社会——「心のケア」の危うさを問う』洋泉社新書y、二〇〇四年などがある。
(2) この点に関して拙著ですでに展開している。以下の書も参照されたい。拙著『「臨床心理学」という近代——その両義性とアポリア』雲母書房、二〇〇五年。
(3) 姜尚中『オリエンタリズムの彼方へ』岩波書店、一九九六年、五八頁。
(4) この種の欲望の出自については、心的レベルだけではなく、近代市民社会における関係性の変容という時代的背景で考えていく必要性がある。つまり、ゲマインシャフト（共同社会）からゲゼルシャフト（利益社会）への移行が、無防備な自己では立ち行かなくなり、そこで心理学的な処世策が要請されたのである。
(5) 岩木（教育社会学）は、レーガン・サッチャー改革で実現した欧米型個性浪費社会へと突入していく我が国の教育と社会との繋がりを考察している。岩木秀夫『ゆとり教育から個性浪費社会へ』ちくま新書、二〇〇四年。
(6) I・イリイチ他『専門家時代の幻想』尾崎浩訳、新評論、一九八四年（原書一九七八年）、三六頁。
(7) 同書、一八頁。
(8) 同書、一一四頁。
(9) 同書、一二四頁。
(10) 井上（社会学）は、消費社会においてわずかに残された「こころ」という領域をも、商品流通の仕組みに吸収されていく時代の様相を批判的に分析している。井上芳保「消費社会の神話としてのカウンセリング」日本社会臨床学会編『カウンセリング・幻想と現実 上巻』現代書館、二〇〇〇年。
(11) 怒りや不満の矛先が逸らされ中韓などの可視化された敵を提示されると、簡単にナショナリズムと融合しやすい。いまやナショナリズムも一種の癒しとなりつつある。もっとも小熊英二（歴史社会学）に言わせれば、近年の日本で台頭しているのは、ナショナリズムというよりも不安を抱えた人達が群れ集うポピュリズムに近いとのことだ。時の権力者の短絡的な論調に安易に同調してしまう若年層の最近の動向は、まさにポピュリズムへの傾斜であると言える。

（12）　教育改革国民会議の委員の一人であった藤田（教育社会学）は、審議報告にきわめて危険な流れを見ている。例えば、復古的な道徳主義重視の流れや、社会的な効率主義、エリート主義的な観点から進められようとしている流れである。藤田英典『新時代の教育をどう構想するか——教育改革国民会議の残した課題』岩波書店、二〇〇一年。

（13）　土井（社会学）は、「内閉的な個性志向」が、子ども達の中に見られ、それが「心の教育」により、さらに助長され、その結果、他者に対する無関心は本源的なところまで促進されていくと指摘している。土井隆義『〈非行少年〉の消滅——個性神話と少年犯罪』信山社、二〇〇三年、一九一頁。

（14）　G・リッツア『マクドナルド化する社会』正岡寛司監訳、早稲田大学出版部、一九九九年（原書一九九六年）。

（15）　M・バーマン『デカルトからベイトソンへ——世界の再魔術化』柴田元幸訳、国文社、一九八九年（原書一九八一年）。

（16）　そもそも「される側＝患者・クライエント」と「する側＝臨床家」という関係様態をどのように捉えていくか——この根源的な捉え返しは、今日では議論の俎上に載せられにくい。そのことにも、時代的な閉塞性が映し出されている。

（17）　立岩真也『弱くある自由へ——自己決定・介護・生死の技術』青土社、二〇〇〇年、三一四頁。

タナトスの股肱
——現代日本における超自我のはたらきについて

西 欣也

1 悪 夢

「これは本当の噺だと、あのうそつきの爺《じい》やが申しました」と挨拶文を結んだ水島寒月のごとく、常にうそか本当かを宙づりのままにしておくのが、誰にとっても思慮ある態度であろうか。認識とは、そして知識とは、私達の眼を現実に対して開いてくれる扉であると同時に、いつも私達の眼から現実を覆い隠してしまう帳でもある。フロイトにしたがえば、私達にとって都合の悪い想念は日常の意識にはのぼらないのであって、甘美な願望と苦々しい現実とのあいだの衝突と妥協とによって「現実」は形成されている。何気ない空想や勘違いの意味するところを読み解く彼の理説は、「本当の噺」の世界に、欲望から作り上げられた「うそ」がいかにふんだんに盛り込まれているかを教えるであろう。いわゆるイデオロギー批判もまた、同じことを語っている。いったい「イデオロギー」なる言葉は、今日では単に政治的信条に由来する強固な思い込みというふうな意味で用いられるよりは、美容師からも鉄道マニアからも抽出できる特定の世界観のごときものと受けとられている。たしかにそれは個人の立場から生じる「うそ」の混入であるが、誰もが持つ利害関心のために誰にも避けることのできないような認識の条件でもある。

「エクボが素敵だと言うが、それは君がマリさんに焦がれているからであって、冷静な観察者の眼から見れば、あれはアバタだよ」という指摘に、あなたの幻惑は雲散霧消するものであろうか。世間では「アバタもエクボ」と簡単に言うが、欲望や利害関心による歪曲が私達人間の認識の基本条件なのだとしたら、そのような親切な助言を与えてくれた人物もまた、ひそかにマリさんを愛しており、あなたに幻滅を味わわせることによって恋のライバルを追い払おうと狙っているかもしれないことに、思い当たる必要はあるまいか。あるいはひょっとしたら彼は、自分があなた以上に「冷静な観察者」であることを誇示したいばかりに彼女のエクボを見誤った恐れもある。そこであなたは、もう一度、彼女の微笑をまじまじと眺めることによって、その容貌の実像を検証しようと努めなくてはならない。ただし、自分自身の判断もまた無意識の願望に影響されているとなれば、油断はできない。不本意ながら彼女の面影に十人並みの冴えない表情しか認められなかったときにも、あなたは、自分があの忠告者に負けずシビアな眼を持った客観的判定者であると信じるために彼女の美しさを過小評価しているのでないと、どうして断言できようか。恋はあなたを盲目にするかもしれないが、あなたを盲目にする病は恋のほかにもいくらも存在するのだ。

最近の哲学・思想に詳しい友人なら、途方にくれているあなたを筋道のたった解説で救い出してくれるかもしれない。ものごとの意味には、それを意味づけた主体の偏った見方が取り去り難く織り込まれているから、マリさんの両頬に観察されたものがエクボであるのかアバタであるのかは最後まで「決定不能」である、と友人は結論づけるであろう。人はそれぞれに主観的な観点から現実を見ており、結局そのつどの利害を越えた立場から判断をくだすことはできない。彼女の相貌をめぐってどれほど多様な観点から経験的データを積み重ねたとしても、絶対の真理に到達したと確信する根拠は手に入らないわけである。ポール・ヴァレリーによれば、「生のままの真実は、虚偽以上に虚偽」ですらあるという。なるほど、常識からすると個人的な幻想とは反対のものに思える

「真の現実」もまた別の一個人の立場であると認める哲学的な洞察はいさぎよく、慎ましい。しかしながら、そのような思弁的懐疑に傾倒しているあいだに、あなたは恋のチャンスを失うに違いない。

その点、心理学や精神分析学は、思弁の厳密さこそ持たないかもしれないが、客観的な判断基準を持っているぶん実際的ではなかろうか。マリさんの美貌の「決定不能性」のために神経が衰弱しつつあると感じたら、精神分析医を訪れるのがよいであろう。医師は第三者的立場から「真実」を見極めてくれるはずである。分析医は、あなたの隙を窺ったり、自らの人格をあなたに自慢したりして喜ぶことのない、信頼のおける相手であり、つまるところこの人物だけはあの厄介な爺やとはわけが違うのだ。しかし「第三者」とは、いったい誰のことであろうか。精神分析理論によれば、あなたはニュートラルな立場に立つ医師に語りかけているつもりであっても、実のところ、尊敬すべき医師の姿に、かつてあなたが不安な幼年期に父親に対して抱いた羨望を投影し、その父親像に反応している場合が少なくないという。シャーンドル・フェレンツィなどは、そのような「転移」作用をなくしてしまうには、威厳に満ちた判断を下す医師の「超自我」を治療現場から抹消してしまうしかないと論じたほどだ。はっきりとした診断を下すところに医師の医師たるゆえんがあるというのに、判断の権能となる超自我を医師自ら撤回してしまうとは無責任な話だと、あなたは憤慨するかもしれない。

マリさん一人にこれほど手こずっているようでは、「いま」私達を取り囲み、また私達によって歪められ、位置を換えられ、圧縮され、なかば幻影化した現代日本の全貌を解読することは、まことに多難であるに違いない。しかしその困難は、あらゆる認識が何者か生きた人間による認識でしかないという、私達の精神生活のごく基本的な条件に由来している。北朝鮮の脅威。ノストラダムスの大予言。地球温暖化。何を見ても、それが「本当の噺」だと語る爺やを信頼したものか、あるいは爺やを嘘つき呼ばわりする風評を信じたものか、判断するための決め手をいつも欠くために、私達は困惑しなくてはならないのである。クレタ人の話すことはみんな嘘だと言い放ったクレタ人のエピソードのように、話の信頼性を否定する情報がメッセージそのものの中に入っていると矛盾を逃れられなくなるということは、古代ギリシャ以来、「嘘つきのパラドクス」として知られてきたが、一切の情報についてその発信の文脈にさかのぼり、どんな利害が絡むのかと疑ってかからなくてはならない私達は、ある意味でこのパラドクスに出会ったときと同じジレンマのなかで、恋をしたり、仕事をしたり、買い物をしたりして日々を過ごしていると言っていいのかもしれない。むろん、アバタかエクボかを確定せずとも、マリさんと二人で幸福に暮らしてゆくことはできるし、「奇蹟」が英会話教材やダイエット食品の広告のなかで頻発しても、ありがたがったり混乱したりする者はない。いかに悪夢のようなパラドクスといえども、困難を気に留めなければ普通に対処してゆけるものなのだ。用心が必要なのは、ジレンマそのものの存在よりもむしろ、このジレンマから自由でなくてはならないかのような感覚が広く社会に行き渡り始める事態である。

2 妖術

ミュンヒハウゼン男爵は、またがった馬もろとも沼に落ち込んだとき、自らの弁髪を摑み、馬ごと引き上げることで窮地を脱したことがあるという。なんという腕力の持ち主であろうか。この人ほどの力があれば、私達もまた、泥ぶかい現実認識のぬかるみから悠々と自らを救い上げることができるに違いない。いや実際、男爵のまねは意外と簡単だ。現実の前提を無視して、救出する自分が沼の外にいることにしてしまえばよいのだ。そう言えば、唯一の「真理」を探り当てようとあせるあなたに向かって、「客観的真理」というのは主観的な立場から作り上げられた幻影にすぎないと断じるあの思想通の友人の口調は、どこかこの男爵を思い起こさせる。実際には、確信が持てないながらも一応その「真理」について合意しなければ互いに理解し合うことのできない条件のなかに、私達はどっぷりとつかっている。「真理は唯一のものではない」という言葉の意図を了解しようとするときですら、「真理」を「マリ」さんのことと思い込んでいたりすると、あなたは伝達内容の意味を一元的に確定できない愚人として気まずい思いをさせられるに違いない。なのに友人は「真理は一つではない」という主張の中で、あたかも唯一の真理抜きで話ができるかのように、つまり自分達がこの真理の条件のそとに立っているかのようにふるまっているのである。この世からヨッパライを一掃せよと息巻く泥酔者のように、友人は自らの発言の基盤を指して、それを他人事のように問題視しているだけなのだろうか。「唯一の真理」という誤謬を指弾しているのは表向きにすぎず、自己の拠って立つ唯一の真理だけはあらかじめ除いて、それ以外のすべての「唯一の真理」を否定しているのであろうか。そうだとしたら、これは慎ましいどころか、まったく利己的な態度であることになる。

もちろん、主張する行為と表明された内容とが矛盾するからといって、そうした論調をただちに非難すべきであるということにはならないかもしれない。それどころか、真理が持っているとされる「合理性」や「客観性」を何の疑念もなく信頼する単純素朴さに対して反省を呼びかける提言は、誠意をもって傾聴すべきものだ。人類の歴史を見るがよい。女性の知的能力の欠如を「合理的」な科学で証明したり、脚色された歴史を「客観的」な事実として普及させたりといった迷妄の連続ではないか。いったい誰が、何の目的で「真理」なるものを口にしているのか。「自然」化され「普遍」化された事実の背後にどのような利害が潜んでいるのか。疑いのない事実を語る「言説の権力」に対して、最後まで警戒を怠ってはならないという切実な思いから、そのような主張がなされていることに疑問の余地はないと言えよう。ただ、疑問を感じさせるのは、その警告もまた客観性や合理性の上になり立っているという自覚がないために、転倒した思考様式の方が私達のごく「自然」で「普遍的」なジェスチャーになってしまっている事態である。崇高な使命のためであれば「言説の権力」を自分達自身が占有することがあってもやむをえないというわけであろうか。それにしても、書店に足を運び、人文学の書棚の前で目についた書物の頁を繰ってみると、いやにたくさんのミュンヒハウゼン氏がうろついている。ある場合には、男爵は西洋近代の「合理性」を敵に回し、その弊害について少しでも合理的に説明しようと躍起になっている。別な機会には、男爵は「二項対立」を思考の根本悪とみなし、この原理を正誤の一方に据えて新たな二項対立図式をこしらえて見せる。批判的思考のための高潔な自己犠牲なのか、反省の不十分さからくる滑稽な自己欺瞞なのか、立ち止まって問う者の姿は見当たらない。だがそれもまた、単純素朴にすぎまいか。

いや、なにもわざわざ書店におもむかなくとも、はじめからあなたは「真理」や「正義」を追求しようとは思わない、と主張するかもしれない。何を正しいと考えるかは人によって様々であるから、いまさら「真理」などという大仰な言葉を使うのは、自分だけが正しいとうぬぼれて他人を見下した人間だけではないか、と。しかし、仮にあなたが、そのような殊勝な判断のなかに、傲慢な連中以上の真理を認めていないとしたら、なにもそう慇懃に意思表示をおこなうこともあるまい。本当に真理があてにならないならば、平然とでまかせの「真理」を口にしても、いっこうに構わないはずではないか。そう考えてみると「正義」もまた、最近ではもっぱら裏面から機能していることに思い当たる。イラク戦争の人質事件の際、自らの身の危険を顧みずに紛争地帯を訪れて自分にできることをおこなうという称賛すべき選択におよんだ人たちが、帰国後に驚くべき数の嫌がらせにあったという。インターネット上では「人権派」に対する冷笑的な非難もすこぶる盛んであるらしい。どうも人々は正義に無関心であるというより、正義の名において行動する者にあからさまな敵意と嘲笑を差し向けることに積極的な意義を見出しているようなのである。正しく生きる選択が無意味だと思うなら、自分一人寝て暮らしていればよさそうなものを、几帳面に相手をやり込めようとするその熱意からは、不偏不党の「真理」や「正義」に対する誹謗だけが、かろうじて説得力のある真理や正義でありうるという、価値観の転倒が認められる。しかも学歴も教養もあって、抽象的な思考法に慣れた知識人ほど「真理」を敬遠し、「正義」に敵意を燃やし、「進歩」をあなどるかと思えば、「合理性」に眉をひそめ、「成熟」を迂回する、といった努力を重ねがちであるのは、いったいどうしたことか。

ひょっとすると、現実の「本当」の姿がどれだけ「うそ」に侵されているか見極められず、現実世界の客観性がどこまでも主観的なものでしかない、というあのジレンマに身を浸しつつ、正当性を求めようとするとき、ひとはおのずと自分自身がパラドクシカルな態度をとってしまうものなのかもしれない。どの「真理」も、誰かが何らかの目的で作り上げた偽物でありうるのだから、自分の立つ位置を「真理」をめぐる条件の外側に置き、そうすることで「どの真理も完全ではない」という真理をこっそり裏側から手に入れるのが、ただ一つ残された正しい道ではないか。常に誰かが正義を歪曲していると感じられる状況であっても「全ての正義は私的に歪められている！」と叫ぶ正義であれば、独りよがりの正義よりはましではないか。私達の住む社会では、人々がこぞってそのような考え方に落ち着き、真理の条件そのもののそとに自分を位置づけることで、互いに納得しきっているように見える。そうであるとすれば、妖術にかかったように皆が逆立ちした論理によって価値選択をおこなっているのは、現実認識の単純な誤りであるというよりも、なんとか歪んだ認識を回避しようとする能動的な精神態度の結果として、理解されるべきであろう。

『パリの憂鬱』によれば、人生とは一個の病院である。そこでは患者達が、ある者は暖炉の前へ、またある者は窓際へと、ベッドを移してもらうことばかり考えて暮らしている。居場所を替えさえすれば、少しでもよくなるような気がするのだ。あれこれの場所を夢想したすえに、そのいずれにも満足できなかった詩人の魂は、ついに叫ぶ、「どこでもいいのだ、ただこの世のそとでさえあるならば！」と。私達の住む日本社会が依然として一棟の病院であるとしたら、その贅沢な入院患者達のことごとくを苛むのは、この世の真理の一つ一つがいずれも「うそ」かもしれないことにうんざりしたあげく、いっそ「この世のそと」に立ちたいと願う衝動の方であるに違いない。自分を現実全体の外部に思い浮かべる、そのような強迫的観念の由来とはたらきを詳しく調べることがなければ、もはやはいかなる価値変容の分析も、徒労に終わるであろう。

3 偶像

日頃からの怨恨が殺意にエスカレートしたとき、もしくは会社の金を借金の返済に充てようと思い立ったとき、ソクラテスのダイモニオンのごとく「してはならない！」と呼びかけるものが良心であるとするならば、親子間の殺傷事件や、行政官庁・巨大企業の不祥事が日々の報道に満ち満ちている昨今、私達の良心の機能はすっかり麻痺してしまったのであろうか。このように一つの社会や時代における良心のあり方を全体として扱おうとするならば、そのものものしい問題設定に首をかしげるむきがあるかもしれない。昔も今も変わることなく、世間には善人もいれば悪人もいるのが当たり前であり、個々人はそのなかで自分の倫理的判断に責任を持ちさえすればよく、また自分個人の判断にしか責任は持てない、とする声もあがるであろう。それでも私達は、倫理的判断の目下の有り様を、断固として日本社会全体との関連において捉えなくてはならない。というのも、良心を個人の心による判定の問題と同一視する思考習慣そのものが、日本社会の烙印を帯びているからである。

個々の人間の理性は、誰に教わらなくとも自ら善悪を判断する能力を備えており、自分自身を倫理的に律することができるはずであるという、カントに顕著に見られる自律的道徳の考え方は、一見したところ、両親の規範の内面化による「超自我」の形成という精神分析学の図式によって否定されたように見える。いかにも独立した個人の能力であるように見える理性の法則も、家族経験をはじめとする社会的な基盤のなかで成立するものであるとなると、誰にでも同じように先天的な倫理性を前提することは難しくなるからだ。しかし、倫理規範が超自我の形成を通じて親子関係のなかでのみ形成されると考えるのは馬鹿げている。一人一人の経験のなかでの超自我の形成には、それ自体個人の経験を越えて共通する普遍的な形式がありうるのであって、しかも私達の観察によれば、その形式には右に見たような矛盾や反転がつきまとうものらしいのだ。ファシズムが広く支持される社会にあってはファシスト的な世界観が引き継がれ、民主的な社会においては民主的な行動規範が育まれるというふうに、ある社会や階級の性格が両親のパーソナリティのなかに現れているため共同体ごとのまとまった性格が作られるのだとする、エーリッヒ・フロムの静態的な視点にとどまるなら、そのようなダイナミックな構造はとうてい明らかにすることはできまい。

その点、すでに触れたフェレンツィの提案は、その不条理なまでの力動性のゆえに再考に値する。フェレンツィは、分析治療の場で超自我の権威が示されること自体、患者を情緒的に縛る恐れがあるとして、分析医の超自我までも含む一切の超自我をいったん「解体」してしまうことを提唱したのであった。「そもそもこの種の超自我の解体のみが、根治をもたらすことができる。ある超自我を他のそれで代理するという成果は、まだ転移による成果と言わねばならない。転移をも振り払うという治療の最終目的を、確かにそれは成し遂げていない。[1]」フェレンツィの大胆さは、分析家による中立的な判断の権威の行使が、患者の根治という最終目的の達成の助けとなるよりは拘束になりうるということを認めてしまう点にある。根治とは、この場合、患者の精神の自由で自律的な活動の回復を意味するであろう。転移が生じているとき、患者の超自我は自らを律しているかに見えて、分析家の超自我に代理を求めているにすぎない。その結果、見たところ独立した患者の理性的判断が、実は依然として情緒的に依存したプロセスであるかもしれないのだ。

分析家がいつまでも自らの超自我を「解体」したままでは、誰が患者で誰が医師か判然としなくなるし、そもそも分析家のもとを訪れる患者の超自我の状態を私達一般人のそれとは区別する必要があるのではないかと、人は言うであろうか。しかし何と言っても、ボードレールの説くように、人生そのものが病院である。批判理論の思想家テオドール・アドルノもまた、その区別に対してきわめて懐疑的だ。彼の思考の原則において、人間の精神活動を律する最高の権能は、理性と言わず超自我と言わず、全ていったん「解体」されなくてはならないのである。アドルノはフェレンツィの「社会的影響に対する用心深さ」を、ある種の敬意をもって紹介しているが、それでも彼に言わせれば、そのフェレンツィの洞察さえ生ぬるい。フェレンツィは、健全な良心の象徴として祭り上げられた超自我がどこまで本当に自律的なものであるかを鋭く問い直してはいるが、そのフェレンツィ自身、「正常な」超自我と「異常な」超自我との区別を持ち込んでノーマルな人間の模範を理想化しようとしている、とアドルノは考えるのである。「或る概念が厳格なカント的意味で他律的であるとしたら、つまり精神分析的に言えばリビドーの絆を持つ概念であるとしたら、フェレンツィの尊重する〈正常な人間〉の相関項である模範の概念もそうだ。(2)」こう述べるとき、アドルノはフェレンツィ流の大胆な懐疑を、さらに徹底した仕方でフェレンツィその人に向けている。アドルノにしたがうなら、およそものごとを自ら判定しようとするときには常に、一見独立した「正常さ」と「健全さ」の外的モデルに従うことが、自律的思考を回避させることにつながるのだから。

フェレンツィやアドルノの洞察は、一見そう見えるほど奇態なものではない。むしろそれは、いわゆる道徳なるものの大部分が他律的な習慣の踏襲にすぎないことをあらためて思い出させてくれる。いったい、私達が自分自身の理性の力をふりしぼって善悪の判定を下す場面が、日常生活にどれだけあるだろう。そんなことをしなくても、すでに定まったモラルに従っていれば、私達はさしあたり「自分で」「正常な」判断のできる「いい人」でいられるのである。ところがその「正常な」道徳意識を持った「善良」で「誠実」な人格像は、たいてい、私達のきわめてローカルな生活経験に合わせて抽象的にかたどられた偶像にすぎない。なるほど、そうした善良な性格の持ち主は、飲酒運転やセクハラや虐待を忌避するという意味での「良心」を持ち合わせているだろう。だがその人物が、ガンタナモの囚人やパレスチナ難民の窮状について、日々心を痛め続ける人間であるとは限らない。それどころか真に良心的な人間ならば、同時代に生きる人類の戦火や貧苦の現状を知り、苦痛と、羞恥と、憤りとを感じつつ生活するはずであると皆知りながら、不可思議なことに、私達が生活のなかで要求する「良心的」な人間の観念にはどこか、そのような世界の全体像からあえて眼をそむけさせるようなところがある。ある意味において、私達が「いい人」となりうるのは、周囲の社会が共有する断片的な模範像以上に善い判断を断念する場合に限られる、とさえ言えるだろう。アドルノは、「正常」な超自我の概念を科学的に同定してしまうこと自体が、そうした「分業」に加担しているのだと論じる。「この〈正常な人間〉は、積極的消極的にあらゆる社会的抑圧に加担している。精神分析学は、命取りなことに、分業に価値を見出しているのであって、そうすることで、現存の社会から〈正常な人間〉を無批判に仕入れている。(3)」

ならばいっそ、人間が自律した「良心」でもって善悪を判定しているなどというのは現実離れした理想論でしかないと結論すべきであろうか。なるほど、アドルノの偶像否定の厳格さは、「汝自己のために何の偶像も彫むべからず。また上は天にある者下は地にある者ならびに地の下の水の中にある者の何の形状も伴うべからず」という旧約の戒律を思わせるほどに徹底している。しかし、このユダヤ人思想家が熱心に「正常な良心」の像を斥けようとしているからといって、彼が「良心」そのものの存在を否定しているかのように誤解してはならない。神の姿をはっきりと描き出すことを禁じつつも、なおその神の存在を確信するところに偶像崇拝の禁止は成り立つのであって、その姿勢は無神論者のそれとはまったく異なるのだ。言うまでもなく、そのように妄信の対象となる規範の偶像を徹底的に排斥してゆく一方で、規範のはたらきそのものへの信頼を決して失わないという、一見矛盾する知的営為のいずれにも忠実であることは、信じがたく大きな精神的緊張を要求することであろう。そして、この二つの方針のいずれか一方、すなわち狂信的なヒューマニズムか、冒瀆的なシニシズムか、という選択ならば、実に安易だ。しかも遺憾なことに、私達の周囲に観察されるのは、たいていこの偏重のいずれかなのである。つまり「良心」が偶像として崇められている反面でシニカルに嘲笑されているという二面性に、私達の社会における倫理規範の問題があるのである。もっとも、ミュンヒハウゼン的な逆転のために「正義」や「真理」に対する反感が思考のオーソドックスとなっているような時代にあっては、精神的美徳にナイーブな信仰を寄せる姿勢よりもむしろ、それを時代遅れのドグマとして冷笑する傾向の方が、どちらかといえば危険ではある。

4　異端

「内戦や貧困に苦しむ人々を思えというが、それは君が今どき良心や正義のような古ぼけた観念にいかれているからであって、現実的に考えれば、君一人で何ができるものでもないよ」という指摘に、あなたの善意はたちまち雲散霧消するものであろうか。「アバタもエクボ」という場合に見られるごとく、ありもしない幻影を見ていると注意されると、つい私達は、反対のことを言いさえすれば現実世界に戻れるものと思ってしまう。しかしくり返すまでもなく、逆転が常態化した私達の社会にあっては、一切の偶像崇拝を脱却したかのごとき態度こそが、最も広く信仰を集める偶像となっている。観念に閉じ込められず「正常な」判断を下そうと努める者ほど、すすんで逆立ちした観念の世界に深入りしてしまうのも、そのためらしい。

たとえば、どうも社会が殺伐として感じられるというあなたの話を聞いて、メディア事情に詳しい友人は苦笑するであろう。テレビ局も新聞社も、競争を強いられている。陰惨な事件をセンセーショナルに演出しながら提供し続けるワイドショーや週刊誌は、視聴者や読者の期待に応えることで売り上げの拡大を狙っているにすぎず、社会の大半は、不可解な兇暴さややるせない無責任とは無縁の人々からなっている。つまるところ、マスコミに振り回されるから不安になるだけだ、と。しかし友人の余裕には、あなたを安心させると同時に、よけい不安にするところがないだろうか。社会の大半を占める善良な市民というのは、センセーショナルに演出された衝撃映像や芸能人のゴシップを何度でも飽きずに見ようとする視聴者と同じ人々のことではないか。あるいはそうした社会の多数派は、良識があると思えない発言をくり返す知事や議員を選出する有権者とも、不祥事続きの企業をいつのまにか支援している消費者とも同じ人々ではないか。メディアが原因となって道徳的退廃の「現実」イメージを作り上げていることは確かであるとしても、一方で、私達多数派の行動形態が、メディアの荒廃を含む現実を構成していることも同様に真実である。みずからを社会的多数派とは離れたところに据えて「メディア社会」を解釈する行為は、解釈者からすれば大局に立って世界を観察しているようでいて、現実には世界と自分との関係を否定するミュンヒハウゼン的な観念操作によって、世界との関係を回避する助けとなっているのではないか。

この思考様式を分析しようとするなら、あらためてフェレンツィとアドルノの洞察に頼らない手はない。私達が認識のジレンマのなかで逆立ちした身振りを採用してしまう姿は、精神分析の患者が健全な超自我のはたらきをもとめて転移をひき起こす様子にそっくりだからである。どちらの場面においても、私達は不当に「自分の思考の力」で制約を乗り越えようとするために、かえって拘束の度を深めてしまう。自分が個人の幻想に閉じ込められていまいかと常に疑わざるをえない時代において、欲望の絆によって歪められた現実のそとに立ち、何者にも依存することなく、神々しい権威でもって判定を下すかのごとき精神は、強烈な羨望をひき起こすであろう。もちろん、他人の思考の主観性を見抜けるからといって、特にその指摘そのものが「客観的」認識の矛盾を逃れているわけではないのだが、それでも私達は、自らの矛盾が相対的に目立たない身振りを、すなわち思考の条件のそとに立つ身振りを模倣することで、自律的精神の威光を手にしようとする。そしてまさしくそれが模倣であるがゆえに、私達の判断は自律性を失って、その外的権威の他律的な反復に終始するほかないのである。

日本の言論界において「普遍性」や「客観性」の素朴な妄信をたしなめようとする発言が、いつのまにか「普遍性」や「客観性」を占有する自己欺瞞と区別のつかないものへと鈍化したのは、人々の共有する価値観のそとに立つという論理の外見上自由なはたらきが、そのようにして際限のない「転移」をひき起こし、言説の権力を解消するための「根治」の試みがごく限られていたためではなかろうか。そしてこの自由の幻惑に、過去数十年間にわたって、日本のリベラルな論陣の「正義」が陥った悲喜劇が由来しているのではないか。[4] そもそも人は、現実において無力さを感じるときほど、観念の世界においてだけは自由であろうとするものだ。ヨーロッパ中心主義が全世界をヨーロッパの精神的支配下に置いていたり、男性中心主義が女を男の奴隷にしていたり、理性中心主義が身体の重要性を閑却させていたりといった具合に、偏った立場からくる幻惑を逃れられないという不安のなか、より現実的な視点を獲得しようとして、私達はたえず自分のみを現実のそとに思い浮かべる。主観的には迷妄のそとへと出たつもりになりながら、客観的には自分達もまた現実に属しており、観念の反転によって自らの社会的立場をかろうじて安定させているにもかかわらず、そうした現実は視野に入らない。書物の中では、私達は「これまでの因習的な考え方」をすっかり脱却したのみか、その原因となった「非人間的」な西洋の思考形態をも過去のものとする「自由な」精神を誇っている。すでに人文学の業界においては、プラトンやヘーゲルのような抑圧的な思想家よりも、それら形而上学者や進歩主義が陥った弊害を知悉する学界の有力者の方が、はるかに優秀であるかのように見える。しかし私達が西洋の知を乗り越えてしまったわりに、現実世界において日本人はといえば、いつまでも侵略戦争の加害責任を詫びることをせず、難民を受け入れることを拒み、犯罪者には合法的に首をくくらせるといった、きわめて「非人間的」な印象を与えているではないか。

むろん「根治」を求める人々が全く無いというわけではない。だが、いかにも皮肉なことに、ほら吹き男爵のように観念の世界のなかでのみ「現実」の問題を克服することに慣れきった人々の目には、実際に現実のなかに自己を置いて苦労している人間達は、なんとも愚かに見える。それどころか、現実認識の歪みのなかで粘り強く正義を追求する人々の方こそ、いかにも何かある偏った正義をドグマティックに信奉するナイーブな者達に思われてくる。民主主義、平和、核、公害、人権のような基本問題に対して不屈の態度で運動を続ける人々を目にすると、自らの独りよがりな正義を押しつける傲慢な者達に見えて憤りすら覚えるかもしれない。すなわち現在では、そのように顰蹙を買うということこそ、自覚症状のない逆立ちの病が蔓延する病院で「根治」を求めて「転移」を振り払おうとする者の宿命となっているのではなかろうか。フェレンツィが医師自身の超自我の存在を分析の場の影響関係に含めたごとく、自分自身の存在を社会的現実の文脈に含め、自分自身を含む皆が同じ困難のなかで互いに作用している様子を認識する人々は、「普遍性」や「客観性」をまるごと否定して、その逆立ちした観念の世界から他の思想を見下すことを必要としないであろう。彼らは、自律的に粘り強く「普遍的」価値を追求してゆくための原動力を与えられ、競合し合う具体的な「客観性」の要求のなかで、自由な思考を鍛える永続的な課題を得るであろう。しかるに、そのような人々の選択ほど憎悪と侮蔑を喚起しているものは、私達の社会において他に見当たらないのではないか。

かくして「良心」を無条件に信頼する傾向と「良心」を抽象的にのり越えてしまう傾向とは、結局は偶像の力に依存して現実的行為から逃避する点において互いに補い合うことになるのだが、二つの態度のうち、一見したところラディカルに見える後者の立場の方が面倒であることに疑問の余地はない。大義はいつも人を不寛容にする。人間が最も大胆に自分自身をだますのは、必ず押しつけられている幻想をはね除けたと信じたときである。じっさい歴史上最悪の迫害は、きまって迫害からの解放の名においてなされてきたではないか。私達の社会のドグマもまた、「普遍性」や「客観性」がその規格に合わぬ異質なものを排除してきたことに抗議しようとするがゆえに「普遍性」や「客観性」を容赦なく排除しており、「真理」や「正義」が主観的であることを修正しようとするからこそ、「真理」や「正義」をおしなべて無力化する主観的欲望に従属している。認識のジレンマを越えた全能の神のごとき立場の獲得に偽の贖罪を求める者が、知識に新鮮な刺激を与える論客として人気を博す一方、ジレンマを原罪のごとき条件と受けとめ、その内部で実践を続ける者が、異端として迫害にさらされているという事情は、ほかならぬこの自由の幻想に由来しているのであろう。しかし翻って考えるならば、そのような観念的な克服の欺瞞性に気づくためにこそ、私達には良心が与えられているのではないのか。アドルノによれば「社会の強制を良心へと内面化するにあたって、社会的審級に抵抗し、その審級を自分自身の原理に照らして批判的に査定するなら、強制からは自由な潜在能力が成熟してくる。良心の批判は、この潜在能力の救済を目論んでいる(5)」ということであるが、一方で自律的精神の偶像を徹底して警戒すべきである以上、この「自分自身の原理」が可能となる条件について、私達はさらに疑い深く考えてみる必要がある。

5 眠り

ミツバチやシロアリの暮らしは人間の生活とは根本的に異なる、と最晩年のフロイトは言う。たしかに集団生活は人間に対して様々な点で欲望の断念を強いるものであって、その強制を前にして、アリのように従っていることはできず、自由を求めて共同体に蜂起せざるをえないところに、私達人間の本質の一面があると言えよう。しかし人間は、そして人間だけが、その自由について自分自身をどこまでも欺く観念を持った動物である。ミツバチの生き方にこそ自由の最高の象徴を見出すといったことも、人間にとってはありふれたことだ。現にフロイト自身が、人間の反人間化とも呼ぶべき倒錯した主張に出会って驚いているではないか。「その主張によると、我々の悲惨は大部分がいわゆる文化のせいであって、文化を放棄して原始的な境遇に逆戻りしたとしたら、ずっと幸福になるだろうというのである。私がこれを驚くべき主張だというのは、文化をどう定義したとしても、苦難原因からの脅威に対して我々が自分の身を守ろうとする場合の武器はすべて、まさにこの文化に所属していることは動かせないからである(6)。」火や道具の発明以来、文化は人類を野蛮状態から救い上げ、たえず幸福追求の手段となってきたというのに、それをまるごと否定する人々が少なからずいる。この事実から私達は、「客観性」や「合理性」のような、無智から身を守るための自分たち自身の武器からも自由になろうとする逆転志向の人々が、昔から大勢いたらしいということを学ぶことができる。ただしフロイトを驚かしている人々とミュンヒハウゼン男爵の信奉者とで奇妙に異なっているのは、後者が、西洋近代の合理性を排してアジア文化の伝統の意義を再発見したり、ヨーロッパ中心の一元的思考を拒んで文化的多様性を称揚したりと、文化に対して大変好意的であるという点だ。

この齟齬は、フロイトの用語法から来ている。彼によれば、人間は集団生活を営むようになったせいで個体の欲望の充足を断念させられてきたことに不満を持ち、生まれつき備わった攻撃本能を「文化」全般に向けてきた。さらに近代に入ると、ヨーロッパ外部の諸民族との接触によって原始民族の簡素で魅力的な生活を知り、科学技術上の急速な発展にもかかわらず幸福の増大が限られていたこともあって、「文化」に対する人類の幻滅は決定的なものとなっているという。しかし、ここでフロイトが「文化」の語によって表そうとしているものは、私達が通常「文明」と呼んでいるものではなかろうか。十八世紀の末以来、この「文明」という語は物質主義や合理主義や一方向的な進歩といった負の側面を象徴してきたのに対し、有機的で全体的な、しかも個性豊かな共同体の中で人間を育む「文化」は、それとは別の魅力を帯びてきた。ヘルダーがカント美学を槍玉に挙げることによって、地域と時代によって様々に異なっているはずの感性を見出し、文化的多元主義の考え方を初めて思想史の中に打ち出して以降、ユニバーサルな「文明」に対するアンチテーゼとしての諸「文化」の考え方は、一つの伝統となって近代的価値形成に大きく関与してきた。(7) トーマス・マンは、第一次大戦中、英仏の進歩主義的な「文明」に対抗してドイツ「文化」の独自性を擁護したし、第二次大戦後の新しい思潮もまた、ヨーロッパ中心主義の反省に立って歴史の一方向的な「進歩」を否定し、文化的価値の複数性を尊重することを唱える。言うまでもなく、私達の周囲の論調もまたこの文脈にあるわけであるが、なぜかフロイトは、「文化」と「文明」とのこのような対峙を考慮に入れていないのである。(8)

たしかに「文化」という観念は、特定集団を対外的に異質なものと、対内的に同質的なものとに塗り分ける単純な機能を持つにすぎないように見える。だがその価値反転の機能には、フロイトが考えた以上に甚大な意味があるのではなかろうか。なぜならその考え方は、集団生活の側からの価値形成そのもののなかに、個人の自由を援護するように見える要素を忍び込ませる機能を果たすからである。「文化」の擁護は、国家や民族、世代や職業など、様々な区分からなる集団像を、「文明」に逆らおうとする欲求の側に巧みに接続する。がんらい、その区分と個人との結びつきは偶然的なものであって、日の丸も星条旗も、チゲもお吸い物も、個人にとっては等しく外的環境から与えられているにすぎない。しかも、文化も共同体の次元に属すものである以上は、個人に対して欲動を断念させる要請をおこない、現実には祖国や民族独立のために過酷な犠牲を強要する。それにもかかわらず、特定の文化を自分に近しいものと認め、その文化に同一化することは、画一的で抑圧的な存在に逆らって自由を獲得し自己を実現するという想念に結びつき、私達は自らすすんでその強要を引き受けさえするのである。

言うまでもなく、多様性や地域性を擁護することそのものには、何の問題もない。だが、文化的多元主義の生みの親であるヘルダーと、ミュンヒハウゼン男爵の生みの親であるビュルガーとが、どちらも十八世紀後半のドイツを生きた文学者であったことが象徴するように、ロマン主義の時代以来、現実世界の観念における「文化」という位相は、世界とその中での自己の自由をめぐる近代人の価値観のうちで、繰り返し、逆立ちの身振りを誘発してきた。実際、多元性の要請もまた一義的なものとして、あるいは地域性の主張もまた普遍的なものとしてしか、意義を持ち得ないのである。それにしても、そもそも人間を野蛮から切り離すための自由の条件を自ら憎悪し、人類の進展のそとに個人の「自由」な位置を定めようとする欲望がロマン主義を規定するものだとしたら、私達の住んでいる「いま」ほどロマン主義的な時代は他にあるまい。そこでは啓蒙的理性の「進歩」や「成熟」が強いる緊張を匂わせるいっさいのものが嫌悪され、そこから私達を「癒す」あらゆるものが称賛される。多様なものや感性的なもの、神秘的なもの、幻想的なもの、偶然的なもの、異常なもの、グロテスクなもの、トリヴィアルなもの、そしてかわいいもの。それら被抑圧者を用いて悲劇的な殉教者像を作り上げるべく、「真理」や「正義」や「客観性」や「合理性」にとり憑かれたあれこれの「中心主義」が一方的に世界を支配してきたストーリーが語られる言説傾向は、今ではどんな啓蒙思想よりも画一的で抑圧的なものへと反転している。

かりにフロイトが第二次大戦とその後の冷戦期における「文化」の論理の乱立を見届けるまで生きのびていたら、文化共同体のイメージが育む倫理規範の詐称的な性質について、彼は異なった考察を展開したに違いない。むろん、フロイトが「文化」の一語に「文明」の意味をも持たせたことには、れっきとした意図があった。すなわち「文化」という語の意味の幅広さを利用して、人類に欲動の断念を強いる文明化された集団生活の面と、個人の敵意への対抗措置としての精神材の面という二つの意味を同時に担わせ、それによって個人と集団のせめぎ合いの場を描き出すといったものだ。彼の叙述する人類の発展過程は、愛の神エロスと死の神タナトスとの終わりなき闘争であって、そのなかで「文化」は、個人と人類の二つの対立する力を仲立ちする位置にある。しかし、私達の時代の思想的状況を直視する者の誰が「文化」に対してそれほど善良な性質を認めようか。文化の脱規範性に自己の代弁者を見出す概念的メカニズムのために、エロス神は「愛」や「正義」によって人類を平和のうちに統治する目論みを攪乱され、その結果逆転した私達の正義感は、むしろタナトスに内通している。おそらく「文化」をつかさどるのは、タナトスの兄弟神であるヒュプノスなのであろう。眠りの神であるヒュプノスが翼のある青年の姿で現れ、人間の額を木の枝でそっと触れると、人は眠りに誘われる。重々しいその眠りの世界においては、普遍的価値は抑圧的な暴君にほかならず、暴君に反旗をひるがえすことが正義となる。その転倒された正義の名において、人はいかに卑劣な言動も残虐な行為も辞さないであろう。ヒュプノスのひっそりとした活躍の背後にはタナトスが控えており、欲動の放棄を命ずる人類に対して血なまぐさい報復を使嗾《しそう》しているからである。

6 天女

フロイトの考察が信じるに足るものであるとしたら、靖国神社に集い「愛国」を唱える日本の若者たちを突き動かすものが、共通の心のよりどころや仲間との連帯を求める意識だとする見方は十分とは言えないのであって、地球上の全ての人々と未来を共有する責任への不安がその背後に潜んでいることになる。そして現在の日本人にとって、普遍的価値に根ざした実践を地道に探究する態度がひどく非現実的な思い込みに感じられ、逆に観念の力業で現実のそとに出たふりをする姿勢に強く魅きつけられるという事情の裏側にも、「文明」が命じる欲動断念に対する恐怖があるのであろう。なるほど、世界中の貧者に十分な食物と衣料を施し、人権を保障し、紛争を解決し、環境破壊を食い止めていく責任を負うとなると、私達個人はその過程でなんと多くの欲望の充足を犠牲にしなくてはならないことか。そのきわめて不愉快な良心の重圧を回避させ、しかも正義の代用品を用意してくれるのが、「文化」の逆説的論理に支えられたナショナリズムの大義なのであるから、無数の人間がシロアリのごとくにそれらの論理に群がり寄るのも、無理もないことかもしれない。

しかし私達の超自我は、単にヒュプノスの幻惑に翻弄され、タナトスの懐柔に屈するばかりであろうか。共同体も一種の超自我を形成しており、個人の超自我とこの共同体の超自我とが一致しうるとフロイトは想定する。しかしその見解は、「文明」と「文化」との集団レベルの差を考慮しないせいで、きわめて反動的ともきわめてラディカルとも受けとれる両義的なものとなっている。彼の見方を「文化」共同体に適用すれば、たちまちナショナリズムの反文明主義を正当化し、それを国家の構成員に強いる口実が得られるであろう。いっぽう「文明」すなわち全人類に共通の倫理規範と個人の超自我の一致を想定する場合はどうか。超自我は、偏狭な偶像崇拝を斥け、現実の困難のなかで絶え間ない努力を続けるあの姿勢を厳粛に命じるものとなるのではないか。こうした期待は根拠のないものではないが、他方でフロイトは、そのような倫理規範が私達の不動の目標たるにはあまりにも理不尽な存在であることを、フェレンツィやアドルノとともに示唆している。彼によれば、超自我は個人に対しても集団に対しても「人間がもつ心的素質の事実を十分考慮せず、命令を出すだけで、その命令に従うことが可能であるかどうかは問題にしない」(9)のであり、「マゾヒスティックな」までに残酷な自己懲罰を際限なく要求するものだからである。そう言われてみれば、他国民の苦境を無視できず困難な良心の命令に従って行動する主体を目にしたとき、私達の多くが反射的にその努力の「虚しさ」や「思い上がり」を指摘することによって超自我の重圧を逃れようとしてしまうことは、普遍的倫理の命令が、私達個々の主観にとっていかに堪え難く恐怖すべき存在であるかを物語っているのかもしれない。あるいは、日本が犯した過去の過ちを率直に認めようとする歴史認識を保守派のイデオローグが「自虐的」歴史観と命名したことは、倫理の過酷さを正確に捉えたものとしてフロイトを感心させるのではなかろうか。文化集団ごとの偶像を「正常さ」の基準とするならば、普遍的な価値判断はひどく倒錯したものに見えるはずであり、その意味で、私達の心に崇敬の念を呼び覚ますほどの正当性には、かならずどこか「自虐的」なところがあるとさえ言えるかもしれない。

しかも、ナショナリズムに代表される「文化」の転倒した正義に加えて、文明への敵意を煽る別の巧妙な援助者が現れるとしたら、個人の超自我が全人類へと差し向けられる見込みはさらに大きな危殆に瀕するのではないか。人類の普遍的な進歩の過程とその成果を画一的なものとして否定し、自らをそのそとに位置づけることで立ち上がるのがナショナリズムの意識だとしたら、同じく暗黙の逆説を強要しながら、一切の価値を古びたものとして克服し、その先に立ったと見せかけることで拡大成長してゆくのが、キャピタリズムの論理であると言えるだろう。成熟した資本主義の下で消費を促進する意識は、文化の名による反普遍主義と同様に、単一のもの、すでに万人によって共有されたものに対する反感の上になり立っている。つねに市場を若返らせるのは、奇矯なもの、風変わりなもの、荒唐無稽なものといった、ありとあらゆる多彩な価値の導入であり、その波及のためには、制約のそとに立ったつもりになってその制約を観念的にだけ否定するあの姿勢が、何よりもよく貢献するのだ。そこでも、パラドクスを演じることだけが、個人の自由と集団的連帯とのいずれをも喪失しないための手段であるかに見える。資本主義もまた、私達が自由で自律的な判断をおこなっているという幻想によって根治を先延ばしにするシステムなのである。

天上界におけるエロスとタナトスとの闘争の行方をフロイトは懸念しているが、私達はフロイト以上に悲観せねばなるまい。二人の不吉な助力者がタナトスに付いているために、人々が魅力を感じる対象はたいていタナトスの意に添うものである。本来ならば理念の共有へ向けて力を発揮するはずの規範性は、憎悪すべき敵役の衣装を着せられており、いまや「愛」も「正義」も「良心」も「善意」も微弱な力しか持たない。国家主義はすぐにでもそれらを人間同士の殺戮の動機に利用しうる勢いであるし、資本主義はそうした価値から儲けを出し尽くし、使い物にならない古びた機種のようにそれらを放置している。エロス神はなんと蒼ざめて見えることだろう。愛の神ならぬ天女が夜空に現れ、羽衣を着て優雅に琵琶を奏でる姿を見た者は、ひっそりと命を落とすという。寒月はその物語に続けて「これは本当の噺だと、あのうそつきの爺やが申しました」と書いたのであったが、宙づりの叙述に対する彼の異様な執着を持ち合わせない私達は、愛の神の存在を確信できないまま、いったいいかにしてその不確かな導きに従うことができるであろうか。

（1） Sandor Ferenczi, *Bausteine zur Psychoanalyse*, Verlag Hans Huber, Bern 1939, Bd. 3, S. 394f. なお、フェレンツィの未邦訳文献を参照するにあたって甲南大学の森茂起教授の協力を得た。記してお礼申し上げる。

（2） Theodor W. Adorno, *Negative Dialektik*, in: *Theodor W. Adorno Gesammelte Schriftern* Bd. 6, Suhrkamp, Frankfurt am Main, 1973, S. 270

（3）Adorno, *Negative Dialektik*, ebd.

（4）本稿は、この変化を論理内在的に説明する試みである。同じプロセスを外的現実に起因するものとして解釈する議論については、拙稿「抽象への逃走――脱規範的思想傾向のメタクリティーク」（港道隆編『心と身体の世界化』人文書院、二〇〇六年、に所収）を参照されたい。

（5）Adorno, *Negative Dialektik*, S. 271 柄谷行人は「超自我」の規範性を積極的に見直す立場から、「超自我」に対するアドルノの批判的見解を例外的にネガティブに捉えている（柄谷行人「ネーションと美学」『柄谷行人集』第四巻、岩波書店、二〇〇四年、を参照）。しかしアドルノは、柄谷の述べるように「超自我」の独自の機能を過小評価しているのではなく、むしろそのはたらきを重視するからこそ、その偶像を固定的に設定してしまわぬよう細心の注意を払ったのだと見なくてはならない。柄谷が「超自我」のなかに捉えた「内からの」「証明されない」理性の働きは、この『否定弁証法』の引用箇所からうかがわれるものに通じているように思われる。

（6）Sigmund Freud, *Das Unbehagen in der Kultur*, in: *Freud-Studienausgabe* Bd. 9, Fischer, Frankfurt am Main, 1974, S. 217

（7）この思想史的展開については、拙稿「美学上の文化的多元主義――その成立と含意をめぐって――」（『美学』第五十四巻第二号、美学会、二〇〇三年）を参照されたい。

（8）ちなみにフロイトは、論文の英語タイトルでは、ドイツ語の"Kultur"にあたる"culture"ではなく"civilization"を採用している。

（9）Freud, *Das Unbehagen in der Kultur*, S. 268

第二部　生きる

アーティスト・イン・レジデンスが示すもの——資本中心主義とアート

笹岡 敬

1 最初のアーティスト・イン・レジデンス

私が特定非営利活動法人キャズ（以下ＣＡＳ）を運営する経緯は、一九九五年にオランダのアイントホーフェンで開催された日本オランダ現代美術交流展「Now Here」の参加まで遡ることになる。

この展覧会は東京のＩＣＡＥＥ／国際現代美術交流展実行委員会を主催する酒井信一とアイントホーフェンにあるヘット・アポロハウス[1]（Het Apollohuis）を主催するパウル・パンハウゼン（Paul Panhuysen）との共同企画で、お互いのディレクターが候補作家を数名ずつ推薦し、そこから酒井がオランダのアーティストを、パンハウゼンが日本のアーティストを選ぶという形で、日本人作家六名とオランダ人作家六名が参加し、九五年度はオランダで、九七年度は東京で開催された。

当時、私は蛍光管を高周波で外部から点灯させ、その揺らぐ光の効果を使用したインスタレーション作品を有地左右一とコラボレーションという形で発表していたのだが、電気技術が高度な為、エンジニアの四宮雅樹に協力をお願いしていた。この展覧会でも同方法の作品を展示予定であった為、四宮に同行をお願いすることになる。

展覧会開催日までの一月ほど前に四宮と私はオランダに出発した。スキポール空港から電車に乗りアイントホ

図１　NowHere

ーフェンの駅に着く。夜十時頃、あたりはもうすっかり暗くなっている。駅前には他のビルディングより大きいオフィスビルがあり、その窓の中は真昼のような明るさで輝いていた。後から知ったことだが、そのビルディングはオランダの電機メーカー、フィリップスの本社ビルだった。私たちはタクシーに乗り、ヘット・アポロハウスへ。アポロハウスでは、すでに到着していた数人のアーティストとパウル、酒井が出迎えてくれた。その食堂でしばらく談笑したあと宿泊場所に案内してもらう。

宿泊所は近く、道路を挟んだ向かいにあった幼稚園であった。聞くとオランダでも少子化が進み教室の使用率が落ちているとのこと。幼稚園としての使用スペースを半分にしてもらい、中に園児が行き来できない程度の簡単なバリケードを作り、三分の一ほどをアーティストの宿泊場所として提供してもらったのだ。教室をロープで分断し、そこにシーツを掛けていくつかの部屋に区切る。インスタントな３ＬＤＫの出来上がりである。シーツで仕切られた部屋の中には、ベッドが設えてあるのだが、野営用の簡易なものであった。寝てみると思ったよりも寝心地は良く、一ヶ月以上の滞在でも不満を感じることは無かった。不思議に思って聞いてみると、このベッドはオランダ軍から借りてきたということだった。一番広いスペースはリビングとして使えるようテーブルと椅子が置いてあり、そのテーブルにはフルーツが置いてあった。そしてそれは私たちの滞在中、絶えること無く補充されていた。

翌日、会場の下見に行く。そこは宿泊所から歩いて十五分ほどの場所にあり、もう使われていない旧い煉瓦造りの四階建ての工場だった。シェーレンス・テキスタイル工場という処で、これもやはりシェーレンス社のサポートである。私たちはアーティストに応じた充分なスペースを与えられ、石造りを思い出すような重厚な空間に戦いを挑むことになる。

朝、その会場に足を運び、夕方まで作業し幼稚園に帰って寝るという生活がはじまる。現場で作業をしていると昼食の時間である。キッチン代わりにしている場所に呼ばれて行くと、サンドウィッチに果物、コーヒーが用意してある。アポロハウスの近所に住む年配の女性達が用意してくれている。毎日、数人がシフトを組み、休憩中に飲むコーヒーもポットから絶えることがない。滞在中、その女性達の家に招待され、そこで昼食を取りながら懇談する機会もあった。

一日の作業が終わり、アポロハウスの食堂で夕食である。夕食にはコックが雇われており、オランダの食事や、伝統的な食事、そうして日本人アーティストのコンディションを見ながら内容も調整された。もちろん親しいもの同士で、外食することもあるが、基本的に私たちは一切の出費をすることなく、滞在制作することができた。

作業が進むに連れ、サポーターの数も増え始めた。電気工事の技師、バナーやフラッグの取り付け、会場の掃除、壁に孔を開けることや重量物を取り付ける技術者。個々のアーティストのアシスタント等々。当時、パンハウゼンは美術大学で教鞭をとっており、その学生達も手伝いにやってくる。コラボレーションする有地も合流し、私たちの宿泊所はアーティストやサポーターなどで賑やかになってくる。四宮は私たちの部屋でバーを作り、そこが皆の憩いの場となる。彼にとって、このレジデンスに参加するまでアートは「印象派と浮世絵」でしか無かったのだが、その後、徐々に認識が変わる契機にもなる。

私たちアーティストは様々な人々や組織のサポートを受けオープニングにこぎ着ける。オープニングではレセプションやパフォーマンス等の様々な催しが行われ、会期中にもシンポジウム等が行われる。シンポジウムでは社会とアートとの関わりや、オルタナティブなアートに対する考え方などのディスカッションが行われたのだが、それは昼過ぎから始まり、間に何度かの休憩を挟みながら夕食も取り、最終的には深夜に終了するという延々と続くものだった。英語でのディスカッションが私にどのくらい理解できたのかはさておき、議論するということに対する彼らとの体力の違いは、驚かされるものであった。それは日本人と欧米人との、制作に対する考え方や態度や運営に対する体力の差を示すことでもある。

会期が始まり、私たちの作品が大きく地元の新聞に掲載されることになる。その際に我がことのように抱きつき喜んでくれたサポーター達の存在が、嬉しさとともに自分の日本に於ける立場との違和を感じさせ、それを抱きながら帰国した。

2 NEAR THE BEGINNING

一九九七年私たちは二度目の海外での滞在制作をすることになる。前回は、展覧会と国際交流が前提にあり企画が立ち上がったのに対し、今回は純然たるアーティスト・イン・レジデンスプログラムへの参加である。主催は「Hermit Foundation」(2)といい、チェコ共和国のプラシで毎年夏に開催されていた。

このときのプログラムは『NEAR THE BEGINNING』というタイトルで、日本からは十名のアーティストの参加で、他にチェコ、オランダ、フランス、ロシア、アメリカ、ボスニアからと総勢六十名という大きな規模のものであった。このファウンデーションのディレクターはミロシュ・ヴォイチェフブスキー（Miloš Vojtěchovský）で、プラハナショナルギャラリーの学芸員の業務の傍ら、この企画をしている。予算はスイスから出ており、開催場所である十七世紀に建てられたプラシ修道院の改修工事予算とともに計上されているとのことだった。

欧米では既にアーティストが世界のレジデンス組織を渡り歩きながら、自己の発表を継続して行くスタイルが一般的になっており、またアーティストの生活環境の違いから、比較的長期滞在型のプログラムが多い。最低三ヶ月、長いと一年や三年というものまであるのだが、ディレクターのミロシュは私たちに長期滞在を望んでいた。チェコに出発するまでのメールでのやりとりで彼は「シンポジウム等の様々なイベントがあるので、一日も早く来るように」と何度も催促してくる。なんとか休みを取り、予定より一週間ほど早く出発することになる。開催場所の修道院は観光地になっており、時折大型バスで団体が乗り付けてくる。しかし駅前を除くと町には店らしい店もほとんど無く、私たちが必要とするような資材を手に入れるには、電車で一時間ほどのプルゼニまで行かなくてはならない。

私たちは作品の展示場所を決め、作品を制作し、ミロシュの言うシンポジウムにも参加しなければならないのだが、事前にメールで打ち合わせをし、ミロシュが用意してくれるはずの私たちの機材が一向に届かない。ミロシュとは、私たちが到着した数日は顔を合わせていたが、すぐに彼はプラハに戻ってしまっており、他のスタッフに機材の状況を聞いても要領を得ない。私たちに予定されている展示場所の鍵を持ったスタッフも行方不明で、下見もできず何もすることが無い。気持ちは焦るのだが、自分の制作をすることのできない私たちは、他のアーティストの制作を手伝い、チェコ名物のビールを昼から飲み、日本から持ってきた調味料で日本食を作り他の国のアーティストに振るまったりと、まるでバカンスをしているような状態が続く。これが旧共産圏の仕事に対する考え方なのかと、オランダでの滞在と比較しながら少し憤ったりはするのだが、どうにもならないのだ。

たまに、旧ソビエト連邦がロシアに変わったときの映画で、人工衛星に取り残された宇宙飛行士の存在を記録したドキュメンタリーや、チェコのクレイアニメの上映会や、簡単なコンサートなどはあるのだが、シンポジウムらしいシンポジウムも開催されず、スラブ人のバッドイングリッシュと日本人のバッドイングリッシュがおおらかに飛び交う日々が過ぎて行くだけであった。

いよいよ展覧会初日まで一週間にもなろうとした頃、ようやくミロシュが戻ってきた。私たちは彼に詰め寄り、「あなたが早く来いと言うから、私たちは予定をやり繰りして都合をつけた。しかし機材も届いていないし、あなたの言うシンポジウムも行われていない。いったいどういうことなのか?」と詰問した。彼は「あなたたちはシンポジウムをすでにしているではないか。シンポジウムとは古代ギリシャ語で『宴会』のことを指す」と言う。彼が言うには、このレジデンスプログラムに於いて、展覧会を開催することはそれほど重要では無い。重要なのは世界中のアーティストがここに集まり、各々の考えていることや情報を交換する場として機能させることなのであると。当時、この意見には大変驚かされた。それはアーティストにとって一番重要なのは作品を造り発表することなのであり、そのプロセスに於けるアーティストとしての在り方など考えたことが無かったからだ。また彼はこう言う。「アーティストは伝道師である。国境や思想を超えて自由に飛び回り、そこで得た思想や文化を自国に戻って伝える。それがアーティストの使命である」と。

確かにボスニア・ヘルツェゴビナから来たアーティストと自国のアートや政治の状況に対する会話などをし、普段日本にいては知り得ない情報を得たり、様々な異文化との触れ合いなどを経験できる場は少ない。私はこの経験でアーティストを一種の職業として捉えるという、日本では当たり前の分類の仕方に疑問を持ち始めたのである。

日本に於いて、アートは文明開化とともに輸入され、それは当時の産業や輸出と深く関わっていた。「美術」という言葉は、一八七三年のウィーン万博に参加の際、出品差出勤請書添付の出品規定において初めて用いられた。その原語はドイツ語の Kunstgewerbe で、純粋芸術という意味より工芸美術という産業的な意味合いの強いものであった。しかし同時に Bildende Kunst（造形美術）も「美術」と翻訳されており、理解の質が混乱していたと北澤憲昭[3]は指摘している。明治以降、西洋を公、日本を私とし、それを制度と生活、建前と実態と読みながら近代化してきた[4]のではあるが、実際に日本にはじめて万博を誘致するには、一九七〇年の大阪万博まで一世紀待たなくてはならなかった。大阪万博で柱となったのは、やはりテクノロジーとアートであった。それは近年までアートは経済と深く結びつき、日本のアートに対する価値の在り方を深く規定する要因となっている。

一方、ヨーロッパに於いてのアートはラテン語のアルス（ars）から来ており、ギリシャ語のテクニックの語源テクネ（techne）に繋がることは良く知られているが、アートは技術的な意味のみでなく、artificial（人工的な）という語にみられるように、「自然」に対して「人間の手が加わったもの」という概念である。

ある意味、日本のアートに対する翻訳は間違っていなかったのかもしれないが、明治期の「美術」と「芸術」という言葉の翻訳に混乱がみられるように、「アート」や「技術」という言葉が持つ概念の文化的側面を、どこかで歪んだ形で享受してしまったのではないだろうか。

二度の海外制作の経験後、私の違和感は募るばかりであった。システムとしては欧米と同じような日本の（美術）アート。美術館もあり、ギャラリーもあり、もちろんアーティストも鑑賞者もコレクターも存在している。しかし社会の中で意味が構築され機能しているように感じることができないのだ。批評やマーケットのボリュームの違いなのか。それともアートシーンの全体的なクオリティの差なのか。私にはどちらも違うように感じられた。

3　CAS誕生

『NEAR THE BEGINNING』に参加した翌年の一九九八年、私は大阪市の天満橋で数人のデザイナーと住宅用マンションを借り、共同で事務所を運営していた。バブルは崩壊し、その余波を例外無く受けた私たちは、高い家賃に困窮していた。スペースのうち一室が活用されておらず、そこを週末に限られた人たちのためのバーに使いたいと、四宮が申し出てきた。バーだけではつまらないと、私たちは話し合いの結果、そこで展覧会やシンポジウムなどを定期的に催すことにした。それがCASの発端である。これを書いている現在、CASは特定非営利活動法人になり、正会員はアーティストのみならず、美術館学芸員や美術愛好家、コレクターなど、二十数名で構成されている。基本的にここでは作品の売買はせず、実験的な作品に興味を持つ人々が集まり、ドネーションによって運営維持していくというコンセプトである。現代美術の状況を考えたときに、その方法が困難であることは容易に想像できるが、そういう考え方が理念として必要であると考え、ノンプロフィットの方法を採っている。

私たちが最初に企画したのはシンポジウムであった。それはCASのコンセプトを美術業界に知らしめるという目的と、私自身がそのコンセプトについて再考したいという意味もあった。「造ること、観ること」というタイトルで和歌山県立美術館学芸員の奥村泰彦と私の対談を行い、司会は当時アートライターをしていた福岡彩子にお願いした。

シンポジウムではアーティスト・イン・レジデンスの話から、オルタナティブスペースの話、美術館の成り立ちから第三セクターへ移行する問題点、作品売買までと、現在も解決していない問題を列挙するような展開となった。当時、作家主導型、あるいはギャラリー以外の立場でアートスペースを運営するという例はまだ少なく、その意味が問われるのは当然といえば当然だった。

その中でも注目すべき問題となったのは会場のギャラリスト田上賀世子（スタジオＴＡＦＦ）から質問の出た「作品の売買」についてである。彼女はこう質問している。話の絡みがあるので、ここは少し対談の記録から引用しよう。(5)

田上　笹岡さんは、（作品の評価や作家の評価についての）しがらみを避けるために（作品の売買を）棚上げしたとおっしゃった。奥村さんは、当たり前のこととして認識しながら棚上げにした。すごく食い違っているように聞こえるのですが。

笹岡　ではなくて、お金のことを考えるのがしがらみになる。また考えたところで儲かってないのも事実ですよね。

田上　お金のことを考えなくてはいけないという意識はあって、あえて考えないということではないのですか？

笹岡　ちがいますよ。お金のことを表現とは切り離して考えようということです。

田上　とりあえず、儲からないのは当たり前のことだからがまんする。それはどうも食い違っていますよ、やっぱり。

奥村さんの認識されていることを、ＣＡＳとしては見ないようにしよう。しがらみにはかかわらないでやっていこう。そうすること自体が、さっきおっしゃったアーティスト・イン・レジデンスとかで出会ったアーティストとか、そういったアートが生まれてくることを阻害することになるのではないですか。

生活の中にアートが入ってくるというのは、アーティストが何処かからやって来るということもそうですよね。それはボランティアの方はみんな少しずつ身銭を切ってやっていることなのですよ。

笹岡 僕がお金のことを言っているのはもちろんそのあたりの事を指して言っているのではありません。お金は要るわけですよ。お金がゼロでは絶対できない。そうでは無くて作品の売買のことを言っているんです。

田上 作品の売買という部分だけに対してなぜそんなに神経質になるのでしょうか？　売買だけがすべてだと誰も言っていないし、こういう場において作品売買がしがらみを招くと発言する作家の意図がわからないです。CASで作品売買はしないことの理由のひとつとしてしがらみ云々を持ち出されることは非常に残念です。儲からないという決めつけにも同様にそう感じます。じゃあ儲かればいいのかという問題ではないのですから。「しがらみ」とおっしゃったけれど、その作品売買を通じてできる人間関係についてもっと考えてはどうでしょう？　それすら棚上げするのなら、私はとても場違いな所にいることを感じます。

笹岡 ちがいますよ。そういう風に決めつけること自体が、僕はヨーロッパの美術っていうものの制度のありかたを鵜呑みにしていると思う。それはアートシーン、すなわち社会的な制度の話でしょ。そうじゃなくって、美術っていうのは根元的に、自分たちが観たい観せたいっていう欲求がそれ以前の問題としてあって、そこだけでもできるのじゃないかと。それは、作品を売るということとはもう少し違う方向があるかも知れないということでもあります。誤解しないで欲しいのは、CASは画廊じゃない。ただ、画廊でないという言い方がわかりにくいから、売買をしないと言っているわけです。ここは美術を見せるためのひとつの方法だということです。

（部分的に筆者加筆修正）

少し前後があるので判りにくいかもしれないが、田上はアート作品が売買されることでこそ作品なりアーティストが社会性を獲得できるのだと述べている。基本的に作品の評価とは何かという問題がここで浮上してくる。通常、作品が評価されるということは、作品が他のメディアでもう一度表現される、あるいは交換されることを言う。作品が批評されたり、新聞やニュースで紹介されたり、あるいは作品が売れるということは、すべてそれに当てはまるだろう。

マーク・シェルは『芸術と貨幣』(6)で、

芸術と商業を習慣的に対称的なものとみなすに至った背景には、貨幣的形態が芸術に本質的なものであることに対する(神についてのさまざまな信仰と関連した)審美的不安と、美的形態が貨幣に本質的なものであることに対する(等比化と表層に関するさまざまな理論に関連した)経済的不安がある。

と書いているが、キリスト教社会において、芸術と商業は、貨幣がイコンの原型であることで、アートに対する審美性を批評的にとらえるという、アートの諸制度に対する導入と需要をめぐる物語があったはずである。日本に於いては、明治期にアートを導入するにあたって、そのことを理解できるはずは無く、アートマーケットは百貨店の成立や博覧会の導入とともに、批評無き制度として受け入れられた。

バブル時代、私たちはアート作品に膨大な金額が付与されることで、その作品の芸術価値が商品価値と混同されるようになることを学んだ。一九九〇年、大昭和製紙の名誉会長、斎藤了英がファン・ゴッホの作品を百二十六億円で落札し、その後「死んだ後は絵を棺桶に一緒に入れて燃やしてくれ」と言ったという話題があったが、日本のアート作品に対する考え方のある典型を示す例かもしれない。

礼拝される対象から展示(売買)される対象になり、複製されることで大衆化されるようになったアート作品を考えるとき、ヴァルター・ベンヤミンの『複製技術時代の芸術作品』の影響を考慮する必要があるだろう。ベンヤミンがこれを執筆したのは一九三三年であるが、その当時、一九二四年にアンドレ・ブルトンによる『シュルレアリスム宣言』が出されている。そうしてマルセル・デュシャンは一九二六〜二七年に『彼女の独身者たちによって裸にされた花嫁、さえも』（通称大ガラス）を造っているが、これらシュルレアリストの活動が、作品の成立とは展示によるものではなく、観客の受容体験こそがそれを成立させるということの発端となっている。

その頃日本では、（一九三一年）満州事変が勃発した時代で、日本のシュルレアリスムには弾圧がかかり、一九四一年には画家の福沢一郎や詩人の瀧口修造が治安維持法で逮捕されている。そのように考えると、日本でのアート作品やメディア受容のあり方がフランスにおける同時代とどれだけの隔たりがあったのか理解できる。そうして『複製技術時代の芸術作品』が日本に翻訳され、広く読まれるようになるのは一九六〇年代を待たなくてはならない。

戦後、日本のアートはリセットされ、フォービスムで固まっていた美術状況に欧米のモダンアート、あるいは前衛美術と呼ばれる事象がなだれ込んでくる。前衛美術として社会認知された現代アートは大阪万博以降、日本経済の発展とともに徐々に注目を集める。しかしアートマーケットは旧態依然の体制を守り、国策としての公募団体系の擁護とマーケットの保守性によって、日本独特の美術の二重構造が生まれる。その影響は旧来の美術商だけでなく、日本にしかない貸し画廊の存在や現代美術を売るギャラリーのあり方にも及ぶのだ。

4　オランダからのアーティスト

CASに話を戻そう。シンポジウムから始まった企画から、いよいよ展覧会の企画に入ることになる。CASを創る過程で私は、富山県立近代美術館の学芸員、八木宏昌（現在は富山水墨美術館学芸員）に最初のキュレーションをお願いしていた。展覧会は釈永道代展ではじまり、後援会やシンポジウム等も盛況に進んでいたのだが、その企画を進行しながら国際展の立ち上げも行っていた。この国際展は、東京のアート・プロデューサー、酒井

写真2　サンドイッチ道

信一からの話の持ちかけで、欧米のアーティスト・イニシアティブ組織と日本のアーティスト・イニシアティブ組織との交換交流をするというものであった。このときの参加組織は、オランダ・ロッテルダムのデュエンデとアメリカ・ニューヨークの55マーサー、東京のギャラリー・サージ、そしてCASの四組織である。CASでは55マーサーからシドニー・ドラムと伊藤洋介の展覧会を開催し、デュエンデからアンケ・シェイファーを招聘した。アンケはオランダ在住であるがドイツ人でありドイツでアートを学んだ。ナムジュン・パイクの教え子でもある。彼女は約一ヶ月滞在し、制作発表したのだが、その作品は『サンドイッチ道』というタイトルのビデオ作品だった。CASのボランティアはアンケとともにサンドイッチバーに行き、そこで好きなサンドイッチを注文する。私たちはサンドイッチをバラバラにし、パンを中に、具を外にひっくり返し、それを食べるのである。彼女はインタビューしながらそれをビデオで撮影する。サンドイッチを食べるとき私たちは「道」を意識しなければならない。それが注文である。それなりに美しい所作で食べようとはするのであるが、当然手はベタベタになり、なかなか上手くいかない。その撮影は数人繰り返される。編集では各々の出演者の間に、彼女が扮する「パンの中奇怪子」が登場する。彼女は空港で売っている外人向けのペラペラの着物をまとい、日本髪の鬘をかぶり、額に眉毛を描くという、奇怪な格好をしている。カタコトの日本語でナレーションするのだが、それはCASのサポーターに日本語をしゃべってもらい、それを聞きながらリピートしたものである。そしてそれを英語でもナレーションする。その英語も日本語のナレーションと同じく、彼女がサポーターにしゃべってもらった英語をリピートしたものである。私たちは外人がしゃべるカタコトの英語という、まさに彼女達が聞いている私たちの英語を聞くことになるのだ。彼女が来日したのは、そのときで二回目であったという。最初に日本で一番違和感があったのはサンドイッチだという。ヨーロッパのサンドイッチはもっと大きく食べごたえがあり、日本のコンビニで売っているような柔らかいものではない。彼女は「サンドウィッチ」が日本に輸出されることで日本語の「サンドイッチ」になり、似て非なるものに変化したことに興味を持ったということだった。それがこの作品を制作することの動機だったと言う。

彼女の作品にはたいてい彼女自身がどこかで出演する。他の作品『シュガーTV』では、彼女はテレビショッピングのタレントとなって登場する。そのタレントはカメラの前に立ち、カメラと彼女との間に設置された大きなガラス面（そのガラスはもちろん見ることができない）に向かってスプレー糊を吹き付け、砂糖をその面になすり付けて行く。本来の使われ方とは違う砂糖の効能を説明しながら、それは続けられ、最終的に画面は真っ白になってしまう。タレントはビデオ作品のなかで、その砂糖と糊のセットを販売しており、それは展覧会場でも購入することができる。確かにそのセットは商品であるが、その一方でその作品は美術作品としての商品性を失うという入れ子構造を持つことになる。

長々とアンケ・シェイファーの作品を説明したが、ここで注目すべきは、彼女が作品の素材としているものが、我々の日常や文化、あるいは消費の構造そのものであるということだ。ビデオ作品という特性はあるが、アート作品がそのまま消費材となる可能性に対し批評的であるということが理解できよう。

5 生産者としての作家

近年までの美術作家は、生産者であった。造ることとはすなわち生産することで、作品が流通していくシステムは一般的産業とは規模の差こそあれ、商品となんら変わることはなかった。しかし急激にそのあり方は変化している。それは消費スタイルが、流通の変化や商品のあり方を変えるように、作品もスタイルを変え、その消費のあり方もモノとしてだけでなく、表現の質として作品のあり方を変化させたといえる。たとえば商業の発展が壁画や板絵からキャンバスを生み出し、絵画の形態を変化させたように、現代においても絵画から平面へ、オブジェからインスタレーションへと、作品の形式はその時代と発表場所の建築的あるいは社会的な要因に影響される。またそれは陳列場としての美術館やギャラリー、いわゆるホワイトキューブ自体のあり方をも変化させ、批評する作品の出現を表している。

ホワイトキューブ批判はアドルノの「美術館は作品の墓場」という言葉に代表され、またはフーコーが『監獄の誕生』で指摘した美術館とはパノプティコン（全展望監視システム）であり、収集、展示されることはアーティストの表現をスポイルすることに繋がることは様々なところで指摘されている。七〇年代アメリカで使われ始めたオルタナティブは脱ホワイトキューブ、脱体制という意味で生まれ、アーティスト・イニシアティブとともに発展してきた。それがヨーロッパに渡り、様々な展開をすることになる。そうしてそれはアーティスト・イン・レジデンスという概念につながり、その場所と機会を「いま、ここ」として捉え、アーティストがアートの主体となるべきであるという意思を強めて行く。私が最初に招聘されたヘット・アポロハウスはヨーロッパでは初期のオルタナティブスペースであるが、ディレクターのパウルは世代的なものもあるだろうが、かなり美術館やアートマーケットを批判していた。美術館における企画が、その作品の意味を作家の意図通りに鑑賞する為にあることは稀であり、ほとんどの場合それは展覧会意図を表現するための手段として作品が集められる。ギャラリーが扱うアーティストもマーケット中心にならざるを得ない限り、アートマーケットの動向に沿った作品や作家の扱いにならざるを得ない。それが耐え難いものであったことは、インスタレーションやサウンドオブジェの先駆者であったパウルには当然のことであっただろう。そうしてオランダではアポロハウスの設立の後に数々のアーティスト・イニシアティブが設立されている。

6　ふたたびオランダへ

アンケ・シェイファーを招聘した翌年、今度は私たちがレジデンスのためにオランダに行った。私たちはロッテルダムにあるデュエンデ（Duende）というアーティスト・イニシアティブの組織に滞在する。デュエンデはオランダでも最も大きな組織で、アンケはそこのメンバーである。

デュエンデは、廃校をスタジオとする十人のアーティストらが一九八四年に設立した組織である。スタジオの維持管理と展覧会やプレゼンテーション活動を行う二つのグループから成り、内外のアーティスト、建築家、デザイナー、映像作家等のスタジオ・スペースと、展示、交流活動等のゲストスタジオを運営している。映画を専門に扱うスタジオ・エン、美術と映画の領域をめぐるワークショップ、シンポジウムなども組織している。またセンター・オブ・ビジュアルアーツ（CBK）にスタジオの一部を提供し、モンドリアン基金、ロッテルダム・アーツ・カウンシル、CBK等の財団の支援をもとに活動を進めている。

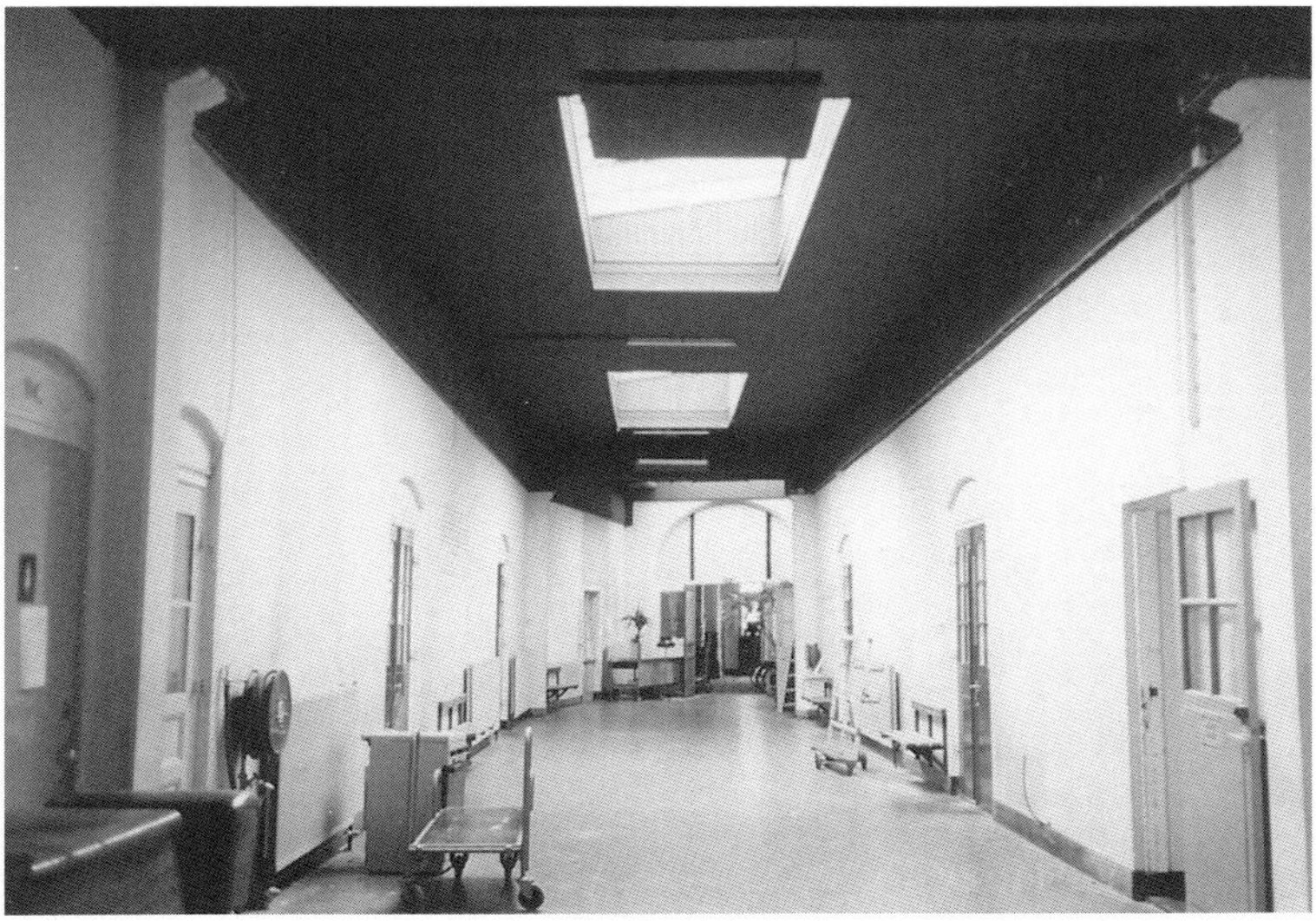

写真3　デュエンデのスタジオ

写真4　TENT

私たちはそのロッテルダム郊外にあるデュエンデに滞在し、CBKが運営する市内中心部にあるTENTで作品を発表した。TENTもやはり廃校をリノベーションした会場で、一階にはアーティスト・イニシアティブと連携した企画や、優れた若い作家を紹介するための展示スペースがある。二階はパフォーマンスやシンポジウム、レクチャーなどのためのスペース、三階四階はヴィッテ・デ・ヴィット（Witte de With）という名のクンストハレ（Kunsthalle）がある。ヴィッテ・デ・ヴィットはその建物の前を通っている通りの名前で、同じ通りにはボイマンス＝ファン・ベーニンゲン美術館（Museum Boijmans Van Beuningen）、近所には実験的なパフォーマンスやメディアアートをサポートしているV2もある。このV2は印刷工場をリノベーションして使われており、できた当初はプライベート組織だったが、現在はロッテルダム市の助成で運営されている。またボイマンス美術館もCBKによって運営されおり、ヴィッテ・デ・ヴィット通りにあるほとんどの重要施設が市の助成を受けていることになる。CBKは、展覧会関係の部門、公共施設とコミッションに関する部門、アートの貸し出し部門、オランダ人の芸術家に関する情報を提供する情報担当の部門、個々の芸術家が申請して得られる補助金を管轄する部門、外部との折衝をする部門の六つの部門から運営されている。このような部門がオランダの各主要都市にあるのだが、日本の都市の文化事業とは比較しようがない差を感じる。

このCBKは六〇年代から始まっているが、このような組織が生まれる経緯には、同じ六〇年代にアーティストが集まってユニオンを形成し、そのことでアーティストが政治的な力を持つようになったことが重要である。その後、アーティストのユニオンとオランダ政府の社会問題省が一緒になってBKRを創る。BKRはビジュアル・アーティストに関する法律またはサービスのようなものである。オランダ政府の社会問題省から国内すべての市に一定の予算を配分する。各市にはアーティストによる委員会が設けられ、その委員会がプロとして認めたアーティストに関して、市がその予算を使って買い上げる制度である。しかしそれは単なる買い取りではなく、アーティストは三ヶ月ごとに芸術作品を発表することが義務づけされる。それを市が一般に貸し出して収入を得るという仕組みで、アーティストは政府から一定の経済的保障を得ることで社会的に安定する。また政府がアートを重要視しているという評価を得ることもできるというポジティブな意味があった。しかしアーティストは作品の質を問われなかったため、買い上げる作品の質が悪くなるという事態をまねき、そのシステムは一九八七年に廃止された。七〇年代に貸し出しサービス機関とBKRが一緒になりCBKが生まれる。BKR廃止後、文化省管轄に移った予算はいくつかの大都市に分割され、CBKにその予算を自由に使う権限が移譲されることになった。

九〇年代ヨーロッパではアート界に大きな変化が見られた。アーティストが自ら展覧会のキュレーターをつとめたり、批評を書いたり、それらが評価されたりといったことが見られるようになった。従来の伝統的な反コマーシャリズムとしてのアーティスト・イニシアティブだけでは無く、放送局や雑誌のメディアに携わったり、社会的なサービスやソーシャル・ケアに関わったりする動きが見られるようになる。しかもその活動は大がかりになり、長期性を持ち公的機関より大きな予算を持つような組織も存在するようになる。前出のヘット・アポロハウスの時代である七〇年代にはアーティスト・イニシアティブはアートを巡る状況、いわゆるアート・シーン（美術館やギャラリー）に対する代替え的なスペースという捉え方や、「コマーシャル」対「ノン・コマーシャル」、あるいは「自主的」なもの対「帰属的」なものという対立項で捉えられていた。しかしTENTではそれらの対立するものを統合しようという認識になっており、アーティスト・イニシアティブの創造性や考え方を公的な芸術活動や構造体の中に取り組むという考えになっている。

私たちはそのTENTの協力のもと展覧会を行い、後にTENTアカデミー・アワードやCASアカデミー・アワードの交換展示などの交流を行うことになる。

7　オランダからベルギーへ

私たちのアーティスト・イニシアティブは一応の良い評価を受け、翌年には他のヨーロッパ諸国へと広がりをみせる。オランダ（ロッテルダム）のデュエンデ（Duende）、ベルギー（ゲント）のＥＩハウス（EI Huis, Experimental Intermedia vzw）、ドイツ（ドルトムント）のメックス（MeX）、（ケルン）のモルカクライ・ウエルクスタット（Moltkerei Werkstatt）、（ライプチヒ）のアウシュテルングスラウム（Ausstellungsraum）、（ミュンスター）のキューバ・カルチュア（c.u.b.a.-cultur）と交流する組織が拡大した。ＣＡＳはオランダからケリー・スミッツ（Kellie Smits）、ドイツからルッペ・コセレック（Ruppe Koselleck）を招聘した。ケリーはデュエンデのメンバーでは無かったが、ＴＥＮＴがロッテルダム在住の作家に対してレジデンスの公募をしたもので、当時まだ二十二歳の若いアーティストであった。この選出方法はデュエンデとＴＥＮＴの結びつきを強める為に意図的に企画されたものであった。

彼女がＣＡＳで発表したものは、ビデオインスタレーションと、自分の下着を天ぷらにしたオブジェだったが（タイトルは「天ぷらブラ」）作品をタイトルから想像すれば理解できるように、とても売買できるものではない。彼女は帰国後、プールの水面に割った生卵を一面に浮かせ、そこにダイビングするというパフォーマンスとビデオ作品を制作したという。

ルッペ・コセレックは小さな小指の先ほどの人形を集めている。それは世界中の警察官の人形なのだが、それを持ち歩き、旅先のいろいろな場所でその人形をチューインガムで固定し写真を撮ってくる。あるいは、道端に落ちている小さなゴミを拾って、それを作品にする。私たち日本人にとってゴミは見慣れた不要のものでしかな

写真5　EIハウス

写真6　アウシュテルルングスラウム

いが、それがドイツ人の、あるいは欧米人のコンテキストによって解釈されたとき、全く異なった意味合いを持ち始めるという作品である。これもケリーの作品のように既存の美意識や所有する欲望を刺激するという意味では反コマーシャリズムであり、売買は困難な作品である。

私たちはこの年、ベルギーのＥＩハウス、そしてライプチヒのアウシュテルングスラウムに招聘される。ＥＩハウスはケルンの運河に面し、すぐ前の道に路面電車が走っているというロケーションにある。ギャラリースペースには人が入ることができず、道に面した窓から中の作品を観ることになる。対岸は美しい景色で、夏の終わりに行った私たちは、なかなか暮れない日を楽しみながら、マグリットの風景画がベルギーの景色を写実的に描かれたものであったことを知る。ＥＩハウスはそのロケーションの特性から、かなり展示が難しいスペースなのだが、私たちはその特性を生かし、外を走る路面電車の騒音を作品に取り込むことにする。騒音をマイクで取り込み、その音を高周波に変換し、それによって積み上げた蛍光管を明滅させるという作品である。いわゆる典型的なサイトスペシフィックな作品である。このような場の特性を利用した作品は、近年一般的にみられる傾向にあるが、それはやはり、作品のあり方を単に商品として捉えるのではなく、アーティストの制作発表行為が現場と繋がり生き生きとした現実を生み出すことを求める意思が反映されているのではないだろうか。

前回のオランダとこのベルギーで、私が技術サポートを頼んだのは新堀博市で、水銀灯開発のエンジニアである。彼は毎回一ヶ月以上私たちの滞在につきあうことになる。彼はＣＡＳの中心メンバーとなるのだが、このレジデンス経験をきっかけに長年勤めていた会社を退職し、フリーのエンジニアとなることを決意する。これは特殊な例かもしれないが、レジデンスのサポートをすることは、単にアーティストの社会的立場だけの問題でなく、就業やボランティアのあり方をも含めた社会的サポートの必然性を考えさせる例である。

ＥＩハウスの正式名はExperimental Intermedia vzwであるが、この名前が示すように基本的には実験的なメディアを使った作家の展覧会を中心に行っている。この組織はマリア・ブロンデール（Maria Blondeel）がディレクターを務めており、彼女もビデオやプロジェクターなどの新しいメディアを使用しているアーティストである。展覧会の準備中、私たちは何度か彼女の家に招待されモスレン（ムール貝）を食べさせてもらう。有名なマルセル・ブロータス（Marcel Broodthaers）の鍋一杯に山盛りになったあの作品『ムール貝の大鍋』がまさにそのまま出てくる。そこで、彼女のドキュメンテーションを見せてもらい、また今後の作品プランの話を聞いたのだが、それは私には驚くべきものだった。

彼女はショートビデオの作品を多数作っており、それは三分から五分程度のものが中心である。それはアンビエントな音楽がバックにゆったりと流れる抽象的で美しいイメージ映像であった。それを彼女はいわゆる展覧会場で発表するのではなく、電波を通じてテレビに流すという。それも番組内で放送するのではなく、番組と番組の間のコマーシャルの枠組みで流すというのだ。私にはにわかに信じられなかった。それは実現可能なのかと聞くと交渉中であると言う。日本のテレビの枠組みが高額な広告スペースとして売買されていることは良く知られている。今日、日本ではテレビチャンネルは増え続け、多くの番組が垂れ流しと言って良いほど放送されている。その番組には当然スポンサーが付き、そのことで制作費が賄われていると考えるのが自然である。しかし実際には、その番組制作費とコマーシャルに切り売りされている時間単価は比例するものではないだろうから、短い時間をそういうプロジェクトのために放送局が割くことは可能かもしれない。あるいは具体的なメッセージのないコマーシャルとして、たとえば企業がメセナを行うようなかたちで、ここではマリア・ブロンデールの作品を放送することもできるはずである。公共広告機構のコマーシャルのように商品を広告する為のものではないものも流されているのだから可能であるはずだ。また震災や皇室崩御や震災などの非常時には番組のスケジュールは瞬時に改編され、番組とコマーシャルが対応するものではないことを私たちは経験している。アートに対する価値のあり方が、道徳や非常時に対する事象に等価値とは言わないまでも、社会的に評価されるとき、マリアのようなプランを実現する可能性が皆無であるとは言えない。

昨年、ある民放局の社員とそのような世間話をする機会があった。しかし彼はこの話をあまり面白がることはなかった。それは、彼らにとって放送時間はすなわち金銭であり、高額で取引されているその場にアートが入る余地など全くないという理由からであった。実際に放送や土地などの既得権益を商業資産としてのみ活用するのか、あるいは放送のような公共性のあるものを放送局とスポンサーという資本の枠のみで使用してよいのかは議論のなされるところであろう。つまり放送局にとって重大事件や災害などは公共性があるが、アートには公共性がないと言うのと同義であると考えるのは言い過ぎであろうか。

オランダでは、一年以上使用されていない土地・建物を占拠し、それを二十四時間維持することが出来ると不法侵入とは見なされず、使用することが出来るという法律がある。土地神話の強い日本では考えられない法律だが、それは土地が持つ公共性をどのように捉えるのかの差異であろう。前出のデュエンデのみでなく、オランダのアーティスト・イニシアティブの組織にはそのように（スクワット）して確保したスペースが多い。また一九五〇年代、アメリカのニューヨークのソーホーにアーティストたちはスクウォッターとして住みついていた。しかし一九六〇年、工場火災が起こり消防署はロフトから封鎖処置をはじめた。アーティスト達は、The Artists Tenants Association（ATA）というユニオンを結成し、アーティストがロフトに住む公的権利を与えるように市長に対し運動を開始した。そうして「ATA」の千人近いアーティスト、それを支持する画廊、美術館、政治家たちのねばり強い努力によって彼らはロフトに住むことができるようになったという歴史もある。アーティスト・イン・レジデンシーもこれがきっかけでATAと市長側および消防署・建設局とのあいだで論議が繰り返され、一九六一年から市のプログラムとして始まる。こうやって事例を挙げていくと、これらのアーティストの戦いはまさに既得権益や経済のあり方との戦いにも見える。

ゲントでの滞在の後、我々は旧東ドイツのライプチヒへ向かった。ライプチヒは本のメッセで有名な都市で、森鷗外が留学していたライプチヒ大学は日本人にも馴染みがある。私たちは途中ベルリンに二日ほど観光で滞在し、そこからドイツの新幹線（ICE）に乗りライプチヒの中央駅に到着する。ヨーロッパ一の発着路線を持つこの駅のプラットホームを出ると、巨大なジャン・ティンゲリーの彫刻に驚かされる。駅から電話して今回のレジデンスでお世話になるアウシュテルングスラウムのステファン・ミュック（Suteffen Mück）に迎えに来てもらう。車で十分ほど走り、三階建ての瀟洒な建物に案内される。

アウシュテルングスラウムもやはりアーティスト・イニシアティブの組織で、ステファン・ミュックとやはりアーティストでパートナーのシモーネ・ミュック（Simone Mück）が中心に運営している。聞くとその建物は元幼稚園で、未修繕の状態でオーナーから借りているということだった。そう言われると確かにドアの位置や部屋のサイズなど、なんとなく違和感のある構造になっている。旧東ドイツということで、私たちの拙い英語が通じにくく苦労しながら制作は行われたのだが、私の興味は自分たちの展覧会の内容より、東ドイツ時代のアーティストとはどのような存在であり、どのような待遇を受けていたのか。また、ベルリンの壁崩壊後、彼らの生活と価値観はどのように変化したのかということであった。制作と生活の合間、私はステファンに色々と質問した。まず聞きたかったのは、東ドイツ時代のアーティストの生活である。彼は私と同年代でドイツが統合された一九九〇年には三十歳前後であった。彼はライプチヒ美術大学を卒業しており、そこを出ることは大変なエリートだったらしい。その大学の学生は大変少数で、卒業度はそのままその大学の教師として残るか、絵を描いて生活するかどちらかになる。絵は全部政府に買い上げられ、当然生活は保障されるという。

壁崩壊後、生活は激変する。いきなり西ドイツのアーティストと同じサバイバルに晒されるようになるからである。しかし一定の保護と援助はあるということだった。彼らは西側のアーティストと同じく、自分たちのプログラムや展覧会の為に政府に助成を求めるのだが、ある年数は西側より優先的に予算が配分されるということだった。生活は大変かと聞くと、困難だが旧体制時代より楽しくやりがいがあるという。旧体制時代、西側のアート情報はほとんど入ってこなかったという。仲間でアートの議論はするが、せいぜいピカソ留まりでそれ以降の情報は全く無かった。そのような状況から、現代美術が一斉になだれ込み、我々は何をしていたのかと思ったという。

アートとは直接関係ないが、ドイツのアーティストから聞いた面白い逸話がある。ベルリンの壁が崩壊した時、一番大きなトラブルはどんな事だったかという話である。それは路線バスに起きた。東ベルリンも西ベルリンも当然、路線バスが運行されている。統一は瞬時に行われるわけもなく、経済を始め徐々に着地するように進んでいったのだが、路線バスの相互乗り入れは、そのなかでも真っ先に行われた。運賃差は早急に是正されたが、問題になったのは運転手の給料である。両ベルリンの物価の差が埋まるのには時間が必要である。しかし突然同じ仕事をすることになった運転手の給料が西と東で大きく違っていたのだ。それは当然問題となり解消された。そうして、そこを中心に東西の給料格差が是正に向かったというのだ。

そういう問題はアートの世界でも起こった。ライプチヒ美術大学はドイツ国内でも有名で、古典的絵画教育に重きを置いていたことで知られている。統一後、新たにメディアアートを創設する代わりにその教育体制を維持することになったという。ライプチヒギャラリー（Galerie fuer zeitgenoessische Kunst）など実験的な現代美術の美術館もライプチヒ美術大学の隣に併設されているが、やはり現代でも絵画が盛んである。そこに興味深い現象が起きた。

「ライプチヒ派」という写実的でマニエリスム風の作家達が生まれ、それがベルリンなどの旧西ドイツで大変な評価をされている。私がライプチヒに行った、この二〇〇〇年にはまだこの「ライプチヒ派」という具体的な名称は誕生していなかったが、ライプチヒのギャラリーがベルリンに支店を出すなど、マーケットで成功を収めるという現象は既に起きていた。ベルリンのギャラリーではほとんどの展覧会が旧東側のアーティストで占められており、特にライプチヒのアーティストは良く売れているということだった。旧西側のアーティストによれば、彼らの発表の場が全く無いと言って良いほどだという。旧西側のコレクター達は、ライプチヒのアーティストの作品のなかに、古き良き時代のドイツの精神を見ることができるという。そういうノスタルジーと新しさが、マーケットに受け入れられブームになっているらしい。そのブームは現在でも続いており、自国のマーケットだけでなく世界のマーケットで成功しているという。

9　消費至上主義とアート

ライプチヒでのレジデンス以来、私は他のアーティスト・イニシアティブの招聘を受けることや、逆に欧米のアーティストの招聘を重ねている。私はそこから様々な貨幣と交換不可能な作品やプラン、あるいはアーティストの試みや活動から資本主義を乗り越えるヒントを学ぶことができる。しかし一方で、やはり私たちの活動の可能性や価値観が社会的、経済的な要素によって決定されていることも知ることになる。

たとえばポーランドの組織と交換交流展を企画しようとしたことがある。日本のアーティストが渡航の交通費を自分で持ちポーランドに行く事は、それほど難しくは無い。しかし物価の差が三倍あるポーランド人にとって、渡航費をどこかのファウンデーションから捻出できたとしても、日本での生活費がそのままアーティストの負担となってのしかかる。その問題がポーランドのアーティストを招聘する為の障害となってしまい実現できなかったのだ。

逆に日本独特の問題もある。欧米でのアーティスト・イン・レジデンスの期間は日本でのそれより長く設定されることが通常である。短くて三ヶ月、半年から一年、長いと二年という期間のものまである。欧米には数々のアーティストをサポートするファウンデーションがあり、彼らはそこから助成を受けて活動する。アトリエはスクワットで手に入れた無料に近い大空間を確保しており、助成を受けながら世界を周り、たまに作品が売れる。自らが生活するだけならなんとかやっていける環境があるのだ。

日本のアーティストはファウンデーションにもアトリエにも恵まれず、ほとんどが生活の為の生業を持っている。同じ条件で欧米に招聘しようとした場合、経済的な面だけでなく、仕事を休むという事が大きな負担になる。三ヶ月仕事を休む事が可能かどうかは考える必要もないだろう。日本は近代国家を自負し、経済も欧米に肩を並べるどころか世界をリードしている。しかしアートの環境をとってみれば、それがいかに欧米と異なるのか理解できる。もちろんニューヨークを例にとったように、欧米のアーティストが現在の環境を手に入れる為に、どれだけのリスクと活動を行ったのかを想像すると、日本のアーティストがいかに自分の立場に甘んじているのか、あるいは行動力と使命感の低さを感じる。だが、根本的に社会とアートとのスタート地点の違いとボタンの掛け違いは、日本のアートの不幸である。それでも私たち日本人の感覚ではアートは欧米と同じように存在し、機能しているかのような幻想を持っている。

日本が欧米化する為の手段、あるいは近代化する手段としての「アートの輸入」について前に触れたが、かつてロラン・バルトが『表徴の帝国』で指摘した、日本の都市の中心の空虚さは日本のアートのあり方にも同様にある。私たちのあり方の本質を問う場としてのアートにおいて、その周縁性のみを問題にする態度は戦後益々顕著になり、アートの借り物化は加速化している。

アートが貨幣と等価で交換されて行く流通の為には、すでに制度化されたアートの形式と素材の貴重価値が必要である。そして作品の保証と信用が流通の中に取り込まれそれぞれが評価となる。だがそこで得られる価値はアートという制度の中で、それに関わる人たち、経済的な社会成功を目指す人々によって階層化されており本質的なものではない。今日、アーティスト・イン・レジデンスプログラムが盛んになる背景には、アートの価値は交換不可能であり、そこから生み出される獲得物はそれを形成する場にギフトとして残されることに対する期待がある。そのギフトは「いま・ここ」として経験した人々に記憶され、場の中心として蓄積される。

今村仁司(7)によると、もてなしの慣行（hospitality）というドイツ語の古い意味ヴィルトシャフト（Wirtschaft）を十九世紀において保存したフランス語がl'economie socialであり、このsocialは「気前のよいこと」「他人を援助する」「相互扶助」を意味するという。しかしsocialは産業中心主義にとってかわられ、その本来の意味を無くしていく。

欧米中心のグローバル経済化や高度情報化は、近代国家の枠組みを超えて大きな文化圏を構築している。そうしてマルチカルチュラルな状況と概念をおこしたが、しかしそのことが様々な民族間や国家間あるいは人間同士の問題を解決したわけではない。世界の中で支配や管理のスケールが拡大したにすぎず、フーコーの言う「パノプティコン」のような管理システムが内在化し、アートに対し個人や社会が自ら管理者となってしまっている。それは経済的勝利者による意識されていない戦略なのだ。

都市や企業だけでなく、地域生活者さえもがバラバラに寸断され、日常は生き生きとした輝きを失っている。そうして資本主義経済の構造から不可避的に生じてくる非人間的な諸要素をどのように考え、解決を見いだしていけるのかが大きな問題となっている。私たち自らが活動や流通の主体となり、アートがアーティストのみならず、それに関わるすべての人たちのギフトとして機能するとき、私たちは眼に見えぬ支配から逃げ延びる手だてを手に入れることになるだろう。

（1）ヘット・アポロハウス（Het Apollohuis）一九八七年ごろからオランダのアイントホーフェン市の援助を受け主に実験的芸術活動の拠点として活動。

（2）ハーミット・ファウンデーション（Hermit Foundation）は一九九二年から毎年、開催されたプログラムでシンポジウム、滞在学習、セミナー、ワークショップ、交流会、展覧会、コンサート、イベントなどを企画している。場所はチェコ共和国の首都プラハから西へ百キロ程行ったプラシ市でハーミット財団が実施。プロジェクトは、プラシ修道院を会場とするアーティスト・イン・レジデンスで、年毎に設けられるテーマの下に世界各国から大勢のアーティストが集う。現在は中止している。

（3）北澤憲昭『眼の神殿』美術出版社、一九八九年。

（4）佐藤道信『日本美術誕生』講談社選書メチエ、一九九六年。

（5）http://paper.cup.com/cas/lecture/tukuru/tukuru.html に対談の記録がある。

（6）マーク・シェル『芸術と貨幣』（小澤博訳）みすず書房、二〇〇三年、一六五頁参照。

（7）今村仁司『交易する人間』講談社選書メチエ、二〇〇〇年。

青少年支援のベースステーション
――「自己／他者」「決定」「責任」をキーワードに

田中俊英

序　土台あるいはベースステーション

僕は、不登校・ひきこもり・ニートと呼ばれる青少年たちが社会に再参加するための支援をもう十五年くらいしている。

青少年たちは、現代の消費文化・若者文化の洗礼を浴びながらも、一方では仕事や学校といった「社会」に参加していないため、多くの場合孤立状態の中にある。支援の対象の青年たちの多くは、生活の実態としては、時々一人で外出するていどのひきこもり的な状態にある。ネットやメディア等を通してであるが、それら強力な消費文化のまっただ中にいながらも（たとえばDVDやゲームを多量にネット購入する等）、生活状態としてはひきこもっている。彼らの多くは、通常の「仕事をしなければいけない」という規範意識を抱きつつ、仕事もし遊びもする「普通の若者」になりたいと思っている。しかし、現実はそれができず、消費文化の中に身を置きながらも、実質上社会から取り残されるという、ねじれた位置にいる。

この、社会から取り残されてしまっている青少年への支援に関して、ここでは、「自己と他者」「決定」「責任」

に絞って考えてみる。これは、おそらく、「哲学」というジャンルに属する問題系だ。

消費社会の是非については、ここでは考察しない。なぜなら、僕が支援者だからだ。青年たちの多くは、何よりも、ネット空間上だけではなく身体的にも現実の社会に再参加したいという欲求を持っているように見える。自分をひきこもり状態に追いやった「社会」を憎みながらも、一方では、そんな社会に憧れる。そんな二律背反の内面をもつ青年たちをとりあえず僕は支援している。社会に再び入りたい、そうした欲求をまず手伝うというのが僕の仕事の優先順位となる。仕事を離れた僕個人としては、今の社会（消費社会でもいいし企業社会といってもいい）がよりよく変化することを願っている。だが一方では今の社会に入りたいと強く思う青年の社会参加を手伝うのが自分の仕事でもある。社会変革を強く願いながら、現実の支援の仕事も土台づけたい。この拙文は後者の作業の一環だ。

また、この文章を書く目的はもう一つある。それもまた「哲学」と関係する。

僕の仕事はいくつかの様相を持っているが、たとえば個人面談の現場においては、いわゆる心理学的アプローチが主としてとられる。支援者間の話し合いの場は、福祉や医療の専門用語が普通に乱れ飛ぶ。行政や民間団体とのネットワークも重要な仕事である。

専門的関わりも重要ではあるが、同時に、青年たちとの一対一の、雑談も交えた通常の人間関係も非常に重要だ。僕は、アニメやスポーツの話を青年たちと交わすのが大好きだ。会話をはずませるためにも、そして自分の趣味の追求のためにも、毎日いろんなアニメをみたりスポーツ新聞を読んだりしている。

また、昨今のニート問題にも顕著であるが、青少年支援の現場は常に新しい言葉で溢れている。古くは登校拒否が不登校に言い換えられ、そして「ひきこもり」の出現、角度は異なるがアダルトチルドレンというのもあった。で、二〇〇四年頃から「ニート」が流行し始め、それはあっというまに日本語になってしまった。これら流行語に流されないためにも、たとえばその背景にある教育制度の問題や、トラウマ等の心理学概念の理解、格差社会についての専門的分析等に一応目を通しておかなければいけない。

それらが総合力となって青少年支援の力になっていくと僕は思っている。それは実際そうなのである。そして毎日が慌ただしくすぎていく。青年や保護者との面談、行政・医療機関・他団体との打ち合わせ、講座運営、そしてアニメトークやそれを支えるための自宅深夜のアニメ鑑賞。電車の中では格差社会や教育・福祉改革の専門書を読む。言い換えると、僕自身、青少年支援のためにさまざまな物事を「消費」している。

くりかえすが、これらが青少年支援の直接的力となっていることは確実だ。しかし率直に言うと、それらを力としながらも、同時に何かに流されている感じもしている。

何かが物足りないのだ。毎日慌ただしく仕事をこなしているうち、その「物足りないもの」は徐々に大きくなっていく。

この拙文は、その「物足りない」感覚を補うために（毎日の慌ただしい「支援のための消費生活」に流されないために）、「自己と他者」等をキーワードにして書かれた。そこは、青少年支援の具体的現場を支える社会資源や専門知識を、その下にあってさらに支えているであろう場所だ。一番下にある「場所」、「土台」、または、喩えて言うならコンピューターの無線LANにおけるベースステーション的位置。そのために少しだけジャック・デリダの力を借りる。

日々流される僕の感覚を哲学は少し押しとどめてくれ、たとえばデリダの理論は、青少年が根源的に悩み苦しんでいるコミュニケーションや責任の重さをどう捉え、どう受け止め、そしてどう乗り越えていくかについて、僕にヒントを与えてくれる。青少年支援の周辺で流れる速い（さまざまな意味での消費の）サイクルを一時的に切り、そこから抜けだす時間を僕に与えてくれる。その根源的場所に時々立ち止まらなければ、僕は仕事を続けることができないだろう。

1　窮屈な「自己」——教室の思い出

最近はほとんど映画というものを見なくなったが、それでも一年に数本は見る。しかも、自分の仕事で接する青年たちから教えてもらうものを、次の面接・出会いに向けてのいわば「資料」として見るという、なんというか、かなり不純な動機で見ることがほとんどだ。

ここ数ヶ月の間で見たもので一番印象的だったのが、少し古い作品ではあるが、岩井俊二監督の『リリィシュシュのすべて』だった。評判通り、この映画は重く、暗く、見るものをどっと疲れさせる。十四歳の少年少女たちの「リアルな」心的世界を描ききったと一部では評判になったそうだが、ここではそうした映画評はやめよう。僕がこの映画を見て最も感心したのは、実はストーリーでもシナリオでもキャストでもなく、岩井監督が描き出す独特の「教室」の雰囲気だ。

といっても僕は、同じ監督のものでは他に『ラブレター』しか知らない。だから岩井作品を語る資格はないのだけど、僕が見た二本ともに、学校や教室のシーンが印象的に描かれている。その二本はまったくテーマが異なる。一方ではいじめや思春期の孤立感が、もう一方では恋愛が主としたテーマだ。しかしそこで背景として、あるいは画面いっぱいに捉えられる光景として取り上げられる「教室」には、似たような雰囲気が漂っている。狭く、空気が流れているのが感じられ、ぎゅうぎゅうに人が押し込まれている。そこには同じ服を着た少年少女が配置されており、妙に不安定な感情や言葉が流通し合っている。それら不安定な感情表出を持つ人間たち、安定とはほど遠い奇妙な人たちは、互いに交流しながらも、強烈に「自己」を意識している。未発達な言語をもとに交流し、時には身体的接触も交えながらコミュニケーションを図っているにもかかわらず、そこには激烈な自己意識と、その不安定な自己意識をベースにした他者への接触がある。

正確にいうと、岩井作品はそうしたことを具体的には描かない。その映画は、僕のもつ、そうした「教室」体験にまつわる諸印象を一瞬にして思い起こさせる装置として働く。画面に映し出されるその独特な映像が、二十年以上前に体験した僕自身の思春期の感覚をよびおこす鍵として、あるいは、僕自身の体験と映画の中の教室とを並列に置く何ものかとしてその映画は機能する。

その頃（十七歳前後）僕は、いまだに何とも表現しにくい感覚や考え方とともに毎日を過ごしていた。今もつ言葉で表現すると、それを、たとえば「大人社会への違和感」とか「規範との摩擦」とか「同一性の揺らぎ」とかいろいろ説明できるのだろう。他にも説明する言葉はあるのだろうが、こうして書いていてもそれらを鼻で笑ってしまう。そんな、思春期を形容する言葉など、通俗的な表象だ。これがどれほど専門的になろうとも、いまひとつ僕は信じる気にはなれない。

ただ、ひとつだけあの頃の教室での感じを表現する言葉があるとすれば、それは「自分」という言葉かもしれないな、とは思う。人によって思春期の過ごし方は違うだろうが、僕にとってあの頃は、「自分」がすべてだったように思われる。教室の中、小さな机に向かいながら、対角線上でこちらのほうを見ながら会話する女生徒を強く意識したり、授業中、教師に当てられた瞬間顔面が熱くなるのを感じたり、国鉄の列車の中で斜め向かいに座った大人と膝が接触しないよう姿勢を硬直させたりと、どういう状況においても緊張は持続していた。その緊張の意味が当時はほとんどわからず、日々、内面の不安定さに流されるままだったのだが、今から思うとあれらの緊張の根っこにはすべて「自分」があった。自分対女生徒、自分対クラスメート全員、自分対教師、自分対列車内の客、自分対家族……、なぜだかわからないが、一方には「自分」があり、その「自分」が他のものたちと対立している。いつから成立したのか、またそれを成立しているといえるのかどうかもわからず、とにかくこちら側には「自分」があり、高く長大な壁（もしくは絶望的に深い溝——いずれもありきたりの比喩だが）を挟んで、向こう側には「やつら」がいる。「やつら」は、生徒・親・教師、立場に関わらず「自分」と対立する。

この「自分」を、自己とか自我と言い換え、「やつら」を他者と言い換えてもいい。僕の思春期時代は、このような「自己vs他者」という構図を深いところで常に抱いていた。現在の僕は、この構図がいかに人を窮屈にさせるかということを考えている。たとえば、この「自己vs他者」の「vs」を外して、「自己／他者」というふうにただ並べるだけだったり、「他者の視点から自己を考える」と言い直しても、問題は変わらない。一方に自己があり、もう一方に他者がある限り、それらが対立しようが並立しようが一方によって支えられようが、自己と他者という世界の捉え方からは逃げることができない。

岩井俊二の描く「教室」は、僕にとって、これまでの体験の中で最もストレートに自己と他者の関係が表面化していた頃の感覚を導いてくれる、プルーストのマドレーヌのようなものなのかもしれない。だがそれよりも、画面上に展開される教室、あの教室そのものが、「自己と他者」という概念で満たされた世界に思えてしまうのかもしれない。その世界の中では、思春期の僕のようにすべての他者を敵に回しているものもいれば、他者からの承認を肯定的に受け止めているもの、あるいは他者がいるからこそ自分が存在できると考えているものなど、さまざまな人がいるだろう。しかしいずれにしろ、基盤には、そこに自己と他者がいるという構図がある。あの教室、あの映画を見ることで、その構図を僕は意識してしまうのかもしれない。現在の僕にとってその構図は非常に窮屈なものとなっており、そうした考え方を過去に抱いていたことをありありと思い出させてくれる岩井の「教室」は、それだからこそ今年見た数本の映画の中でも印象に残ったシーンとなったのだとも思った。

2 「自己決定」に苦しむ

「自己」あるいはその裏返しとしての「他者」へのこだわりは、その後時を経て現在のような仕事をするようになってからも、形を変えてしぶとく僕の中に残っていた。

不登校の子への訪問活動を始めた頃（九〇年代前半）、いろいろ勉強する中でこれだけは守ろうと思ったことが三つある。それは、「自己決定の尊重」「子どもの利益の最優先」「守秘義務」の三つであり、特に最初の自己決定を何よりも僕は重視した。今から思うと、なぜあれほど自己決定にこだわったのかは自分でもわからない。たぶん当時、社会に俄にまきおこった「自己決定ブーム」のようなものに僕も影響されていたのだろう。とにかく何のためらいもなく自己決定を受け入れ、その実践に邁進したのだから、僕の中にあった「自己」への尊重は相当なものだ。そしてこの「自己」とは、何も僕に限った自己を指すのではなく、仕事で出会うある一人の「自己」つまり目の前にいる不登校の子の「自己」も指している。僕から見れば他者である、目の前に座っているところの子どもの「自己」。その「他者の自己」が示す決定を厳密に尊重するということは、当時の僕の価値観にとっては当たり前のこと、それは言い換えると僕が生きていく上での前提条件みたいなものであった。

だから当時は、子ども（中学生がほとんど）の家に訪問し、子どもと接する際、徹底的にこの自己決定にこだわった。たとえば、訪問して子どもがまだ寝ているとする。この時、前日から僕が来るというのはたぶん覚えているはずなのだからそれでも寝ているということは僕の訪問がいやだということなのだろう。だからその「いや」という決定を尊重しなければいけないから、寝ていると親から聞かされた瞬間に帰ったことも時々あった。ないし、親が仕事に出かけており、子どもは寝ていたのだが僕のチャイム音でいやいやドアだけ開けてくれ、再び眠りに戻るという場面も度々あった。もちろんこの時も、子どもは寝るというほうを選択／決定したのだからそれを尊重しなければいけないと思い、帰ろうとした。しかし、ここで、寝ているはずの子どもになぜか声をかけられ、もう少しいろと言われたりする。僕は、もう少しいろという自己決定が下されたのだからもう少しいようと考え、ベッドの横で本を読み始める。

やがて子どもは本格的に目覚める。が、ベッドの上に座ったまま彼はぼんやりしている。僕は、「顔でも洗ってきたら」という言葉を言おうとするが、なかなかそれを発する勇気が出てこない。洗顔をすすめるということは、彼が自分の決定に基づいてこれから行なうであろうさまざまな朝の行動のリズムを邪魔することになるのではないかということを恐れたからだ。結局、態度としては僕は、本を読み続けているだけになる。こちらが何を言わなくても、子どもは顔を洗い、パンをかじる。そして、僕のほうに向かい、「今日は何をする？」と聞いてくる。ここで僕はまた、「子どもとのかかわりにおいて何をするかは子どもに決めてもらう」という原則にかえり、「何をするかは君が決めて」と言う。すると子どもは、「することなんてない」と言い、ゆっくりとテレビゲームの準備を始め、たぶん昨夜の続きであろうＲＰＧの続きを始める。ああ彼はゲームの続きをしたかったのかと僕は納得し、それを黙ってみることになる。

ざっくばらんな子であれば、僕が「何をするかは君が決めて」と言ったあと、「田中さんが来ても全然おもしろくない」と言ったりする。このとき、内心では僕は少し悔しい。僕はその頃いろいろ他にも仕事をしていたから、その一週間のあいだ、たくさん話すネタはあるのだ。また、そのあいだに、先週彼との会話の中で出たアニメも見ていて、そのことについて彼と話したいという気持ちもある。また、何となくこの頃彼はしんどそうな雰囲気を醸し出しているから、何か相談事でもあるのではないかと感じてもいる。しかし、訪問で出会ったほとんどの青年や子どもは、自分から「話がしたい」「悩みがある」などと持ちかけはしない。「何をするかは君が決めて」とこちらが言ったとき、「実は悩みがある」「今日はおしゃべりしようか」などと言われたことは、訪問という状況設定があいまいな場においてはほとんどない。

またたとえば、「ゲームをしたい」と積極的に言われたこともあまりない。他に、「勉強したい」「ビデオを見たい」「外出したい」等々、「決めて」とこちらが投げ出したときに、子どものほうから言葉として「〇〇がしたい」と表明するほうが珍しい。現実は、やることがないのであればこれしかないからという調子でゲームをしたり、いつのまにか会話していたり（その中でいつのまにか悩みごとが出たり）といった具合で進んでいく。その会話の中で、僕もいつの間にか調子に乗ってしまい、その週の自分の体験談をしたりアニメの感想を言ったりしている。

そのような家庭訪問を繰り返しているうち、厳密な自己決定を徐々に僕は守らなくなっていった。というか、自己決定というものがだんだんわからなくなってきていた。自己決定を守れば守るほど、「RPGをひたすら続ける子ども、それを黙って見守る僕、ただ時間だけが過ぎ去り、帰る」といったように、子どもと僕との関係はぎすぎすし始める。自己決定から自由になり、もう少し自然体で子どもとかかわると、二人の雰囲気は明らかに和らいでくる。その際、子どもの表情も明るい感じになっている。明るく和やかな雰囲気に押されるかたちで、僕の子どもと接する態度も徐々に変化していく。

そうした変化の究極が、たとえば進路決定という場面だろう。青少年支援の仕事を始めて数年も経つと、中学卒業／高校中退後ひきこもり→進路決定という場面に立ち会うようになってきた。具体的な支援の進め方は各子どもによって異なるが、いずれにおいても、本人と親御さんとの語らいの中に僕も何らかのかたちで参加した。親と本人、本人と僕、親と僕、といった組み合わせで繰り返し話し合う。また、志望校のひとつを本人と見学に行ったこともあるし、中学の担任と話しに学校まで出かけていったこともある。そうした中で、進路は徐々に決まっていった。いずれも決定は時間をかけてなされていったように思える。そしてこうした決定を、本人を含めた人々は「（本人の）自己決定」として納得しているようだった。実際は、何人もの「他者」との関係の中で「自己」はある決定をなしているように見えるのに。言い換えると、決定そのものはたとえば「〇〇高校へ行く」というかたちで明確化されるが、その決定の瞬間はなかなか見えず、事後的に「あれは自己決定だった」と皆が納得しているようにしか見えないのに。いったいそのプロセスの中の「自己」とは何なのか、そしてそれをとりまく「他者」とは何か。

僕はこの頃、自分の実践的変化に対処するためにいくつか本（主として臨床心理学）を読んだが、そのいずれもが物足りなかった。「共感」「受容」「アイデンティティ」等、それらの本には大切だと思われる言葉がいくつも散りばめられている。しかし、肝心の「決定」について、それにともなう自己と他者の関係について、そしてその両者間に破壊不可能なかたちでつきまとう「責任」の問題について、あまり満足できなかった。その頃の僕はかなり立ち往生していたはずだ。

3　コミュニケーションが先にある――デリダの「ウィ、ウィ」

デリダの本は難解で知られる。邦訳されたものも大量にあり、その半分くらい僕は持っていて、実際通読できたのはさらにその三分の二くらいだ。だから僕は不真面目なデリダファンにしかすぎないのだが、彼のその膨大な本の中で、何冊かが上の問題（自己と他者の問題）を考える時に重要な指針となった。ここでは主として「ユリシーズ・グラモフォン」をとりあげてみる。同書は、デリダの他者論のひとつである「ウィ、ウィ」というテーマについて簡潔に述べられているからだ。そして、膨大なデリダ思想の中から、僕の仕事と密接につながる議論もシンプルに語られている。

それは、「他者性との混交が先行する」ということだ。言い換えると、「他者とのコミュニケーションのほうが、『自己』の稼働よりも先にある」というふうにも表現できる。以下、少しややこしいかもしれないが、デリダを読み解いてみよう。

「ユリシーズ・グラモフォン」、タイトルからもわかるとおりこれはジョイスの『ユリシーズ』をテクストにしたものだが、同論文の真骨頂は後半の二〇ページ（章で言えば、6章と7章）にある。

そこでデリダは、我々が日常何気なく使用する「はい（ここではウィで統一する）」という返事の言葉を、二つのレベルに区別する。それは、デリダの表現を用いるなら、①「応答の先行性」としてのウィと、②「約束と記憶」としてのウィの二つだ。ウィには、常にこの二つのレベルがお互いを求めるようにして合わせられている。この二つを併せ持ったウィは、すべての言葉よりは「先に」ある。つまり、ウィがここで実際に音声として「ウィ」と発せられるかどうかは問題ではなく、会話の「条件」としてまずこのウィがあるということだ。(1)

デリダは「ウィ」には二つのレベル――「応答の先行性」と「約束と記憶」があるとした。ここでは「ウィ、ウィ」のうちの最初の「ウィ」、つまり応答の先行性としてのウィに絞り込んでみてみよう。

通常我々は「ウィ」「はい」「イエス」「オーケー」などと言うとき、そこでのウィを、相手に対する同意に含まれるそれほど意味のない一部として曖昧に大ざっぱに捉えている。だがデリダは、同意とか承認、あるいは承諾といった言葉では、このウィは説明できないとする。通常我々はオーケーとウィを混同したもの、同じものとして用いているが、デリダは、ウィがまず先にありそれがオーケーと言うことを保証する、とする。言い換えると、ウィはオーケー（同意・承認・承諾）を支えるレベルに存在するということだ。(2)

また、宣誓や指令や誓いなどにおいても、常にこのウィはそれらを支える条件となっている。「私は宣誓します」「私は誓います」等、宣言や誓いを行なうという行為そのものによってその事態が成り立つ、というこの種の発言を行為遂行的（パフォーマティブな）発話というのだが、この種のパフォーマティブな発話にもウィは含まれている。「私は宣誓します」に先行する場所には、現実に発話されても（「ウィ、私は宣誓します」）、発話されなくてもそこには必ずウィのレベルが埋め込まれている。

このウィが存在している場所は、自我とか自己とかいうものがうち立てられることに先立っていて、それら自我同士が交わす議論などが成り立つ前提となっている。デリダの文章をそのまま引用すると逆に混乱する場合が多いのだが、重要な箇所なので以下に引いてみよう。

「（自我に先だって——田中による略）、ウィは措定され、あらかじめ措定されている。エゴとしてではない、たとえこのエゴが意識的エゴであれ、無意識的エゴであれ、男性主体であれ、女性主体であれ、精神であれ肉体であれ、そうではなく、ウィは行為遂行的発言に先立つ力のごときものであって、この力 force は、たとえば『私』という形式 la forme du 〈je〉 をまとって、『私』が他者に差し向けられていること je s'adresse à de l'autre、それも、男であれ女であれ、かくも未規定な他者に差し向けられていることを徴づけている marque」（Ug 一五三頁、p126）[3][4]

ウィは、エゴ（自我）でもなく「精神／肉体」といった近代的二項対立で語ってしまえるものとしてあるのでもなく、「力」のようなものである、と明確にここでは述べられている。そしてこのウィという力は、一見「私という形式」をまといながらも、他者に対して差し向けられていることを徴づける。

デリダは、このウィに関して、「『私という形式』をまとって」として用心深く表現しながらも、どうしてもそこに「私」という語を使ってしまわざるをえないことの難しさについて率直に述べている。この点がデリダの特徴だと僕は思っていて、通常言うところの自我に先行するものとして「未規定で最小の差し向け」としてのウィがあるとして、それを差し向け adresse として表現しながらも、それはたとえば「私という形式」で語らざるをえないという。デリダは、「ウィという主題に関してはメタ言語は常に不可能であろう」（Ug 一五三頁、p127）とも言い切る。言語（つまりは自我のレベル）そのものがこのウィを前提としているため、言語ではウィは表現できない。だからそれは仕方なく、「私」として表現される。そして、ウィそのものは「痕跡」となる。

その痕跡のレベル、つまり「ウィという力による差し向け」のレベルこそが、先に書いた「他者性の混交の先行」だと僕は考えており、この一連の事態（他者性との混交の場として先行するウィではあるが、それは痕跡としてしか捉えられない）が、いわゆるデリダの「差延 différance」だと思っている。[5]

ところで、最初のウィ、応答の先行性としてのウィは、正確には「すでにして要求であるような応答の先行性」と呼ばれる。この、「要求である応答」が先行するとはどういうことか。

ウィにとらわれた「私」があるとして、ただしこの「私」のレベルは、先ほどの「私という形式」をまとわざるをえない力、つまり自我の措定以前のレベルでの「差し向け」を仕方なく「私」と表現したものだ、と考えたほうが議論の前後に整合性がつく。それを含意したところの「私」がウィと「言う」とする。もちろん、この「言う」も通常の発話ではなく、発話や対話の先行条件としての、前提としての「言う」になる（なぜならウィは言語以前のレベルにあるため、これもまた「私」と同じように仕方なく「言う」として表現されている）。このように、言語以前のレベルにおいて、「私」がウィと「言う」として、このウィは他者へと向けられている。ただし、この「他者」も、現実の具体的対象としての他者ではなく、「私」と同じようなウィの次元の他者だ。日本語的には「私」よりは「他者autre」のほうが少し抽象性が高くなるように思えるので、比較的こちらはウィのレベルの議論に馴染みやすいかしれない。

ウィは他者へと向けられているが、ウィと「言う私」がまず先行してそのあとに他者があるのではなく、まず他者が「私」に先行して「私」にウィを「言う」よう要求する。ウィに先行するものとして他者の要求がある。「私」のウィという応答は、他者の要求に対するさらなる要求としてあるということだ。(6)

つまりデリダは、先行性としてのウィのレベルでは「私」と他者がウィという応答を要求しあっていると言っている。（「私」と他者との）要求の順序は逆になっても支障はないとデリダはし、この他者性との絡み合いこそが自我や実際の対話に先行するという点が、「ウィ、ウィ」の議論の最大のポイントだ。そして、この先行する場所は我々の記憶にとどまることなく「痕跡」としてのみ残り、このあとから自我であり括弧のない通常の私、また、通常の言語が「遅れて」出現する、というのがデリダの描く理論だ。この「遅れ性」、精神分析的に言ってしまうと「事後性」こそが、さきほどの「差延」のうちの「延」の意味だと僕は思っている（もう半分の意味は「差異」。遅延と差異を組み合わせた差延はデリダの造語)。

4　楽になった

さて、この応答の先行性としてのウィは、実際の僕の仕事にどのような影響を与えたのかを振り返ってみようと思う。現実の対話以前の場所ですでに他者に対して「私」はウィと応答している、これは自我の領域では決してとらえきれないレベルにある、またこの「私」と他者のウィの要求は順序は問われない、というはなはだ抽象的な議論は、けれども僕を大いに勇気づけた。

というか、仕事をするのがすごく「楽」になったのだ。

僕はそれまで、青年たち(の自我)と僕(の自我)がどううまく出会い、どううまく関係を構築していくか、そのためには何を行なって何をしてはいけないのか、かなり細かく考えていた。もちろん、一人ひとりの状態に合わせて話す内容や態度や支援方針を変えたりすることは現在でも行なっている。それとは別に、その頃気を配っていた部分とは、そういう具体的援助局面を支える部分での、僕自身の相手への向かい方といったようなものだ。

上に書いたとおり、肥大した自我、コントロールのきかない自己(ここでは自我と自己をあえて区別していない)、これをどう変化させていくか、どう手なずけるかが、僕が十代から二十歳前後にかけていつも考えていた問題だった。その後青少年支援という仕事を始めてからも、目の前にいる青年たちが対人恐怖などといったあり方で「自己/他者」の問題を抱えていた。この問題は普遍性をもつ問題なので、誰がどこでいつこのテーマについて考えたり悩んだりしても不思議ではないのだが、僕が青年支援の仕事を十年以上続けている理由は、明らかに、僕の問題系と被支援者である青年たちの問題系がどこかでリンクしていたためだと思っている。

そうした、互いに自我や自己や他者やコミュニケーションなどの問題を抱えた者同士が顔をつきあわせたとき、当然何らかの緊張感が走るように感じた。少なくとも僕にとっては、相手の青年は今どんなことを考えていてそういう行動をとっているのか、また僕自身の発言に失敗や誤解を与えたところはないか、などと常に細かく計算していたように思う。いや違う。それは現在も意味合いは少し違うとはいえ行なっていることだ。非常にこのあたりは語りにくいのだが、仕事を始めた頃は、目の前で起こっていることをとにかくすべて言語的に（つまりは意識的に）把握しようとしていた。僕という自我をうまくコントロールしながら、また青年の自我の心理状態を類推しながら、できるだけ無難かつ友好的に与えられた時間をこなそうとしていた。

たとえば、当時は初めて訪問した際、多くの場合、細かな自己紹介を行なった。それは「僕は田中という名前で、主として不登校やひきこもりの人たち対象に訪問活動をしていて、かといって学校や社会に無理して連れていくことはしません。訪問している間、何をするのかは君が決めてください。ゲームでも何でも、君がやりたいことをいっしょにしたいと思います」等々といったもの。またこれに加えて、親からお金をいただいて訪問に来ていますと言うことも多かった。ちなみに現在は名前くらいしか言わない。相手の青年が警戒心が強そうでもできるだけ上のような直接的表現を避け、まずは「いい雰囲気」をつくることに力を注ぐ。そのために冗談を言ったり相手の趣味を聞いたりするが、これらもすべて「雰囲気づくり」のための題材としてある（本人の情報は事前に親から聞く）。

しかし当時は、言葉による詳細な「自己」紹介が誠実さのバロメーターだと考えていた。上の自己紹介の中には、たぶん青少年たちにとっては言ってほしくない情報がいくつか含まれているにもかかわらず、だ。それら言ってほしくない情報とは、「不登校」や「ひきこもり」という単語（多くの不登校やひきこもりの人たちはその事実を受け容れることができないために苦しんでもいた）、すべては自分で決めなければいけないということ（当時、自己決定の論理に苦しんだのは意外と青少年自身かもしれない。「今までまわりが決めてくれたのに学校に行かなくなったりひきこもったからといって『これからはすべてあなたが決めなさい』というのはひどい」という台詞を何人かの子どもから僕は聞いたことがある）、田中の訪問には親がお金を払っているということ（田中と接するのはいやではないが、そもそも自分のせいで余計な出費を親に強いている）などだ。

このように、こちらが誠実だと思って行なっていたことが逆に互いの距離を遠ざけていたのだが、これなどはまさに「自己」中心的な発想だった。

また自己紹介はほんの一例にすぎない。たとえばゲームをするにしろ、いっしょに食事をするにしろ、雑談をするにしろ、時にはトイレに立つタイミングも含めて、すべての行為に対して言語的に「意味」を見いだしていった。ゲームであれば「ここでウィニングイレブンをすると多くの場合彼が僕に勝利するだろうから、それは、彼が自信をもち我々の関係もより深まる」、食事であれば「多くの場合子どもたちは他人と食事することを避けるから、最も身近な他人である僕と食事することで人に慣れていってほしい」等々。一つひとつあげるときりがないのでやめるが、このように、出来事を言語的に細かく（そしてできるだけ僕にとって都合のいいように）把握する、というスタイルが基本にあって、こうしたスタイルがたぶん、僕がつくりだす支援の場面すべてに影響を与えていたように思う。一見くつろいでいるように見えながらも、どこかぎこちなく、どこかよそよそしく、そしてなぜか僕も子どもも両者が少し疲れてしまう、といった関係。

だが、訪問の仕事におけるそうしたぎこちない感じは数年もたつと薄れていったように思われる。これは言語的に計算してそうなったというのではなく、気がつけば何かがこぼれるようにして一つひとつ「ゆるんで」いった、と表現するとしっくりくる。仕事に対する現実の僕の「慣れ」の速度が、言語的把握の速度を追い越したのだろう。

その頃、僕が出会ったのが哲学であり、デリダだったのだ。言語と自我のレベルの「手前」で我々はすでに他者と出会ってしまっており、そこで我々は混交しており応答している、とするデリダの議論は、僕をすごく

「楽」にさせた。言語的な把握などは少し「後」に訪れるものであって、その前に他者と交流しているレベルがある、出会いにはどうしても自我ではコントロールできない部分が含まれている、という議論は、逆にそれまで仕事の意味づけに必死になっていた僕を何かから解放した。そして、実際に時間がたつにつれ「ゆるんで」いく仕事の場面のあり方を後押ししてくれた。

5 「決定」の意味づけ、「責任」の難しさ

このようにデリダの議論は僕を楽にさせた。日々の青少年との出会いの場面に加えて、「他者性の混交の先行」の議論は、「決定」についても驚くほど僕を楽にさせてくれた。

というのも、普通言われるところの「決定」の場面とはあくまで会話を通した局面、意識的局面、言語的局面で行われる。上に書いた通り、その言語的場面で行われる「決定」よりも実は先に、他者性との混交がある。2で記した「決定の瞬間は見えないが、いつのまにか進路は決定されていく」というのは、こうした先行性としての他者との交わりが土台となっているのではないか、と思えるようになった。そうした土台があり、そこで何らかの交わりがあり（つまりウィの交換があり）、その結果として言語レベルで他者たちとのやりとりがある。そのあとに何らかの「決定」がなされるのだが、そこでなされる決定とはあくまでも事後的なものだ。

言い換えると、そこでなされた決定は、本人が「この決定は自分が行なった」と思う程度のものであればよい。実際は、まずは言語以前の他者性との混交があり、次に他者との言語的やりとりがあり、それと並行するようにして自己あるいは自我あるいは主体の中での言語的思考・煩悶があり、それらの中から「何かをしよう」ということが浮かび上がってくる。自己の煩悶の前にすでに我々は、何らかの「決定」を（あるいは「応答」を）他者

たちとくだそうと動き出している。そして、言語以前の段階でそれはすでに準備されており、言語出現後も、「自己決定」のレベルと同時に、他者たちとのやりとりをとおした決定も進行している。だから、やがて何らかの「決定」はなされるものの、その瞬間が見えない。たとえばある朝起きたとたん、「今日はこれをしよう」と自我が決定したとしても、そのまえにすでに、その「これ」に関して、他者たち（身の回りの人間以外のメディアやネット上の他者も含む）と実際に言語的記号的やりとりがある。そのやりとりを支えるために、その下に「ウィ」のレベルがある。

つまり、「自己決定」は、コミュニケーションのあとに訪れる。そして支援の現場で重要なことは、その「決定」は、完全に自己自身が管理し下したものではないにしろ（換言すると、他者性がはじめから織り込まれているので「自己決定」という言葉そのものが矛盾するにしろ）、本人が「この決定は自分が下した」と自分で思えることなのだ。デリダ哲学としては自己決定という考え方は誤っているのかもしれない。たとえばデリダは別の本で、「主体は決して何も決断しえない」とまで言い切っている。(7) しかし、支援者としての僕は、事後性としての「自己決定」を認め、その決定は青少年自身が完全に青少年自身の自我によってなされたと伝え、青少年がそれを自分の意識内で納得するほうが、青少年自身の変化がより促されると考える。自己決定の論理は、少なくとも青少年支援の現場では使い勝手のよいツールなのだ。

このように、「ツールとしての自己決定」にまで僕はたどり着き、自分の仕事の根本方針が落ち着いた。本論の表現で喩えると、自分の仕事のベースステーションを設置することに成功した。

しかし、青少年たちはそうではなかった。相変わらず、社会問題としての不登校・ひきこもりは存在し、二〇〇四年頃からはニート(8)という言葉も登場した。だが僕としては、今まで書いてきた「自己と他者」「決定」などの根源的問題はときほぐしてきたつもりだった。けれども、ニートという言葉が現れ、青年支援の中に「就労」というテーマが明確に現れ始めて以来、今までそれほど考えてこなかった「責任」という概念が浮上してきた。

責任をどう考え、どう青年たちに伝えるか、これが最近の僕の課題のひとつなのだ。

ニートやひきこもりと名付けられる若者たちは、なぜ就労できないのか。またはなぜ就労が維持できないのか。就労にもいろいろな意味があるので、ここでは長期アルバイト・パートといった非正規雇用、正社員という正規雇用を「就労」ととりあえず定義付けしておこう。一日の単発バイトももちろん就労ではあるが、青年たちが抱える悩みからは若干解放されている部分もあるので、単発バイトは外すことにする。

就労できない理由はたくさんある。とてもここでは書ききれない。だから、ここでは本論の性格もあわせて「責任」のみをとりあげる。

僕の見るかぎり、青年たちは、仕事あるいは就労に向かう上で、「責任」を過剰に意識してしまうようなのだ。具体的にその責任の中身をみていくと、たとえば、仕事をするということには、当然「決められた時間にいく」という責任がある。これは、遅刻しない、突然休まないという最低限の責任だ。しかし、ひきこもりやニートと呼ばれている青年たちは多くの場合、昼夜逆転に近い生活か、睡眠リズムがバラバラな生活を送っている。そんな習慣が身に付いたなかで「決められた時間にいく」ということには、仕事慣れしている人たちからは想像できないほどプレッシャーを抱くようだ。それで彼らはどうするかというと、中には徹夜して遅刻しないようにしようとする人がいる。また、早く寝ようと思うのだが睡眠リズムが一定ではないためなかなか寝付けず、結局朝方まで起きてしまうという事態になる人もいる。いずれの場合も睡眠時間はほとんどないか、ない。徹夜組は、朝方寝てしまって仕事に行けないということもある。徹夜、または短時間睡眠をして仕事にたとえ行けたとしても、身体の疲労のためになかなか仕事が覚えにくいし、集中力の希薄さ（睡眠時間が短いと誰でもこうなる）から命ぜられた仕事をミスしてしまう。そういうことが続くと、たいたいの青年はその仕事を続けることができなくなる。

また、たとえば「言われた仕事をその通りにする」という責任も、仕事の中には当たり前のものとしてある。これに関して、青年たちの多くは、過剰にやり遂げようとするようだ。表現を変えると、完璧に、あるいは完全主義的に仕事を遂行しようとする。だが、仕事をそれまでまったくしたことがなかったり長いブランクがあったりすると、なかなか覚えられないのが通常だ。当然ミスもあるだろう。そうなると、上司から叱られることになる。青年たちとしては一生懸命やっているのに覚えられない、ミスをする、叱られる、というのは、きつい。そしてその原因は、仕事ができない自分にあるとし、自分を責める。と同時に、過酷とも思える指摘や指導をする上司・同僚に対して、反発も抱く。責任を果たすため、きちんと仕事をしたい。けれどもミスをする。その結果、自分を責めながらも、上司・同僚への反発心を強める。

ミスや誤解は仕事にはつきもの、といういわば「社会常識」は、長年の社会からのひきこもり生活のため身に付いていない。社会では、ミスを犯したり遅刻をした後、何らかの補完システムが常に働いているはずだ。それは本人の謝罪であったり、上司の言葉掛けであったり、ペナルティーであったりするだろう。また、よくみると、多分その青年のほかにもミスをしている人が職場にいるはずだ。他にも、適度に手を抜きながら時間内に仕事を仕上げてしまう同僚もいるはずだ。だが、青年たちにはそういう人を見る余裕がない。自分に課された仕事への責任感でいっぱいだからだ。

例を挙げればきりがないほど、青年たちは「責任」感でがんじがらめになっている。その責任感のために、就労に向かうことがだんだん億劫になってくる。そして自らの状態（ひきこもり・ニート）がますます延長されていく。

こうした青年たちに対して、その過剰な「責任」意識を何とかほぐせないものか、僕はずっと考えてきた。青少年支援のベースステーションとして、責任に関して何らかの捉え方はできないものか。それは実をいうと、現在も思考中なのだ。だから、上の「決定」議論のようなかたちで明瞭に示すことは難しい。けれども、ここでもデリダの議論は役に立つのでは、と思っている。ここで、「ウィ、ウィ」における、第二の「ウィ」、つまり「約束と記憶」のウィをみてみようと思う。

6　破壊不可能な責任——責任を越えて

責任 responsabilité は「応答の可能性」の意味も同時に持っている。責任を根源的に考えることは、それとセットになった「応答」について考えることでもある。

3では、デリダの「ウィ、ウィ」には二つのレベルがあり、それは「応答の先行性」のウィと「約束と記憶」のウィであると書いた。本論では僕の仕事の変化を簡潔に述べるために「他者性との混交の先行」をあえて強調したかったのでこの「約束と記憶」のウィについては触れなかったのだか、実は、第一のウィには自動的に第二のウィが合わせられ重なっている。

言語に先行する場所で、「私」としてしかとりあえずは表記せざるをえない「私」は、すでにして「(言語以前のレベルの)他者(性)」からの呼びかけに応答していた。そこに第一のウィがあるわけだが、その他者からの呼びかけ・要求に対してウィと受け入れ、そしてそれを履行するためには同時にもうひとつのウィが存在しなければいけない。そのもうひとつのウィは、はじめのウィが仮にある身体の胸であるとすればその裏側の背中のようにして、またははじめのウィが仮にノートパソコンのディスプレイであるとすればそれはそのパソコンのキーボードのようにして、ある。言語以前のレベルですでに我々は他者から呼びかけられ要求されている。それをすでにして聞いてしまった、受け入れてしまったという意味で第一のウィがあり、それと同時に、その第一のウィを履行しますという「約束」の意味での第二のウィがくっついている。第一のウィだけでは決してコミュニケーションとは言えない。第二のウィがくっついて初めて「他者性との混交」が生じるのだ。

第二のウィは約束する。約束するためには、その他者からの呼びかけ・要求を「記憶」しておくということも必要だ。記憶が前提となって初めて約束は成立する。しかしその記憶とは、これまた言語以前の「記憶」であるから、その場所で第一のウィが交わされたという程度の記憶があるのだろうか、いや、厳密には、記憶そのものはすでにして失われているのかもしれない。それは「痕跡」でしかありえないのだろう。けれども、約束をしたということは生きており、他者の呼びかけに対してウィ、と答えている。第一のウィで他者性を先行的に受容していることを表明し、第二のウィでその受容の履行を約束する。このふたつが一体となったところに「ウィ、ウィ」が発動している場所がある。この場所からは誰も逃れることはできない。生を受けた以上、誰もがまずは曝されている場所だからだ。

記憶は忘れたにしても約束は生きている。その約束は時として、守れないときもあったり、事情により違うものに変化していくこともあるだろう。[9] しかし、「ウィ、ウィ」が発動する最初の場では、とにかく他者からの呼びかけに対して応答し、約束してしまっている。ここに、根源的な「責任」と、それと表裏をなす「応答の可能性」があるのではないか。責任に関して、デリダは別の文脈で「破壊不可能な責任」という表現をしているが、[10] デリダ風にコンテクストを閉ざさず、ここでも僕は、このウィの場で起こる根源的責任を同じように破壊不可能な責任、と呼びたい。

さて、以上簡潔にデリダの「ウィ、ウィ」を要約し終わった後で、責任に関して、青年たちに対して僕は何が言えるのだろうか。または、ツールとしての自己決定のごとく、僕は、どのように青年たちが抱える「責任」の問題を位置づければいいのか。

ひとつは、5にあげた、青年たちが現実の職場・社会で過剰に抱えてしまう責任感に「先だって」、上に書いたような破壊不可能な責任の場がある、ということだ。言い換えると、どんなに社会からひきこもったとしても、その破壊不可能な責任の場からは逃れることはできないし、すでにその場に曝されてしまっているし、社会に再参加するということはその場を土台として行動する、ということだ。根源的に考えると、責任から逃げ切ることはできない。

だからこそ、だ。それだからこそ、責任をそう過剰に捉える必要はないと僕は思うのだ。我々はつねにすでに破壊不可能な責任の場所を土台として生きている。そこから逃れることはできない。どちらにしろ逃げることが無理なのであれば、その「責任」を、言い換えると他者への応答可能性を、「生の条件」としてポジティブに引き受けることはできないだろうか、と。生と、他者・応答・責任は切っても切りはなせない。それどころか、「自己」の出現以前にすでに他者性との混交があり、そこに破壊不可能な責任があり、それがベースなのであれば、それを肯定してしまう。

いや、それらが生の条件なのだとすれば、それを我々はすでに肯定してしまっているのだ。その条件を肯定しているからこそ、我々は何とか生きている。このようなメカニズムを否定し逃げるのではなく、受け入れる。その受け入れには、当然時間がかかるだろう。そして、現実の他者とのさまざまな交流の中でしか、そうした受け入れは実際なされないだろう。時間をかけた受け入れを通して、過剰でもなく、逆に逃避でもなく、そもそもそれは「ある」ものとして責任を引き受ける。責任とは、それほど軽いものでもないし、かといって過剰に重いものでもない。生の条件に含まれ、肯定されている、そのことを引き受けていく。

その際、僕がもうひとつ思うのは、そうした破壊不可能な責任を仮に引き受けたとしても、社会の中で自分の言動が自分の思惑通りに伝わらなかったとしても、そのこと自体も過剰に意識しないということだ。これはデリダの過大解釈かもしれないが[11]、コミュニケーションには失敗や誤解が不可避的につきまとっている。換言すると、失敗・誤解可能性こそがコミュニケーション確立の条件だということだ。だからこそ、不可避的に生じる誤解を引き受け、また新たな誤解を生む可能性を秘めながらもその誤解を言語によって懸命に解いていく。その引き受けが、社会の中に入っていくコツだと思う。

そのような、破壊不可能な責任、それに加えて不可避的な誤解の可能性、それらに対して時間をかけて引き受けていけば、仕事上のミスについてもネガティブに捉えることも少なくなるのでは、とも僕は（今のところ）夢想する。

ただし、このようなことを青年たちにどのように伝えていけばいいのか、まだ僕は模索中だ。デリダの言うごとく、本論がさまよえるエクリチュールになっていつかは悩める青年たちの目に留まり、彼らに都合よく理解あるいは「誤解」してもらい支援のひとつにでもなればいいと、それこそ夢想する。

ではどうするか。ニートやひきこもりの議論は、一歩間違うと「当事者や家族の努力が足りない」という自己責任論ですまされることが多い。ここで僕が触れた哲学的責任論についても、結局本人たちの「哲学的目覚め」みたいなものを促すというふうに受け取られたかもしれない。冒頭にも書いたが、僕は今の社会の変革を願っている。それは、政策や制度運用の話と結びつく。僕が本論で示したかったのは、決して青年たち自身にすべて問題があるということではない。現代の青少年問題は、不登校・ひきこもり・ニート、三者とも射程は異なっていたり重なっていたりするが（教育制度・格差社会・家族システム等、あげればきりがない）、個別のケースをよくみていくと、数ある原因の中にそうした社会的要因が大きく働いていることは間違いない。当事者や家族のみに問題を焦点化するのは、狭すぎる見方だ。

僕は、本論で、当事者たちを責めるのではなく、応援したかった。応援するために、「ウィ、ウィ」の場、他者性との混交の場がはじめからあり、すでにそこを我々は土台として生きていることを示したかった。この場は、繰り返すが、すべてに「先立って」いる。すべての前提なのだ。ここを押さえ、ポジティブに捉えたあと、一般的なすべての社会問題の議論は出発する。

ではどうするか。とりあえず、僕は、明日も青年たちの前にまずは立ってみようと思う。言語的に何をどう伝えるかはそれよりもあとだ。まずは、彼らの目の前に立とう。そこで、お互いの「ウィ、ウィ」が成立すれば、次に僕は口を開くだろう。何を言うかは、その出会い方による。その毎回毎回違うであろう出会い方によって、何かをいい、何かが起こる。まずは出会うこと。そしてそれを続けること、だ。

今回挙げたＪ・デリダの本

＊本文や脚注中、引用頁は、前部分が邦訳書、後が原書。引用は訳書を参照したが、一部変更した箇所もある。頁がひとつの場合、邦訳より。

「ユリシーズグラモフォン——ジョイスが「然り」と言うのを聞くこと」『ユリシーズグラモフォン——ジョイスに寄せるふたこと』合田正人・中真生訳、法政大学出版局、二〇〇一年。*Ulysse gramophone*, galilée, 1987. 文中では Ug と略。

『法の力』堅田研一訳、法政大学出版局、一九九九年。

「署名　出来事　コンテクスト」高橋允昭訳『現代思想』一九八八年五月臨時増刊号。

参照したデリダ関連書

高橋哲哉『デリダ——脱構築』講談社、一九九八年、ほか。

（1）ここで注意してほしいのは、哲学を論じたり読んだりする際、よく「条件」とか「前提」とか「先に」とか「手前に」などの語群が出現する。まだ哲学をあまり知らなかった頃、僕はこれらの言葉を読み飛ばしていた。というか、難解極まる諸哲学書やそれらを解説した本を前にすると、最初の頃はすべての文字が頭に入ってこずにすぐ眠りに落ちたものだが、最近になってようやくわかってきたのは、上記の語群が出てくる箇所は、要チェックだということだ。

というのも、哲学とは普通「何かに対しての哲学」であって、その「何か」とは、テクストであることが多い。ある哲学は何かのテクストを批判しながら自らの哲学を構築していく（特に、僕が好むデリダやドゥルーズはこの傾向が強い）。その批判作業の中でよく行なわれるのが、対象とするテクストがそもそも立っている場所を問うことだ。対象テクストの「内容」ではなく、その対象テクストが、当たり前とし、前提とし、わざわざ問うまでもなくほったらかしにしている「場所」に目を向ける。そして、その前提となっている場所あるいは土台の保守性を暴き出し、さらには対象テクストの保守性を批判するという構図だ。

こうした行為は、何も哲学に限ったものではなく、我々は日常的に行なっていると思われる。その人の発言内容ではなく、その人の発言が前提とするその土台そのものが引っかかってしまうということを。ひとつ例を挙げると、スポーツにともなうナショナリズムの問題がある。現在、たとえばサッカーを語る際、どうしても国の代表同士の試合を無視できない。それは単純にゲームのレベルが高いからだが、同時にそこにはナショナリズムが強力にすみついている。ナショナリズムを前提としたサッカーファンは、当然その国の代表チームを応援するだろうが、ナショナリズムを前提としないサッカーファンからするとこの行為が不思議に思え、居心地の悪さを覚える。だからナショナリズムを前提としないサッカーファンは、それを前提とするサッカーファンに対して、「サッカーの内容云々を語る前にそのナショナリズムを捨てろ」と迫る。

ジャンルによっては、「その前提に乗っている限り君のその主張はダメだ」と批判される場合があるだろう。批判される側は、指摘されて初めて自分の「前提」を知る。批判する側は逆に、その前提があるからこそ対象独自のテクストや言葉が生み出されたと考え、対象のそもそもの前提を指摘することが根源的批判になると考える。このような議論は、注意して振り返れば、我々の日常のいたるところで行なわれているはずだ。言い換えると、誰かに対して居心地の悪さを覚え、何か言いたい、けれども何が言いたいのかわからない、といった状況の時、だいたいはその相手が「前提」としているものに引っかかっているのではないか、ということだ。

前提を問う議論は何も単に対象を批判するためだけに用いられているわけではない。新しいものが生まれる機会にもなりうる。デリダの「ウィ」の議論がその哲学的事例だが、日常生活においても次元は違うものの頻繁に行なわれているように思える。ただ哲学と日常の会話の違いは、哲学の議論はより込み入っているというか細かいというか、つまりは日常当たり前だと共通認識されているいくつかの問題を——たとえば「自己」——根本の根本から問い直すということだ。

そういうわけで哲学の議論において、「前提」「条件」などの言葉が出てきたときは、その哲学者が対象の「前提」性を批判しつつ、同時に新しいものが提示される重要な箇所である、と僕はこの頃思っている。僕が「先行性」という言葉にこだわるのもそうした理由からだ。

(2) デリダが挙げる事例でいうと、厳密性を要する軍隊用語において承認的意味合いを表すものとして「アフィルマティフ」という語があるそうなのだが、この用語ではデリダのウィは説明できない。「『アフィルマティフ』はウィを依然として前提としている。『ウィ(はい)、私はたしかに〝アフィルマティフ〟と言います』という具合に」(Ug 一五一頁、p125)。アフィルマティフ(訳者はこの引用部分で、同語を「オーケー」という英語で補っている)というためには、その前提としてウィが必要だということだ。

(3) 邦訳書では、autre のいくつかは「他人」になっている。ここでは「他者」に変えている。

(4) 引用文中の「s'adresse」には、手紙を交換するという意味もある。

(5) デリダ理論の説明は普通、有名なエクリチュール/パロールの脱構築から出発して差延に至り、そこから「痕跡」や「散種」や「代補」や「幽霊」や「繰り返し可能性」といったデリダ独自の概念が説明されていく。哲学好きでなければなかなかそれら諸概念と格闘する気にはならないだろうし、またたとえ格闘したとしてもそれら諸概念の極端な抽象性のため、我々の日常からかけ離れたものとして、単なる哲学おたくのための哲学ジャーゴンとして捉えられてしまうことも多いだろう。だが僕にとってデリダ理論は、実践へと向かう際の大きな力となった。デリダは精神分析と大きなつながりがあり、実際ウィの議論などもフロイトの心的システムの理論に影響を受けているように思われる。しかし僕は精神分析には後押しされず、デリダによって救われた。極端な抽象性で覆われたデリダ理論のどこに僕は惹かれ、それをどのようにして実践へと結びつけていったのか、つまり「哲学は現実に向かう際の力になる」ということを明らかにしたいという欲望が僕にはある。だから、通常の「エクリチュール／パロールの脱構築→差延……」という流れではなく、まずウィの議論から始めた。ウィは現実のコミュニケーションをイメージしやすい。また、先行性としてのウィの議論は、「脱構築」や「代補」などのデリダの一連の手続きを経ることなく直接他者性の議論に入っていける。僕が思うには、ウィを考えることでデリダ理論の核心に直接触れることができる。

（6）このあたり、邦訳書の訳文では、訳者がいくつか言葉を補いながら以下のようになっている。

「（すでにして要求である応答の先行性が前提されている――田中略）。なぜなら他者がいるとして、ウィがあるとして、その場合、他者は同一者もしくは私によってもはや産出されえないからだ。一切の署名と一切の行為遂行的発話の条件たるウィは、私が構成したものならざる他者へと差し向けられる。私はこの他者に対して要求することからしか始められないのだが、私が他者に要求するのは、いつもそれに先だって他者が私にウィと言ってくれと頼んでいるからで、それに対する応答として私は他者に要求するのである」（Ug 一五四頁、p127）

ただし、訳者はたとえば意味をとりやすくするために「私」を含む文を補っているため、現実の対話以前の、ウィのレベルが逆に摑みにくくなっている。言い換えると、本文中に書いた、デリダが嘆くところの「『私』を使わざるをえない困難さ」の感じがわかりにくくなっている。そこで、同箇所について、解説書（『デリダ』）中の高橋哲哉の訳文も並列してみよう。

「他者的なものがあるならば、『ウィ』といったものがあるならば、他者はもはや自同者や自我によって生み出されるままにはならない。あらゆる署名、あらゆる行為遂行の条件である『ウィ』は他者的なものへ向けられているのだがこの他者は『ウィ』によって構成されるのではないし、『ウィ』はそれにつねに先行する要求への応答として、『ウィ』というようそれに要求することを要求することから始めるしかないのだ」（『デリダ』一七三頁）

高橋の訳文のほうが読みにくいが、「私」を使ってないぶん、デリダの意図するところに近いのかもしれない。

（7）『法の力』六〇頁

（8）Not in education, employment, or training の略。イギリス発祥の言葉だが、日本では、教育も雇用も職業訓練も受けていない、十五～三十四歳の未婚の青年をさす。

（9） 本論ではデリダの重要概念である「繰り返し可能性 itérabilité」には、文字数の都合上残念ながら言及できなかった。第二のウィはこの繰り返し可能性の議論が元となっている。どんな記号あるいはマークも、繰り返すことが可能であるという前提がなければ存在できない。と同時に、その繰り返し可能性は運命的といっていいほど脆弱なものであって、そのマークが用いられるコンテクストの中で容易に意味が変更される、というこの議論は、さらにデリダ哲学の重要キーである「散種 dissémination」へともつながる。

我々は、繰り返し可能性のひとつの機能の後押しによって、ある記号やマークを強固な意味を持ったものとして知らず知らずのうちに確信しているが、そのマークはコンテクストや媒体によって容易に意味が変容されていく。そのコンテクスト変更の可能性は無限に広がっているから、あるマークの意味の伝達は常に「失敗」可能性にさらされている。意味とコンテクスト変更の無限変更可能性のことが「散種」であるといってもいいだろう。たとえばデリダは、「署名　出来事　コンテクスト」の中でこんな風に書いている。

「人々はひとつの書かれた連辞を、それの本質的な繰り返し可能性のゆえに、その連辞がそのなかに捕え込まれている、ないしは与えられているところの連鎖系の外へいつでも取り出すことができる。しかもその際、その連辞のまさに「伝達」の可能性のすべてが、とは言わないにしても、それの機能営為の可能性のすべてが失われてしまうわけではない。その連辞を他のさまざまな連鎖のなかに書き込んだり、接ぎ木したりすることによって、場合によってはその連辞に他のさまざまな機能営為の可能性を認知することも可能である。いかなるコンテクストもその連辞に対しておのれを閉ざすことはできない。また、いかなるコードもそれはできない」（二三頁）

（10） 『デリダ』一二二頁

（11） 「署名　出来事　コンテクスト」の他のところでデリダは、マークの権威は「破裂」する（二一頁）、「漂流状態」（二一頁）などとも表現している。僕は、そもそも「伝達＝コミュニケーション」とはこうした破裂・漂流・失敗可能性をはじめから内包しているものだと理解することが、コミュニケーションで悩む（デリダのコミュニケーションはもっと根源的な意味合いで用いているにしろ）青少年を逆に励ますのでは、と期待している。

統合失調症の人のささやかな消費

山口直彦

1 はじめに

「消費」とは、「モノやサービスを消耗し、それによって欲求を満たす行為である」と定義されている。そのために交換価値を失うか、あるいは資源を使用する。消費の反義語は生産である。

ヒトが生きていくということは、そのための（最低の）エネルギー維持のために、モノやサービスをいやでも消耗することとである。つまり、消費しなければ、ヒトは生きていけない。しかし、消費のパターンや消費量は、その人の生き方によって大きく異なる。

私は長い間、精神科医を生業としてきた。そこで多くの患者と出会った。もちろん患者と言われる人も、生きるためには消費し続けなければならない。しかし、精神病の人はそうでない人と比べると、消費のレベル（消費が定量化できるのであればであるが）はぐっと低いと考えられる（例外はある。たとえば躁病の人では、一時的に消費量が急速増大する）。勿論、医療をうければ、医療費というかたちで消費していると言えるかもしれないが、医療経済を論ずるわけでないので、それは無視する。

私がここで述べたいと思うのは、精神科の患者の日常的な生活の中での消費活動のあり方である。そのために、私がかなり長期間にわたり関わった統合失調症患者四人の日常生活を報告したい。いずれもかつて専門誌に症例報告した例である。[1][2]本稿では、それ以降の経過が追加されている。

そこに、社会の中で生きる患者の日常生活における「つつましい消費」行動が見えてくる。そして、それは彼あるいは彼女が社会に対峙するありようの必然の結果であると、私は思う。

2　症例報告

症例1　X、男性

彼の発病は高校三年、十八歳の時であった。激しい緊張病性興奮で発症したらしい。精神分裂病（緊張型）と診断されていた。その後、再発を繰り返し、希望した大学への進学はかなわなかった。

私が二十五歳になった彼と出会ったのは、彼が何度目かの入院をした大学附属病院精神科病棟であった。まだ駆けだしの医師であった私が主治医となった。以後も同様の緊張病性興奮を繰り返し、三回の入院があったが、いずれも一—二ヶ月の短期で退院している。

彼は文学青年であった。賞を目指して小説や詩を書き続けていたが、賞には届かなかった。原稿を読むように要請された私は、いくつかに目を通したが、内容に病的なものの直接の関与はないと思った。

当時、彼と酒を酌み交わすこともあった（診療の場以外で患者と交際することは、治療的には禁忌である。当時の私はまだ若かった）。難渋な哲学論議をふっかけられて辟易した。

それからも、彼は小説や詩に挑戦しては、挫折の連続であった。彼は一人っ子で両親と三人暮らしであった。父親は定年を迎え、一家の生活は段々と苦しくなってきた。彼の両親に対する不満は、芸術家として自立しようとあがく自分を理解しようとしないことであった。しばしば両親に対する暴力があった。夜中大声で罵倒する彼に、両親は困惑するのみであった。近所の人たちがブラブラしている彼を非難する内容の幻聴体験がずっとあった。

しかし、歳を重ねる間に、とんがっていた彼が段々と柔らかくなってきた。病的体験を訴えることも少なくなった。文学への関心は、だんだんと薄らぎ、関心は絵画に向かい出した。

遊園地の回転木馬運転のアルバイトを始めた。「こども相手はのんびりしていいですな」と言っていた。三十七歳になった時、私のすすめで保健所のグループケアに参加しだした。気が向いたら行くという風で、そこで親しい人間関係を求めるわけではなかった。また近くのキリスト教会にも時に顔を出すようになった。

四十歳を過ぎたころ、近所の新興宗教の教会にも行きだした。「教義ではキリスト教に負けるが、こころをこめて頭を下げるのが気に入った」と述べた。キリスト教との両がけを気にすることはなかった。その宗教の指導者から、遠方の島にある施設で修行するように言われ、「医者をとるか神様をとるか」と迫られた。彼は「医療継続の重大性」を理由にきっぱりと拒否した。しかし、多数の信者が出入りし、その人たちとその時々に交流できる教会の雰囲気が気に入ったようで、顔を出すことは続けていた。

その教会では、命じられるままに、拭き掃除などの下働きをしていた。彼はそれについて、「下働きは面白くて、楽しい。遊びのようなものです。ぜいたくな遊びは面白くない。遊びの世界にも頭を使わないと」と述べていた。わずかの小遣いから、少額であるが献金もしていた。「献金は余分なものを人に与えることだから、精神的にいい」とのことであった。教会に遊びに来る子どもたちに百円硬貨を与えていた。「一日三百円の小遣いを以前はコーヒーに使っていたが、子どもにやると喜んでくれるので嬉しい。同じカネをいかに使うかが大切です」と述べていた。近くの幼稚園のバザーで数百円の掘り出し物を手に入れ、私にプレゼントすることもあった。「少額でもお金があると、買い手の資格ができる。モノを買うのは楽しいことです」、「たとえば花瓶を買って素晴らしいなと思うと、自分の側に置いておくだけでは寂しくなって、人にあげてしまう」とも述べた。また聖書の「自分の考えを人にあげる」という言葉を実行しているとのことであった。聖書をよく読んでいるようで、私との面接時に気に入った言葉を引用していた。たとえば「物事が実現するのは、意志によるものではない」で、この言葉を知って「ホッとした」とのことであった。

共同作業所のグループケアにも参加するようになった。書道で好きな言葉を書くように言われ、「精神分裂」と書き驚かせた。ある時、彼が拒否したにもかかわらず、グループケアの副会長役を受けざるをえなくなった。その直後、胃潰瘍となり短期間の入院をした。そして「役職には自分は向かない」と言って、さっさと他の作業所に移った。掃除やホテルのベッドメイキングの仕事をすることもあったが、「どんな仕事でも同じパターンが続くと疲れる」と言って、長続きはしなかった。しかし、稼いだ少しの金で、ちょっとおしゃれなジーンズや帽子を買っている。

四十二歳のとき、障害年金が給付されることになった。それを機会に、父に三畳の書斎を増築してもらった。そこに一人で時間を過ごすことが多くなった。「外の世界と丁度良いバランスがとれていいです」と喜んでいた。小さいながらも自分だけの空間を持ってから、より安定してきた印象を私は持った。

睡眠は当初から不安定であった。時に四、五時間しか眠れない日が二、三日続くことがあったが、そのあと十時間くらい眠る日が続くので気にしていない、ということであった。タバコは一日八十本以上吸っていた。指先が炭化しかかっていた。父に減らすようにしつこく言われていたが、「身体が要求するものに、悪いモノがあるはずはない」と平然としていた。

面接に絵を持参することが多くなった。聖書に「目に見える世界は、目に見えない世界の一部」という言葉があるが、「目に見えない世界を見える世界にするのが絵です」と述べていた。それはいつも、女性の横顔をはめ絵風に構成した絵であった。「ドアの向こうで噂しているのをうかがっているところ」と被害妄想的なコメントをつけていた。

「絵にはプラスアルファがあって、自分の技能以上のもの、自分が思った以上のものができることがある。絵には無意識や偶然が多いからだと思う。また、自分で描いた絵は、それを後で楽しめるからいい。小説や詩ではそうはいかない」と述べた。自室の写真を見せてくれたが、意味の取りにくい文字を並べた紙を壁に貼っていた。「イライラすると言葉が頭の中でカチカチ鳴るが、書くと頭の中から追い出せる」と述べていた。

毎日外出しているため顔は日焼けしていた。歯はほとんど欠けていたが、「別に不自由はない」と気にはしていなかった。実年齢よりかなり老けて見えるようになってきた。時にサングラスをかけて来ることがあったが、「世界との距離を保つためです。サングラスを通すと、人の眼差しの感じが変わってくる」と述べた。注察念慮の存在が疑われた。電車の中で独り言を言うこともあるという。おもに聖書の言葉ということであったが、「頭の中に一杯になったことを声にして出すとスッキリする」と述べていた。同乗の女子学生が彼の様子を見てクスクス笑うのを見ている覚めた目も同時に持っていた。

薬物は、私が処方したものを自分の判断で加減して服用していた。おおむね必要最小限の量を服薬していた。「クスリを飲みすぎると頭が働かなくなる。飲まないと、やたらと頭に意識が来て、感じすぎて、日常的な次元から離れてしまう」と述べていた。

外来の面接時間はおよそ十分で、きわめて淡々としたものであった。彼の日常の出来事を話題にし、それを膨らます方向で話を進め、彼の述べることをほぼ全面的に支持した。とくに、「小さなことにも喜びを見いだす」彼の生き方に共感を示した。彼は「十年前と比べると随分と楽になりました。最近はつらいことより楽しいことのほうが多くなりました。なんとか自分のペースで暮らしています」、「待ちということが大切です。なるべく張り切らないほうがいい。一生懸命生きるより、力を抜いて生きたほうがいい」、「働くとひもじい思いになる。働くと遊ばないでおれなくなる。働かなかったら、遊ぶ必要もない。午後二時に風呂に入ることと、買い物だけが私のぜいたくです」、「自分が生きていることが思いがけないことのように思えます」、「精神病って不思議な病気ですね。今では精神病が一つの仕事になりました。精神病になることは悪いことばかりではありません」と語った。

対人関係については、「そばにいるのがいやな人もいるが、自然と自分のほうから去っていくから問題はありません。いやな人といっても決して悪い人ではありません。迫ってくる人が苦手なだけです」と述べた。教会やグループケアでの人とのつき合いは、その時その場だけのことで、特定の友人を作ろうとはしないようであった。

一九九三年、私は二十八年間勤めた大学病院を辞して、公立の精神科専門病院に管理者として転勤することとなった。その病院は山を越えた田園地帯にあるが、大学病院より電車で約三十分の交通の便であった。私は彼に「私の転勤先の病院で外来通院を続けないか」と提案した。当初はそのつもりでいたようである。しかし、最終的には、「そのつもりでしたが、今まで生活の幅を狭めてやってきました。それを広げるのには抵抗があります。なるべく頭を使わないで単純化して生きています。若いころなら未知の世界にあこがれましたが。これもやはり病気のせいですね」とやや大げさで奇妙な理由であるが、あっさりと、しかし申し訳なさそうに断られた。

外来担当は信頼する後輩の医師に託した。その後も、安定した経過であった。一九九五年、阪神・淡路大震災で彼の家は全壊した。家族全員無事であったが、避難所生活を余儀なくされた。精神症状は安定している、との連絡があった。震災の二年後、治療を継いでくれた医師が病死した。それ以降の経過は、私には分からない。

私が県立精神科病院に転勤する時、前任の大学病院外来ではほぼ二百人の患者を担当していた。幸運にも、この二病院の立地はそんなに離れてはいなかった。そこで私は転勤前に、私の外来に通う人のほとんどに、「よろしければ、私の転勤先の外来に変わりませんか」と誘った（私との相性の悪いごく一部の人には、誘いをかけなかったのは、もちろんである）。

勤務医には転勤は付きものである。遠くへの転勤であれば、ほぼすべての患者と縁を切らざるをえなくなる。しかし近くの転勤であっても、あっさり患者に別れを告げる医師も多くいる。一方、患者離れが悪い医師もいる。どうも私は後者であった。どちらがいいとは言えない。長期にわたってはかばかしくなかった患者にとっては、主治医を替えることが転機になることもある。患者離れのいい医師は、引き継ぎ書や紹介状の作成に追われることになる。患者離れの悪い医師は、その労が少なくてすむ。患者離れが悪いのは、怠慢医師であるからかもしれない。

当時、私の患者のほとんどは、内因性精神病圏（統合失調症圏か躁うつ病圏）の人たちであった。一般に、統合失調症の人は「治療者」につき、躁うつ病の人は「病院」につくと言われていた。つまり、前者は医師個人に、後者は病院の権威に信をおく傾向がある、ということである。従って、私は統合失調症の人の多くはついてきてくれるが、躁うつ病の人には断られることが多いだろうと予想していた。

結局、約半数の患者が私の転勤先に転院してくれた。しかし、その内訳は私の予想に反し、統合失調症に断る人が多かった。その多くの人は、X氏のように熟考したうえの結論で、その理由をあげて申し訳なさそうに、丁重に断った。私は定説とは逆に、統合失調症の人は、たくましく合理的な現実判断をしていることを知った。やすやすと誘いにのらず、しかし相手への気遣いを忘れない統合失調症の人たちの対応に、私は感動した。

それでも、かなりの統合失調症の人が私について転院してくれた。そのおかげで、長期にわたり私が関わることができた患者さんが多くいる。私とともに歳を重ね、それぞれ個性的に熟成した患者さんとの面接は、私にとってはきわめて貴重な時間である。長い時を経て、今ではそれぞれに個性的で魅力的な人である。万人に平等に訪れる老いは統合失調症の人には有利に働く。それは昔から、統合失調症の「晩期寛解」と言われていた。

さて次に、私が転勤した県立K病院で出会い、以来十六年にわたって治療を担当した三人の女性を紹介する。私の外来に揃って通院している。

症例2　A、B、C、女性

私が彼女たちに出会ったのは、一九九一年の四月、外来診察室においてであった。以来、彼女らは私の外来に二週に一度のペースで通院している（私は二〇〇四年、今の大学に職を変えたが、病院での外来診療は続けている）。現在、彼女たちはすべて七十歳を越えた。後で触れるが、最年長のAさんが最近亡くなった。

診断は三人とも統合失調症（当時は精神分裂病）であった。彼女たちが発病したのは、いずれも二十歳前後であった。それぞれの経緯はあったが、結局三人はK病院の慢性期病棟に長期入院していた。

彼女たちの入院時の古いカルテ（一九六〇年代）には、感情鈍麻、疎通性欠如、児戯的などを意味するドイツ語のジャルゴンが並んでいた。独笑や独語もあった。幻覚や妄想も盛んにあったようである。つまり、いわゆる「精神病院に沈殿し、荒廃した慢性の分裂病患者」であった。

三十年以上も前の精神病院には、超長期入院となっている患者が多くいた。当時の病室は畳敷きの大部屋で、夜は布団を敷いてごろ寝していた。ほとんどが閉鎖病棟であった。彼女たち三人は気が合ったのか、そのような病棟で助けあいながら入院生活を送っていた。

当時、長期入院患者の社会復帰活動に熱心な医師とケースワーカーがいた。彼らはこの三人に目をつけた。まず、とぼしい小遣いから金を積み立てさせた。料理や掃除など基本的な生活技能の訓練をした。そして手頃なアパート（関西で言う、いわゆる木造の文化住宅。家賃は安い。患者さんの主な退院先である。阪神・淡路大震災で文化住宅の多くが全壊し、多くの犠牲者が出た）を借り、試験的外泊を繰り返した。そして一九七八年のある日、三人同時退院にこぎつけた。もっとも彼女たちにとっては、気の進む話ではなかったらしい。「無理やり、アパートまで車で連れて行かれ、置き去りにされた」と述べている。それぞれ、生活保護、障害年金などで、アパート共同生活に必要な最低限の生活資金が用意されていた。彼女たちが四十歳前後の時である。

以来、彼女たちは外来通院を続けていた。もっとも退院後もそれぞれ数回の入院歴はあった。一時的な病状不安定のためである。いずれも一ヶ月前後の短期入院でアパートに戻った。

私がこの三人に出会った時は、彼女たちが共同生活を始めて十三年が経っていた。主治医を前院長から引き継いだわけである。彼女たちは外来担当医に歴代院長を指名していた。

彼女たちはいつも三人そろって来院し、診察室に一緒に入ってきた。最初の出会いで驚いたのは、まず彼女たちの風体であった。その厚化粧と、なんとも形容しがたい派手な色を組合せた服装である。一人は、幼児が描く顔のように、放射状に眉を描いていた。もし彼女たちと電車に乗り合わせ、話しかけられたら、さぞや恥ずかしいだろうな、と正直思った。

しかし、外来診療を重ねるうちに、やや間が抜けているが、ほのぼのとした彼女たちの人柄に触れ、治療者であるはずの私も癒されるような気がしてきた。二週ごとの来院はこの十七年間、一度も欠けたことはない。椅子を三つ用意して、三人一緒の合同診察である。

私の日常の外来診察はほぼ二十名で、他の若い医師と比べるとかなりゆとりをもって診療ができる。しかし正直に言えば、緊張を要する患者もいるし、出来れば避けたい患者もいる。医師は患者を選べない。彼女たちの診察時間はおよそ十分間で、しかも三人一緒だからかなり効率的である。しかしこの十分間が、私の診察にオアシスのような時間を提供してくれている。幸い私には、このような患者が何人かいる。カルテが積まれている時には、何人か先の彼らの順番を横目で見て、その時になったらホッとできると、頑張っている。

Bさんとさんは、かならずおみやげ持参である。今時なつかしい駄菓子の袋数個である。値段をみると一袋五十円前後である。アパートの近くに駄菓子専門の店があるらしい。患者さんからプレゼントを頂くのは問題であるが、私は治療的意味でもらうことにしている。その場で袋をあけて私が少し囓り、残りは控え室においておくと、その日のうちに誰かに消費されている。

さて彼女たちの共同生活であるが、もちろんいつも平穏であったわけではない。診察で話題になることは少なかったが、彼女たちの妄想や幻覚などの病的体験は持続していた。Aさんのおなかには「二人の息子がいる」。その息子たちといつも会話している。Bさんには絶えず幻聴体験がある。その声は自己親和的なもので、料理法を教えてくれたりするらしい。私は彼女たちの病的体験を話題にすることを、意識的に避けていた。

私が受け持つようになってからも多くのエピソードがあった。Bさんが自動車にはねられて骨折し、以後杖歩行になった。Cさんは長く膝関節炎の治療を受けており、やはり杖をついている。最年長のAさんは妄想を持ちながらも、温厚な人柄で、かつては三人の調整役をつとめていた。しかし、認知症が急速に進行し、他の二人の世話になることが多くなった。Aさんが無断で外出し、タクシーで遠くまで行き、保護されることがしばしばあった。

四年前のエピソードを紹介したい。Bさんには短期間の結婚歴があり、長男がいた。彼は施設で育ち、その後、職を転々としていたらしい。数年に一度彼がアパートを訪れることがある程度の接触であったが、彼女は息子のことを気にしていた。ある日、遠方の地で彼が窃盗事件を起こし服役中だという連絡が入った。彼女は事情が分からず、困惑した。

四年前のある日の夕方、K病院の待合室に座りこんでいる男が発見された。職員の問いかけに対して応答が全くなかった。緊張病性の昏迷状態が疑われた。持ち物を調べると、Bさんからの手紙と思われるものが入っていた。Bさんに電話で確かめて、息子であることが分かった。結局、彼は入院した。それまでの精神病歴はなく、今回が初発であった。彼には軽度の知的障害があった。自衛隊に短期入隊歴があるらしいが、主にトラック運転手として各地を転々としていたようだ。入院時には所持金ゼロであった。そこで三人の中ではいちばん若いCさんが予想外の現実検討能力を発揮し、知り合いの区役所職員を巻き込んで、彼は生活保護を受けることになった。入院後は三人そろって彼と面会し、入院中の必要品をそろえてくれた。彼の昏迷状態は早期にとけて、約三ヶ月で退院した。

ところがまた事件があった。ある日、彼がかつて住んでいたアパートの家主夫妻が彼女たちのアパートを訪ねてきた。彼は三年前に荷物を置いたまま、鍵を持って行方不明になっていた。保証人になっていたBさんの住処をやっとつきとめ、滞納していた三年分の家賃を請求しに来たのである。もちろん彼には支払い能力もなく、Bさんに貯金はなかった。彼女は途方にくれたが、Cさんが救いの手を出してくれた。彼女に残っていた貯金のほとんどを提供して立て替えてくれた。彼が働いて返済する約束であったが、その見込みはほとんどない。彼は時々彼女らのアパートへ手みやげをさげて訪れた。人の良い彼女達は、それの数倍のお金を彼に与えていた。

Bさんの息子に、また事件が起こった。彼は入院中に、ある女性と知り合った。彼女は境界型人格障害の診断で入退院を繰り返していた。ふたりは交際を始め、結局結婚することになった。教会での結婚式には、母であるBさんだけでなくCさんも出席し、祝福した。ところが、この結婚生活はうまくいかなかった。夫婦とも、クスリの大量服薬があり、病状の悪化もあって、何回か短期入院を繰り返した。そしてある日、彼がアパートで死んでいるのが発見された。死後二日たっていたという。死因は不詳であったが、クスリの大量服薬が原因と思われる。これで、Cさんが貸していた金の返済は不可能となった。

最近また悲しいできごとがあった。最年長のAさんの死去である。Aさんは痴呆がかなり進行し、早くから介護認定を受け、ヘルパーに来てもらっていた。さらに同居の二人からの援助が不可欠になっていた。しかしこの二人も介護認定を受けるようになり、Aさんに気を配る余力もなくなってきた。ある日、Aさんが深夜に入浴したらしく、早朝風呂場で死亡しているのが発見された。彼女には近くに住む弟がいた。彼とB、Cさん三人で葬儀をし、彼女を見送った。

今はBさんとCさんだけが、相変わらず二週おきに外来通院を続けている。

ここまで、長期間にわたり私が外来治療を担当した四例を報告した。この四人はいずれも、病的体験は残ったままであり、寛解に至っているとはとても言えない。むしろ寛解過程が長期にわたり停滞している状態と言える。しかし、急性期は遠い昔のことで、少なくともこの二十年は安定した経過であり、再燃することなく、独力で、あるいは協力しながらそれなりの社会生活を送っていた。

この四症例を選んだのには理由がある。外来診察の場面で、治療者である私を何かホッとさせてくれる共通点があったからである。診察机にカルテがたまっている時、この人たちの名があるのを確かめて、そこまではとにかく頑張ろうと思わせてくれる人たちである。治療者の精神保健維持のために大きく貢献してくれている。

この治療者をホッとさせてくれる感じは、どこから出てくるのだろうか。まずこの四人に共通しているのは、対人関係についてきわめて楽観的な見方をしていることである。たとえば、決して人の悪口を言うことはない。三人の女性グループとの面接では、最近出会った人が話題になることが多かった。それは「誰々さんに親切にしてもらってうれしかった」、「誰々さんと久しぶりに会ったが、元気にしていたのでうれしかった」などの話であった。

交通事故で足に障害を残したBさんは「加害者に親切にしてもらった」と言って、彼女にとっては高価な贈物をしている。Cさんは人づてに、彼女を育ててくれた義母（離婚した父の後添い）が痴呆状態で、郷里の瀬戸内海のある島で老人施設に入っていると聞いた。彼女は、少女時代以降は会っていない義母に貯金の半分を送った。その扱いに困った現地の民生委員から、当院の精神保健福祉士に連絡が入った。われわれは「倹約して貯めたお金だから、自分のために使おう」と説得したが、頑として意見を変えなかった。

治療者にホッとした気分を贈ってくれる患者さんは、他にも多くいる。その人たちにどういう特性があるのだろうか。まずあげられるのは、その楽観主義的で、かつ無理をしない生き方である。大きな欲は持たず、ささやかな幸せを見つけて、それを大切にしている。かれらの生き方には、定年退職者の淡々とした老後に通ずるところがある。「人生を降りた」という感じがあるからである。しかし、もちろん最初からそうであったのではないだろう。この境地に達するまでに、長い年月が必要だっただろう。その間に、捨てたり、失ったりしたものが多くあったにちがいない。

彼らの対人関係にも特性があるようだ。ここであげた四人ともに、「その時その場での対人関係」を楽しんでいる。しかし、持続的な深い関係は避けているように見える。A、B、Cさんにおいても、三人の間の関係は親密あるいは一体化している。しかし、それ以外の人とのつきあいは広くても、深いものではない。でもそうは言っても、ひきこもりとか、自閉とかいう言葉は当てはまらない。サラッとした人間関係というのが適切である。

統合失調症を「他者の侵襲」をめぐっての病と定義することもできる。しかし、ここに挙げた人たちの対人関係は、侵襲性はむしろ少ない。つまり、相手の侵襲を拒否するが、こちらから侵襲することも避けている。いわば無抵抗平和主義である。これについては、病の過程で学んだ成果、あるいは自己治癒努力の結果、防衛機制が働いた結果など、さまざまな解釈ができるであろう。いずれにしても治療者をホッとさせるのは、この互いに侵襲しあわない関係にある。これは、治療者のみならず、彼らと接するすべての人が感じることであろう。

3　おわりに

症例として紹介したX、A、B、Cさんは、いずれも統合失調症の慢性期に長くあった人たちである。つまり、今後治癒にいたることはきわめて考えにくい人たちの日常生活の一端を紹介した。一端というのは、主治医が知りうる患者の生活は、きわめて限られているからである。しかし、ここに紹介した人たちは、その日常生活のかなりを開示くれた。そして、そのささやかでつましい消費生活ぶりはきわめて個性的であり、かつ理にかなっていることがわかった。もちろんすべての統合失調症の人がこのような境地に達しているわけではないことは、断っておかねばならない。

（1）山口直彦「分裂病治療における標的と指標―長期安定状態にある患者の場合」『精神科治療学』八、一一八七-一一九一、一九九三

（2）山口直彦「病の経過を振り返る―統合失調症の症例を中心に―」新宮一成編『病の自然経過と精神療法』（新世紀の精神療法八）、二五四-二八〇頁、中山書店、東京、二〇〇三

応用芸術学としての美術企画

――「岐阜おおがきビエンナーレ2006」を回顧して

吉岡 洋

はじめに

私は当初、二〇〇六年十月に私がディレクターとして企画した「岐阜おおがきビエンナーレ2006」のコンセプトと内容を紹介しながら、地方都市における中規模の美術展を開催することの意味や困難を論じた草稿を書いた。だが読み返してみて、大きな不満を感じた。自分の経験をもっと広い文脈の中で論じるべきだったと強く感じたからである。そこで、限られた時間の中ではあったが大幅な書き直しを行った。

1ではこうした企画の実践が、自分がこれまで研究者としてたずさわってきた理論的研究とどのような関係にあるのかを考え、2では今日の消費社会とポストモダン的文化状況の中で美術展を開催する意味について考察してみた。3では「岐阜おおがきビエンナーレ」の概要を、公表したテキストを引用しつつ説明し、4ではこの美術展のテーマの展開について、ビエンナーレの広報プロジェクトの一環として出版したフリーペーパーに寄せた小文を転載しつつ紹介することにした。その結果、全体としてはやや変則的な構成の論考になってしまったことをご容赦ねがいたい。ビエンナーレにおいて展示した個々の作品や行ったイベントの具体的な詳細について詳しく紹介する余裕がなかったが、関心をもたれた読者は、どうかビエンナーレのウェブサイトをご覧いただきたい（http://www.iamas.ac.jp/biennale06/）。

1　批判的実践の「居心地の悪さ」

私は美学・芸術学の研究者である。現代における文化の制度的な枠組みの中では、こうした「研究」もまた、遺伝子工学や会計学などと同じひとつの「専門領域」に属するということになっている。もちろん運営上の問題としては、多種多様な形態をもつ知識の諸分野を、大学や学会といった組織の中に組み込んだり、予算配分その他の事務処理を行ったりしなければならないので、こうした専門領域化は、実際上不可避なことである。けれども、そうした現実的方便と、当該の知識がその本質において専門主義に「馴染む」かどうかということは、まったく別問題である。

美学・芸術学、そしてそれが属している哲学的な知識一般は、根本的に専門主義的枠組みには馴染まない、と私は考える。このことは、哲学の研究が専門性を欠いているということを意味するのではない。古代ギリシア語で書かれた哲学文献を正確に読解したり翻訳したりすることが、きわめて専門性の高い仕事であることはいうまでもない。いや、自分の母語である現代語においてすら、哲学者が行うように精密かつ反省的なやり方で言語と相対する経験は、通常の学校教育のレベルをはるかに越える高度な能力を要す。だがそれは常識、つまり我々すべてに備わっている思考能力の上にさらに付け加えられるような、通常の意味での専門的「技能」ではない。哲学的な能力とはむしろ、常識それ自体を鍛えることを通じて得られるものである。それはいわば、常識的な思考能力を非常識なまでに研ぎすますことによって、獲得されるものなのだ。

哲学的な知とは何かということを、特定の研究対象とか、一連の基礎知識や方法論によって規定することはできない。たとえば美学や芸術学といっても、物理学が自然現象を対象としているのと同じ意味で、美的経験や芸術作品を研究「対象」としているわけではない。美学や芸術学が美的経験や芸術作品に言及するのは、それらが哲学的な思考、精密で反省的な思考を導き出すきっかけとして、とりわけすぐれたトピックスだからである。美についての判断はカントが言うように直感的（aesthetic）、すなわち概念に媒介されることなく普遍妥当性を要求する、という言語道断な性質をもっている。大切なのは、このことが思考にもたらす独特の「負荷」だ。この負荷を引き受けて考えることこそ、美学・芸術学の本質なのだと言ってもいい。

この六年あまり、私は美学・芸術学の研究活動「に加えて」、現代美術やメディアアートを扱う展覧会や催しの企画・運営に携わってきた。「に加えて」と括弧付きで書いたのは、ふつうは大学の教室で講義したり研究論文を書いたりする学問的活動と、実際に美術展を企画・運営する活動とは、まったく異なったものとして考えられているからである。美術とは芸術学の「対象」であり、一方芸術学は美術の現場に渦巻く生々しい利害対立から離れた、大学の静かな研究室で行われるものであるかのように思われることが多い。そして美学者や芸術学者と、学芸員やキュレータ、芸術系NPOなどの、いわゆるアートマネージメント（好きな言葉ではないが）の「現場」にいる人々との間には、差し渡しようのない深い溝が存在している。一方では、芸術の現状とはほとんど無関係に、文献に基づく美学・芸術研究が行われ、他方ではアカデミズムを軽蔑しながら、ひたすら現場主義に基づく芸術運営が行われている。それが現実だと言われればそれまでであるが、率直に考えれば、これはきわめて不健康な事態ではないだろうか。

一九九九年、私は知人たちに誘われて、京都での現代美術展「SKIN-DIVE」（スキンダイブ）の企画グループに参加した。それがきっかけとなって、二〇〇〇年の京都芸術センター設立のお手伝いをすることになり、設立後は当センターから発刊される芸術・文化批評誌『Diatxt.』（ダイアテキスト）の編集長として、その創刊から通巻第8号までの企画・編集・執筆を行った。二〇〇三年には京都芸術センターを中心とする「京都ビエンナーレ2003」の総合ディレクターをつとめ、また前任校のIAMAS（情報科学芸術大学院大学）においては、「おおがきビエンナーレ2004」のプログラム・ディレクターを、そして今年十月の「岐阜おおがきビエンナーレ2006」のディレクターをつとめた。また海外においては、二〇〇四年にオーストリアのリンツにおけるメディアアートの国際展「Ars Electronica（アルス・エレクトロニカ）」におけるIAMASキャンパス展示や、友人のドイツ人アーティストAxel Roch（アクセル・ロッホ）とともに「Cool Interaction（クール・インタラクション）」というプロジェクトを立ち上げ、ベルリンとロンドンでシンポジウムその他を開催してきた。

こうした活動が、私が一方で研究者として行っている美学・芸術学研究と、いったいどのようにかかわり合うのか？　この問いはずっと頭の中にひっかかっていたし、実はいまも未解決である。ただひとつ言えることは、私は理論研究「に加えて」美術企画をしてきたとは考えていないということである。もちろん、理論研究と企画の実践は同じものではないし、また実践とは、理論をたんに現実に「適用」するといった単純なことではありえない。むしろ、現実社会の中で何かを実際に企画・運営しようとするやいなや、それまで理論言語で考えていたことはことごとく無効になってしまう、という感じが正直なところである。だが、だからといって実践は理論にとって無関係であるとか無意味なことであるとはけっして思わない。それどころか、実はこうした理論言語の無効性の経験こそが重要なのであり、そうした否定的な経験をとおしてこそ、理論と実践とは結びついているのではないかと、現在では考えている。（それはどこか、心理学の「理論」と「臨床」との関係に似ているのかもしれない。）

私にとって、美学・芸術学という学問が専門領域ではないのは、それが社会的実践とのこうした一種の緊張関係に置かれているからである。もしも美学や芸術学が、昨今の大学改革が要請しているような「もっと現実社会のニーズに合った学問」になってしまったら、それはたぶんひとつの専門領域に居心地よくおさまるのだろうが、そのことは批判的思考の自殺を意味するのではないか？　批判的な立場を保ちつつ理論と実践に関わるには、そこでの「居心地の悪さ」を避けてはならないと考えている。そうしたことを踏まえた上で、私はこれまで自分が行ってきた美術企画の実践とは「応用芸術学」のようなものだと、誤解を恐れずにあえて言ってみたい。ここで「応用」とは理論の単純な適用を意味するのではなく、理論的意識がその都度の現実に直面して根本的な再検討を迫られるという（必ずしも愉快ではない）経験を含意している。私はいわゆる美術業界には属していないので、私のやってきた美術企画の活動は、ある意味で素人の仕業であり、ドン・キホーテ的な、滑稽なものなのかもしれないと思っている。だが一方で、居直っているように聞こえるかもしれないが、そうしたドン・キホーテ的な経験——空想と現実との齟齬が露呈する経験——がなくなったら、そもそも文化は消滅するのではないかとも考えているのである。

2　「ビエンナーレ」という問題

本書の趣旨にある「消費至上主義」と呼びうるような一連の傾向は、たしかに美術の世界をも支配してきた。その眼に見える「帰結」としては、たとえば様々な都市に新しく建造されつつあるおびただしい数の「美術館」や、世界中でいったい何百件開催されているのか見当もつかない「ビエンナーレ」「トリエンナーレ」のような巨大美術展をあげることができる。それらの中にはもちろんすぐれたものもあるが、多くは美術を大規模かつ効率的に「消費」するために最適化された空間や催しである。そこではいかに「見せる」か、すなわちどのようにしてより強い視覚的インパクトを与え、観客を圧倒するかということが中心的な課題となる。アーティストや作品をめぐる様々な「スキャンダル」や「センセーション」ですら、そうした「見せる」ことの一要素へと還元される。皮肉な言い方をすれば、そうした美術館や美術展は、ディズニーランドやゲームセンターでは美的満足を得られない消費者層をターゲットにしたアミューズメント施設だと言うこともできるだろう。良心的なキュレータたちは、産業や消費の要請を満たしつつ、何らかの新しい美術体験を作り出すという、きわめて困難な課題に直面することになる。いったいどうしてこんなことになってしまったのだろうか?

近代主義がまだ有効であったとき、美術館や美術展の主たる使命とは、美的な「啓蒙」、つまり社会教育であった。そこには、極端に言えば、観客が来ようが来まいが優れたものを観せる、という方針をとることが許容されていた。こうしたことが可能だったのは、近代主義において、「何が優れた美術か」についての合意が、産業や消費への要請からある程度独立した場所に存在していたからである。一方ポストモダン以降のグローバル社会の中では、そうした合意はもはやまったく存在しないか、あるいは存在しても大規模な展示企画にほとんど影響力を及ぼさなくなってしまった。もちろん、近代美術や前衛美術が顧みられなくなったのではない(それどころか、施設の整備によってそれらが展示される機会は増大した)。変化したのは、モダニズムや前衛を内部から支えていた時間的な必然性が失われたということである。いわば美術は時間性を失って空間的なものになった。つまり古典的美術もモダニズムも前衛も、ポストモダン・アートやアボリジニの絵画や日本のマンガと横並びのもの、「美術」が保有する様々なレパートリーへと変化したのである。

このように時間的・歴史的な必然性が喪失した反面で、美術館や美術展はその社会的意味を、入場者数のような量的な指標に基づく「成果」として示さなければならなくなった。そこでは当然、「何が優れた美術か」ではなく、「何がより多くの観客を動員できる美術か」という問題が支配的になる。そしてそれはさらに「より多くの動員を見込めるどんな展示物を〈美術〉として登録すべきか」という戦略的な問題へと変質してゆく。いうまでもなく今日では、〈美術〉だから美術館で展示されるのではなく、美術館に展示されるものが〈美術〉なのである。この転倒が正当化されるのは、「〈美術〉にはそれを視覚的娯楽一般から区別する固有の本質などない」といった気分が、広範囲に共有されているからである。

だが、私はけっして悲観的にのみ見ているわけではない。というのも、近代主義が解体した後でも美術にかんして批判的・反省的立場をとることは可能かつ必要であると考えているからである。ポストモダン的な思想の脱歴史化・脱文脈化は、たしかに一方では「何でもあり（"Anything goes."）」的な状況を生み出したが、その同じ状況を柔軟な批判的思考のために利用することも可能だと思っているからだ。巨大な美術展示は、たとえばギー・ドゥボールが「スペクタクル」と呼んだものの如実な現実化であるとみることができる。ドゥボールの著書『スペクタクルの社会』[1]は一九六七年に公刊されたものであり、その思想はマルクス主義的な「疎外」（邦訳では「分離」と訳されている）の考え方を前提するものだが、そうした前提を全面的に共有しないとしても、彼が特徴づけた「スペクタクル」という概念は、ポストモダン以降の現代社会を批判的に記述するのに今も有効であると私は考えている。

第一に、「スペクタクル」が可視性、視覚の優位を強調するものでありながら、それが意味するのは実は見えない社会的関係であるとされている点に注目したい。「スペクタクル」とは、商品の物神化が極度に進むことによって、ついにはそれが集合的なイメージを媒介にした社会表象として現れた存在であると言っていい。スペクタクルとはイメージそのものではなくて、イメージを通じた社会関係の表象なのであるが、もちろんそこで達成されている（ようにみえる）社会的統合とは、ドゥボールによれば、現実の社会関係における矛盾や葛藤を隠蔽する「虚偽の」統合だということになる。現実には反省的意識による美的経験の共有など存在しないにもかかわらず、圧倒的に巨大な、あるいはセンセーショナルなイメージの提示によって、あたかも「現代」という時代を共有する感覚の共同体が存在するかのように思わせる仕掛けが「スペクタクル」なのである。そこからすると、ビエンナーレのような大規模な美術展も巨大なアミューズメントパークとその機能は同じであり、前述したようにそれがターゲットとしている消費者層が異なるだけ、ということになる。

次に注目すべき点は、「スペクタクル」のもつ抽象性である。それは「商品」の抽象性を受け継いでおり、基本的に場所をもたない、偏在的《ユビキタス》な性質をもつ。オリンピック、万博、ビエンナーレのような催しは、基本的に二つの相反する側面を持っている。ひとつは、それを通して様々な異なった場所、歴史的・地政学的な特異性を持つ都市が経験されるという側面である。それは「サイトスペシフィック」と呼ばれるものの批判的な機能、つまり地域的な文脈の中に置かれることによってユニヴァーサルなものが脱構築される経験を指し示している。だがこうしたことはふつう、マスメディアの報道においても二次的な要素として扱われ、あまり前景化されることはない。つねに前景化されるのはもうひとつの側面、つまりそうした催しが世界のどんな場所においても、「オリンピック」、「万博」、「ビエンナーレ」etc.という同一の本質を表象しているという側面である。そこでは地域固有の特性はたんなる「個性」とか「偏差」として、普遍的なものの中に回収されてしまう。国や地方自治体がオリンピックや万博を誘致し、ビエンナーレを開催したいと欲望するのは、こうした機能を通して自分たちのローカルな場所がグローバルな空間に結合されるからである。このように場所の抽象化が資本主義を駆動する欲望と結合していることを確認するのはきわめて重要だ。

大垣市におけるメディアアートの美術展が「ビエンナーレ」と名付けられたとき、私がまず考えたのは以上のようなことであった。「ビエンナーレ」という名称は、ふつうベニスやサンパウロのような国際的な都市が大規模な予算を投じて行う国際的な美術展を連想させる。だが先述したように今日では、この「ビエンナーレ」という言葉自体が一種のインフレーションを起こして、中小さまざまな都市がローカルな規模で行うイベントにまで「ビエンナーレ」という言葉は多用されるようになった。正直なところ私はおそらく個人的には、あるいは理論家としては、「おおがきビエンナーレ」いう命名は好まなかっただろう。「ビエンナーレ」という名称を受け入れるということは、それに伴っている「スペクタクル」的な要素、視覚性と抽象化への欲望をも受け入れるということを意味する。大垣という都市の規模や地理的条件からみて、「ビエンナーレ」という名称をどのように有効に利用するかは難しい問題である。

さらに、これが現代美術の展覧会ではなく、メディアアートに焦点を当てたものであるということも重要なポイントである。行政や産業の側からみると、メディアアート展に意味があるのは、それが情報テクノロジーの力を美的・象徴的に表現しているという点にある。つまり、メディアアートは一面では人々に情報技術の重要性を知らしめるから、つまり（近代芸術とは異なった意味で）啓蒙的だからであり、また他の面では、そうしたアートが情報関連産業におけるアイデアや商品の開発——新しいインターフェイス、ソフトウェア、コンテンツの開発——に結びついている、と考えられているからである。メディアアートと言われているものはたんに美術の一分野などではなく、つねにそうした政治的文脈を背負っているのである。メディアアート展の企画において、そのことを意識するかどうかもまた決定的に重要な問題であると考えられる。

3　「岐阜おおがきビエンナーレ2006」の構想

「岐阜おおがきビエンナーレ」とは一九九五年以来、岐阜県と大垣市の支援を受けてIAMASが二年おきに開催してきた「世界メディア文化フォーラム」を継承する催しである。一九九五年の第一回から二〇〇一年の第四回までは「インタラクション」という名前の展覧会を中心として、岐阜県大垣市にあるソフトピアジャパン・センタービルで行われてきた。この展覧会は、IAMASの創設者である坂根巌夫氏の企画によるものであり、当時の潤沢な予算を使って海外から技術レベルの高いインタラクティヴ・アート（主として情報技術を用いて、観客の動きその他に反応して映像やサウンドを変化させるメディアアート作品）を招待するきわめて興味深いものであったが、同時にメディアが置かれている社会的文脈には無頓着な、政治的に素朴なものであった。

ＩＡＭＡＳでは私が赴任した翌年の二〇〇一年より、一部を独立の大学院大学として再編成して情報科学芸術大学院大学（Institute of Advanced Media Arts and Sciences）を発足させ、従来の岐阜県立国際情報科学芸術アカデミー（International Academy of Media Arts and Sciences）とともにメディアアート、メディア文化の教育研究機関として活動してきた。こうした変化を受けて、二〇〇四年の第五回より、名称を「おおがきビエンナーレ」と改め、これまでのような展示場におけるインタラクティヴ・アートの国際展という枠組みを拡大し、大垣の街なかの空きスペースを利用した展示やイベントを中心とするとともに、狭い意味でのメディアアート、インタラクティヴ・アートにとらわれず、メディアやテクノロジーと伝統文化や地域社会の関係にも視野を広げた街ぐるみの催しをめざしてきた。

こうした方針変更には歴史的な理由もある。ＩＡＭＡＳが発足した一九九〇年代半ばまでは、職場、学校、家庭におけるパソコンやインターネットの爆発的な普及によって、情報テクノロジーが日本社会を急速に変容させていった時代である。「ＩＴ革命」が大きく取り沙汰され、情報テクノロジーに対して様々な意味で希望が託された時代であった。この時代、多くのアーティストたちもまたテクノロジーのもつ美的・芸術的な可能性に魅了され、コンピュータ技術をその実用的、産業的な利用とはまったく異なったやり方で、実験的な表現活動に用いる興味深い試みを盛んに行った。だが二〇〇〇年前後になりパソコンが広範囲に普及し、インターネットが高速化して本格的な商業利用が定着してゆくと、社会的格差の拡大とともに、情報テクノロジーに対する人々の関わり方の差が大きく目立つようになってきた。一方では、ＩＴが自分の生活に革命的な変化をもたらしたと感じる人々がおり、他方にはＩＴなど自分にはまったく関係がないと感じる人々、あるいは監視の強化や個人情報の漏洩などむしろネガティヴな受け取り方をする人々も増えてきた。

岐阜県大垣市のように、県政として情報産業の誘致が促進されてきた都市の地域社会においてはいったい何が起こっているのか、地域社会の人々はこうした変化を実際にはどのように受容しているのかということは、私が

IAMASに赴任して以来ずっと気になってきた問題であった。都市景観という点でいうなら、それは田圃や畑の真ん中に突然ハイテクの高層ビルが建造されるといった風景が、そうした環境を象徴している。同様のことは何も大垣市にかぎらず、全国各地の地方都市における、新しいポストモダン建築の美術館その他の公共建築物が、多かれ少なかれ似たような風景を作り出している。情報テクノロジー、あるいはグロバリゼーションはちょうどそのような風景の中にあるのだが、それが地域の人々の生活世界においてどんな意味をもっているのかは、まだほとんど知られていないのではないだろうか？

「岐阜おおがきビエンナーレ2006」は、こうした社会的文脈の中で企画された。そこで私は、共同ディレクターの批評家グナラン・ナダラヤンとともに三つの基本的な方針を考えたのだが、ここでビエンナーレに先立って書いたテキストを引用することで、簡単に説明しておきたい。季刊のバイリンガル美術雑誌『ART IT』第12号に掲載したものである。

1　〝ビエンナーレ〟

今日、「ビエンナーレ」という共通の名のもとに、数多くの美術展が開催されている。「ビエンナーレ」とはまるで「ミーム」、つまり世界の様々な都市で自己複製する文化的遺伝子のようだ。グローバリゼーションの時代におけるこうした「アート」の増殖は、いったい何を意味するのだろうか？　もちろん、ある都市がアート・ビエンナーレを開催すること自体は悪いことではない。だがそこで重要なのは、有名な、あるいは論争を呼ぶような現代美術の作品によって、都市を飾り立てることではない。そうではなくて、ある社会に住む異なった人々どうしを、普通とは違う面白いやり方で結びつけるような、新しいチャンネルを開くにはどうしたらいいかを考えることである。「京都ビエンナーレ2003」をはじめ多くの美術プロジェクトとの関わりの中で私たちが学んだのは、このことである。つまり「いかにしてアートを見せるか」ではなく、「アートによって何をするのか」

の方が、はるかに重要な問題なのである。このようにビエンナーレとは、私たちの住む社会の内に批判的対話や変容を生み出すための、強力な手段となることができる。このビエンナーレを通じて私たちが望んでいるのは、それをきっかけにして大垣市内の異なった人々や空間どうしの間に、興味深い対話が生まれることである。

２００６年10月に大垣市で行なわれるビエンナーレは、二つの点でユニークなものである。まずそれは、「ビエンナーレ」という言葉からふつう連想される、莫大な費用を費やした文化事業ではなく、ＩＡＭＡＳと呼ばれる学校が主催する、比較的地味な美術祭典である。さらにそこでは、アート一般ではなく特にメディアアートを批判的に展示しそれについて議論することに、強い関心が注がれている。大垣の異なった場所や人々を結びつけるため、展示そのものも市内のいくつかの会場で行なわれ、それらを訪れる人々にとって、各地点の間のつながりや結びつきがわかるようにしたいと考えている。

2　テーマ「じゃんけん：運の力」

テクノロジーの発達と普及とによって、とりわけ「先進」社会における私たちの生活は、計画やプログラムにますます依存するようになりつつあると思われる。他方、生活や芸術、そして科学的探究においてすら決定的な役割を演じる「運《チャンス》」の重要性は、忘れられているかもしれない。「メディア」化され、決まったやり方で機能するようにプログラムされた世界の中で、運やセレンディピティ(2)を探究することは非常に大切である。この意味での「運」はまた、そうした秩序を生み出しているインフラやテクノロジーの違いに対して、文化がどのようにアプローチしてゆくかという問題を提起する。また、運《チャンス》の働きが儀式やインターフェイス、日常生活の内部ではるかにうまく具現され配慮されてきた文化もあり、そうしたことについての歴史的・文化的な問いも起こってくるだろう。

「じゃんけん」とは、通常の理屈や調停では決まらない事柄を決定したいとき、子供大人を問わず、誰でも行なう遊びである。だがそれは、表か裏かという二者択一のコイン投げとは異なる。「じゃんけん」の重要な点は、それが三つの手からなり、そのどれもが、最終的な勝者にはなりえないということだ。私たちは「じゃんけん」のこの側面を面白いと考え、それによって「2」に対する「3」という数の重要性を強調したい。「2」がともすると固定へと向かうのに対して、「3」は回転と循環を可能にする。「3」はまた、多くの文化を通して民話や伝承に登場する。少年は「狼が来たぞ」と三回叫ぶ。王子たちは姫が課す試練に三回挑む。サッカーなどの「ハットトリック」（一試合中に三回得点すること）は、ラッキーだが難しいという特別な意味をもつ。また「第三者」は、自己と他者、そして両者を媒介する第三の他者の存在という人間関係として考えるとき、強力な倫理的概念となる。私たちは、この「3」という数のもつ特別な意味をも、何らかの形でビエンナーレの中に具体化したいと考えている。

3　アジアのメディアアートへの注目

岐阜おおがきビエンナーレのもうひとつの重要な側面は、アジア諸国において勃興しつつある様々なメディアアートに、地理的・文化的に焦点を当てることである。これまで日本では、アジア地域におけるメディアアートの著しい発展が組織的に紹介されたり、その美学的、文化的、批判的、技術的な特異性について議論されたことはなかった。岐阜おおがきビエンナーレは、そうした機会を提供する最初の展覧会となるであろう。そしてまた、アジアのメディアアートを見せるというこの選択は、実は「じゃんけん」というテーマと、不思議な仕方で結びついているのである。二値的な厳密性に従ってテクノロジー的・文化的に構造化されている現代世界では、運の力、そして生成、循環、差異の評価における「第三者」の重要性は、非‐西洋的文化において（必ずしも意識的にではないにせよ）はるかに強く感じられていると思えるからである。こうした第三者や運といった概念が様々なアジア諸国で異なった働きをもつとしても、それぞれがどのように異なり、どんな可能性をはらんでいるかは、

山川 K. 尚子（日本）の作品「Kodama」。神社に参拝する観客の声によって、本殿正面に投影された映像の中の森の精霊たちが反応する。　©IAMAS

議論に値する問題であろう。

以上のような方針に基づいて、大垣市内の各所で展示とイベントを行った。展示場所には、ソフトピアジャパンのセンタービルの他、銀行の旧支店店舗、大垣城公園内にある古い武道場、全昌寺という寺院内にある幕末の大垣藩老の別荘、宿場の本陣跡の建物を使用した他、商店街地域での野外上映や、移動ミュージカル、スタンプラリーその他のイベントを開催した。街なかでの催しという性質上、美術やメディアアートを鑑賞するとか、コンセプトを理解するといった「構えた」態度を要求するのではなく、むしろお祭り的な雰囲気の中で作品と出会う、という雰囲気を作り出したいという希望があった。またアジアからの招待作家としては、韓国、中国（香港）、シンガポール、タイ、フィリピン、インドネシア、インドから、合計七組のアーティストを招待し、その作品を紹介することができた。

大垣駅前通り南の新大橋で行われた野外上映。IAMAS が制作したテレビ番組や、昔の大垣の様子を伝える映像などに道行く人々が足を止めた。 ©IAMAS

カモン・パオサワット（タイ）の作品「それらを結合する想像の橋」は、大垣宿本陣跡の竹島会館の和室にモニターを配置することにより展示された。 ©IAMAS

アジアのアーティストたちを交えたトークも、ふだんは地域の人々が利用する竹島会館二階の座敷を借りて行われた。 ©IAMAS

4　テーマ「じゃんけん：運の力」の展開

最後に、「じゃんけん：運の力」というビエンナーレの「テーマ」ついて私自身がさらに考えてきたことを述べておきたい。このテーマの趣旨は、あらかじめ参加アーティストのすべてに伝えておいたが、それに合わせた作品を制作するように依頼したわけではない。アーティストの中には、「じゃんけん」や「運《チャンス》」あるいは「3」という数字に直接関わる作品を展示した人も、そうでない人もいる。テーマについてはむしろ、ビエンナーレ中に開催されたシンポジウムやアーティスト・トーク、講演会などを通じて議論が行われた。

私自身がこのテーマに関して考えたことは、ビエンナーレに合わせて出版された小冊子『クロッカス』に連載したテキストを通じて発表した。『クロッカス』はIAMASで私のゼミに参加している院生を含む数人の学生によって組織されている、学内新聞のプロジェクトである。学内のコミュニケーション促進のためのフリーペーパーとして自

セオ・ヒョジョン（韓国）の「テーブルの上の白雪姫」は、白雪姫の運命が観客の働きかけによって変化してしまうという作品である。　©IAMAS

鈴木宣也（日本）の作品「三人三脚」は、三本足のヴァーチャルなロボットを、三人の観客がうまく協力して操作することで歩かせる。　©IAMAS

主的な活動をしてきたのであるが、「岐阜おおがきビエンナーレ2006」の開催に際して、一種のニューズレターに代わるものとして、このグループに広報を委託することにしたのである。以下では、私がそこに四回連載した小文を転載することで、「運の力（The Power of Chance)」というテーマの中に私が込めた考え、あるいはそこから派生した考えを紹介したい。

【連載その1　フランダースの犬】

「フランダースの犬」という話がある。日本では明治の終わり（1909年）に翻訳・紹介されて以来多くの読者を得、最近ではテレビアニメを通じて世界的に有名になった。原作は、ウィーダという筆名をもつイギリス人が1872年に書いた物語である。ベルギーが舞台であるが、ベルギーでもイギリスでも、誰もが知っているようなお話ではない。海外旅行が盛んになって、日本人が数多くアントワープを訪れ「フランダースの犬」について尋ねたのだそうだ。アントワープ観光局は最初何のことだか分からなかったが、あんまりたくさんの日本人が尋ねるので調べてみた。そうして、この名作が「再発見」されたというわけなのである。

なぜ、この物語は昔のヨーロッパではウケなかったのか？　十九世紀後半というのは「努力」や「進歩」が称揚された時代である。人間＝人類はみずからの宿命を乗り越え、自己の限界を超えて進んでゆくべきだ！　という輝かしい時代の幕開けである。それなのに主人公ネロ少年ときたら何だ？　自分の過酷な運命を抗うこともなく受け入れて、美しい魂のまま死んでゆく。そういう、ただただ可愛そうなだけの話なのである。そんなもん認められん！　子供の教育にもよろしくない、と思われたのだろう。

日本の明治にも進歩という規範はあったが、同時に仏教的な無常感などの古い心性も残っていた。だから人々はネロの運命に涙して読んだ。さらに極端な「賽の河原」のような話すら、今でも日本人の心の深い部分に触れるのではないだろうか。いや、実はヨーロッパでも近代以前には、無垢な子供が死んでゆくというただただだ可愛そうなお話を、多くの人々は好んで聞いていたのである。その種の話に共通するのは、努力が何の役にも立たないという点である。救済は自己の努力によってではなく、お地蔵さんや天使がたまたま現れてあの世へと導いてくれる、という「偶然」によってもたらされる。

そもそも人間はなぜそうした話を聞きたがるのだろうか？　人生にはもちろん努力が必要である。けれども努力とはしょせん人間の営為であり、限界がある。頑張ってみなければ成果は期待できないが、頑張れば必ず報われるというのは妄信である。努力なしに成功することも、努力がことごとく何の実も結ばないこともある。そこに偶然の働き、運の力がある。だから、努力と運とのバランス感覚が大切なのだが、人間はえてしてわがままで、努力すればそれだけの見返りを要求する。ことに近・現代人はそうであって、計画を立て計算をして、その通りに事が運ばないと怒り出したりする。「自分はちゃんとやっているのに」と不平を言い、失敗を誰かのせいにしたがるのである。

「フランダースの犬」のような話、「賽の河原」のような話は、そうした驕慢をなだめ、やわらげてくれる。別な言い方をすれば、私たちの内部にある、運や偶然に対する感受性に気づかせてくれるのである。しかし、どうして運や偶然といったことがそれほど大事なのだろうか？　それは究極的には、私たち自身の存在が偶然的なものだからである。どんな人も自分の生を計画的に選んだわけではない。この私は、気がついてみたら私だったわけである。私たちはみんな、この世界の中に「たまたま投げ出された」みたいなあり方で存在している。この認識は、自分に与えられた運命を受け入れるしかないという悲観的な宿命論に導くものではない。むしろその逆であり、自分はもしかしたらまったく違った存在であったかもしれないと考える余裕を与えてくれる。自分が、現にある通りの自分でなければならないような確たる根拠は何ひとつないと了解すること――これが運の力を知るということである。

ビエンナーレ最終日には、寄生虫学者藤田紘一郎氏を招いて講演をいただき、その後対談を行った。 ©IAMAS

【連載その2　もうひとつの、ウンの力】

「岐阜おおがきビエンナーレ２００６」の最終日である10月15日には、現代のキレイ社会の危険を訴える寄生虫学者、藤田紘一郎教授をお招きして、講演と私との対談をお願いすることになった。「じゃんけん：運の力」というテーマ、そしてアジアのメディアアートへの注目という二つの柱をもつ今回のおおがきビエンナーレだが、その催しの最後を飾るイベントになぜ、藤田先生をお招きすることにしたのか？　今回はこのことについて少し書いておきたいと思う。

何か決めるのに困ったとき、私たちは「じゃんけん」をする。それでどんな結果が出ても「恨みっこなし」というタテマエになっている。なぜか？　それは「じゃんけん」の結果とは人間の推量を越えた、おおげさに言えば〈宇宙の意思〉のようなものを表現していると、深層では了解されているからである。ゲームや賭け事の面白さも、人間の合理的な思考や意図がサイコロの目のような偶然的要素の介入によって攪乱されることから来る。さて、偶然を人は「単なる」偶然と言いたがるが、これは合理性の立場から見た言い方であって、この「単なる」には「必然の欠如」

という意味が含まれている。偶然とはしかし、本当に必然の欠如にすぎないのだろうか？　前回述べたように、偶然は私たち自身の存在の根底にある。もし偶然を欠如と考えたら、私たち自身の存在も最終的には無根拠な出来事にすぎない、という二ヒリズムに行き着く。

偶然を何らかの欠如としてではなく、むしろ世界を変える一つの「力」としてとらえたいという思いが「じゃんけん：運の力」というテーマには込められている。だがそれだけではない。じゃんけんはコイン投げやサイコロと違って、三つの手の勝敗が互いに組み合わさって閉じた輪を形成しており、勝ち負けはいわばその輪を循環するような仕組みになっている。「3」という数字はこのような循環を作り出す最小の数である。さて、この複雑な世界を理解しようとするとき、競争を通じて勝ち組・負け組が二分されるとみるか、それとも強いものが回り回っていちばん弱いものに負けるような循環的構造とみるかによって、かなり様相が違ってくる。現代の社会をみると、たしかに勝ち組・負け組の二分法的見方が優勢のように思われる。それは、そもそも社会が人為の産物だからである。だがもっと視野を広げて、自然界を眺めてみるとどうだろうか？

人間は自分を世界の中心だと考えている。自然を大切に！　と叫ぶ人々ですら、その「自然」とは人間にとって都合のいい自然環境のことにすぎない。そして人間は、自然を「保護」できるほど強いと思い上がっている。だがある意味では、地球に君臨しているようにみえるこの人間ほど弱い存在はない。人間の健康も命も、たとえば体内や体外の環境における微生物の環境がちょっと変わるだけでたちまち影響を受ける。道徳や宗教の話ではなく科学的事実として、人間は自分の力で生きているのではなく、自分以外の様々な他の生き物、存在者のつながりの中で「生かされている」のである。

生き物のそうしたつながりを知るもっとも身近な手がかりこそウンチなのである、と言ったら笑われるだろうか。動物は自分や他の個体のウンチにとても関心をもつ。ニューギニアのダニ族をはじめとする「未開」人たちにとって、神の贈り物である食物が体内を通ってまた世界へと還って行くウンチは、重要であるばかりではなく神聖なものである。文明社会の子供も最初はウンチに関心をもつが、しつけや教育によって排便に関する事柄を忌避するように条件づけられる。だがそうした「文明化」は偏ってはいないか？　文明化を否定したり過去にもどったりするのではなく、未来の人類文明をもっと豊かなものにするためには、ウンチに注目すること、つまりもうひとつの「ウンの力」が必要なのだ。わたしは冗談ではなく大まじめで言っているのである。そしてこのことを私よりももっと大まじめに、医学的・生物学的な根拠をもって主張されてきた方こそ、藤田先生なのである。

【連載その3　ライフ・リサイクル】

何事につけ「循環」や「リサイクル」の重要性が話題にされる昨今だが、では究極のリサイクルとは何か？と問うならば、それは「輪廻」にほかならないのではないか。この人生が、〈私〉という個人の誕生と死によって区切られる数十年間、長くても百年程度の時間の中で終結するものではなく、果てしなく循環する宇宙的なプロセスの一部にすぎない……こうした世界観は近代以降、因習的・迷信的な考えとして表向きには排除されてきた。だが少なくとも東アジア（といってもどこまでを言うのか難しいが）においては、私たちの無意識的な生の実感の中に、「輪廻」はしっかりと根付いているように思える。

つげ義春の漫画に『ゲンセンカン主人』という作品がある。たしか主人公が自分のドッペルゲンガーを探して「ゲンセンカン」という名の汚い温泉宿を訪れる話である。そこで出会った老婆が「前世からの因縁」を語る。おばあさんはそう信じているのですね？　と主人公が問うと、だって前世がなかったら私たちは生きていけないではないか、と老婆は答える。なぜ生きていけないのです？　と主人公がしつこく追及すると、その老婆は、だって前世がなかったら私たちはまるで……ゆ、幽霊ではありませんか、と言うのである。「前世が存在しないならば、この生そのものに実体がない」——一見不合理なこの主張が、なぜこんなに説得力をもって響くのだろうか。

それに対して「一度しかない人生だから」といった言い方は、近・現代人の決まり文句である。そしてこの決まり文句には、ほとんど何の説得力もない。というのも、この「だから」は何らかの根拠を示しているようでいて、実は何の根拠も示していないからである。一度だけなのだからこの人生を大切に生きなければいけないとも言えるし、反面まったく同じように、どうせ一度で終わってしまうのだからこんな人生どうでもいい、とも言える。「一度しかない」という人生観が指し示しているのは、むしろこの無根拠性そのものと考えることもできる。つまり「一度しかない人生」という考え方は、とどのつまりは、人生全体を意味づけるような根拠はない、ということしか言っていないのだ。

一方「輪廻」は、この人生に何らかの意味を与えてくれるようにみえる。けれども、だからといって輪廻をふつうの意味での「事実」として認めようとすると、そのとたんに問題がすりかわってしまう。子供の頃、家に来ていた浄土宗のお坊さんに「もしぼくが死んでアリに生まれ変わっても、それはただのアリでぼくの記憶も意識も持っていないのだから、〈輪廻〉という概念自体が成り立たない」などと、幼稚な反論をしたことがある（恥ずかしい）。あるいはまた、「前世の記憶」の存在を合理的に証明したと主張する人たちもいる。これもまた、その主張の当否はともかく、輪廻をふつうの意味での「事実」と考えているわけである。

「事実」とは何か？　哲学的に議論するとかなりややこしいが、とりあえず「何らかのやり方で経験可能な事柄」としておこう。宇宙の始まりとされる「ビッグ・バン」は、もちろん誰も直接経験していないけれども、その証拠と考えられている「黒体輻射」は観測できる、つまり経験可能である。同様に人の「死」は、それを外から見たり聞いたりできるという点でのみ「事実」である。では自分の「死」はどうか？　たしかに死の不安や死に至る苦痛は経験できる。けれども「死」そのものは原理的に経験できない。死とは経験主体の消滅にほかならないのだから、当たり前である。私自身の「死」とはいかなる事実でもなく、むしろ事実的世界全体の「境界」なのである。

〈輪廻〉とはそうした境界の向こう側の話だ。だから事実としてあるとかないとか議論しても無駄だし、信じる信じないという問題でもない。〈輪廻〉とはこの事実的な生の外部にあって、この生を意味付けているひとつのリアリティのことなのである。そして意識するか否かはともかく、すべての循環的・リサイクル的な思考は、究極的にはこのリアリティを暗示せざるをえないのである。

【連載その4　「東と西」の彼方へ】

現代人は自分が理性的な理由に基づいて行動していると思っている。仕事ができ、「ボクは頭がいい」と信じている男たちは特にそうだ。けれど「理性」それ自体はいかなる行動の動機にもなりえない。動機はその背後に、つまり「理性的であることはそうでないよりも良い」という判断に発する。この判断自体は理性的ではない。つまり「なぜ理性的であることはそうでないよりも良いのか」は理性では説明できない。ではこの判断は無根拠かというとそうではない。それは「理性の拡大が人間の進歩であり、我々を幸福に導く」といった〈物語〉に支えられている。人間を真に動かすのは〈物語〉なのだ。

ここで〈物語〉といっているのは、起承転結のある「おはなし」というふつうの意味ではなくて、私たちがそれによってこの世界全体を了解する何らかの時間的枠組み（あるいは枠組みの示唆）という、やや広い意味である。この意味では、宗教も資本主義もテクノロジーも、それぞれ異なった〈物語〉となる。それらは人類の救済、自由競争を通じた自己実現、自然の制御を通した文明の進歩、といった世界了解を背負っているからである。べつにそういう大げさなものだけでなく、たとえば「ふつうの人間として平凡な幸せを得たい」なんていう欲望も、実は意外に抽象的なひとつの〈物語〉に支えられている。

「西と東」というのもまた、私たちにしつこく付き纏っている〈物語〉のひとつだ。ローマ法王の演説がイスラム教を攻撃したと騒がれているが、この法王も「西と東」という〈物語〉の虜になっているようだ。それも

「西」に理性を、「東」に暴力を帰属させるという、めちゃくちゃ古いヴァージョンの〈物語〉である。「十四世紀のビザンチン皇帝の言葉を引用しただけで私の意見じゃない」なんて、まるで失言した日本の政治家みたいな言い訳をしているが、根本的な問題は「理性とコンパティブルな西の神」というようなお話が今の時代にはたして有効かどうかということだ。「理性的」な近代人がとっくに克服したと思っていた中世的「東西」対立を復活させているのが、イラク戦争後の世界情勢である。このことをむしろ警戒して、「西と東」を越える包括的《カトリック》な〈物語〉としてのキリスト教を改めて代弁することこそ、法王たるものの使命ではなかったか？

恐れ多いことを言ってしまったが、人ごとじゃないのである。私たち日本人だって近代化以来、「西と東」という〈物語〉にずっととらわれたままなのだ。岡倉天心も福沢諭吉も西田幾多郎も、明治の思想家たちはおしなべて、私たちよりもずっと直截な言葉でそれを思考していた。「西」に対立しやがては「西」を克服すべき「東」という理想は、世界史のうねりの中で「アジアを解放する」ための植民地主義戦争と結合し、それが破綻すると、端的に忘れられてしまった。それは消滅したのではなく「抑圧」された、つまり戦後のアメリカ化の中で「西」と曖昧な形で自己同一化することで、うやむやにされてしまったのである。だから「西と東」という〈物語〉の問題は今も未解決のまま残っており、そのことが日本とアジア近隣諸国との関係の上に影を落としている。

岐阜おおがきビエンナーレ２００６の焦点のひとつは、アジアへの注目である。そもそもアジア人である日本人が「アジア」をエキゾチックなものとして表象すること自体、「西」をみずからに内面化した証拠である。このように、日本にとってアジアを見ることとは、自分自身を見ることにほかならないのである。自分自身の姿を反省的に知ることがなければ、文化交流なんて何の意味もない。とはいえ、「西と東」という〈物語〉はとても強力であり、そこから単純に逃れることなんてできないだろう。私たちにできるのは、この〈物語〉をヴァージョンアップすること、「西と東」という世界の分節に、大時代的な「文明の対立」ではなく、もっと創造的なイメージを与えることなのである。

おわりに

本書に寄稿する機会を与えていただいたことで、「岐阜おおがきビエンナーレ２００６」をはじめ、この数年間に自分が関わってきた美術企画の活動についてあらためて振り返ることができたことを感謝している。「応用芸術学としての美術企画」というのは奇妙な、誤解を招きやすいタイトルかもしれないが、それによって強調したかったのは、私がこれまでの活動をとおして直面してきたひとつの課題、すなわち「現場」においていかにして原理的思考の次元を維持するかということなのである。

美術であれ他の領域であれ、「いま」という時代は過剰な「現場主義」「現実主義」が横行し、その反面、理論や原理的思考を「役に立たない理想論」として軽蔑する、シニカルな時代だと思う。大学改革においても、産業に直結する工学系やビジネスに関連した分野ばかりが優遇され、文学、芸術、哲学などの人文科学分野はますます狭い場所に追い込まれているかの観があるが、私はこうした状況こそ国家の危機だと考えている。人文科学的な素養をもつ人々が、理想主義と笑われることを恐れずもっと積極的に発言し、社会的実践の場に出て行ったほうがいいと思っている。不十分なものではあるが、自分の美術企画の経験をこうした文章の形で披露したのも、私自身がこの「いま」という時代に対して抱いている、やりきれない思いのためなのである。

（1） キー・ドゥボール『スペクタクルの社会』木下誠訳、ちくま学芸文庫、二〇〇三年。
（2） セレンディピティ（serendipity）十八世紀のイギリスの作家ウォルポールが、「セレンディップ（セイロン）の三王子」という物語のエピソードにより、意図せざる発見・発明を意味するものとして作った造語。

第三部　たどる

「ポップ」で「キッチュ」で「クール」なアート？

——消費文化とアートの一つのエピソードとして

川田都樹子

1　はじめに——アヴァンギャルドとキッチュ

アヴァンギャルド（前衛）のあるところには、たいていリアガード（後衛）もある。全くその通りで——アヴァンギャルドの登場と軌を一にして、第二の新たな文化現象が工業化された西洋に出現した。それにドイツ人はキッチュという素晴らしい名を付けた。大衆的な、商業芸術と着色活版図を掲載した文学、雑誌の表紙、挿絵、広告、てかてかした低俗な読み物、漫画、大衆音楽、タップダンス、ハリウッド映画等々がそれである。（中略）。キッチュは原料として本物の文化の劣悪でアカデミシズム化したまやかし物を用いて、この無神経さを歓迎し、奨励した。この鈍感さこそ、その利益の源泉である。[1]

これは「モダニズムの絵画」（一九六〇年）の執筆者として知られるアメリカの批評家、クレメント・グリーンバーグが、一九三九年に書いた「アヴァンギャルドとキッチュ」の一節である。「消費至上主義」がらみで「アート」について何か書こう……と、あたりを見回したとき、今さらながら、彼がこんなことを言えた時代を羨ましいと思ってしまった。グリーンバーグが言うアヴァンギャルドとは、伝統的な芸術のあり方（アカデミックなもの）を拒絶して、文化を活性化させる「動的」なアートであり、一方、彼が言うキッチュ、大衆的な消費社会の産物とは、真正な文化の価値を理解できない大衆が、娯楽的代替品として消費するものであって、それは陳腐な常套表現を繰り返し使うばかりであるという理由で、文化を停滞させる「静的」なものである。そんな言い方で、「アート」と「キッチュ」は区別できていたのである。

やがて二〇世紀の中葉、ポップ・アートの台頭によって、グリーンバーグが称揚しつづけた「モダニズムのアート」は危機に追い込まれた。その先鞭をつけたのは、批評家、ローレンス・アロウェイ、彼が一九五八年に発表した「芸術とマス・メディア」だった。アロウェイが、グリーンバーグの先の論考を二〇年も経ってから批判したものである。アロウェイに従えば、技術進歩のめざましい産業社会において、その技術と直結している大衆芸術（グリーンバーグのいうキッチュ）こそは、時代の迅速な流れとともに刻々と変転する動的なものであるから、反アカデミックなものであり、これからの「芸術の新しい役割とは、大衆芸術をも含めた拡張された枠組みの中で、可能なコミュニケーションの形式のひとつになること[2]」だと言ったのだった。アロウェイがこう言ったのは、「芸術の境界線を押し広げる（もしくは『芸術』と『生活』と呼ばれているもののオーヴァーラップを促進する）ことを欲していた[3]」からだ、という。それでも、今振り返ってみれば、やはりまだまだ羨ましい状況だ。ハイとローの間に、区別があったからこそ、そんなことが言えたのだから。

六〇年代、アメリカのポップ・アートは、キッチュを「素材」として「アート」を作った。スーパー・マーケットに並ぶ日用品、消費社会の「商品」と、外観だけでは区別できないような「アート」の作品を前にして、「何が、あるモノを芸術たらしめるのか」と思考をめぐらせたのがアーサー・ダントーだった。一九六四年、彼は言った。「あるモノを芸術として見るためには、目で評定できない何かを必要とする——芸術理論の空気を、芸術の歴史についての知識を、つまり、アート・ワールドを。[4]」つまり、あるモノがアート作品として位置づけられるような、歴史や理論のコンテクストさえあれば、それは「アート」である、というわけだ。「見た目」がアートに見えなくても、それがサブ・カルチャーの娯楽的キッチュに見えようとも、それでもまだ、「アート」という特別な領域世界があるのだ、と信じることで、彼の「アート・ワールド」論は成立していた。

七〇年代になると、「アート・ワールド」の実体は、芸術に関する社会的な制度（批評家やジャーナリズム、美術館や画廊や美術市場）であるとする、ジョージ・ディッキーの「制度理論」が登場した。ディッキーによれば、あるモノが芸術作品であるための必要十分条件は、次の二点だという。

（1）それが人工物であること。

（2）それが備えている一定の相貌が、ある社会制度（アート・ワールド）を代表する人々をして、それに、鑑賞のための候補という身分を授与せしめること。(5)

つまり、美術館に展示されて、「アート」として専門家に語られるようになれば、もう何でも「アート」なのだ、という見方である。これが、その後三〇年以上も続いていることになる。

ジャン・ボードリヤールが『消費社会の神話と構造』を出版したのも、一九七〇年のことである。彼に言わせれば、「高尚な文化とマス・メディア文化の価値を対立させることは意味がないしばしばかげている」(6)、『大衆文化』と『前衛的芸術作品』との間に、もはや違いは存在しない」(7)。ボードリヤールは、「アート」の側からではなく、消費社会の分析から論じ起こして、それまで自明のものとされていた「アート・ワールド」、否「アート」それ自体の意味を解体してしまった人だといえる。にもかかわらず（否、だからこそなのだろう）、二〇世紀最後の四半世紀に（そして今でも）、「アート」を語るために彼ほどしばしば引用され、参照された人もいないのではないだろうか。今となっては使い尽くされ言い古された感もあるほどだが、それでも、ここで今一度、彼の言葉をたどりながら、消費社会の渦中で「アート」に何が起こったのかを振り返ってみるのもいいかもしれない。おりしも、二〇〇三年の『パスワード——彼自身によるボードリヤール』邦訳(8)に続いて、その訳者でもある塚原史による『ボードリヤールという生きかた』(9)が二〇〇五年に上梓され、ボードリヤールの思考の変遷・展開を見直す機会が与えられた。それを道案内としながら、思いつくまま「アート」にまつわるエピソードを、少しばかり拾い出してみようと思う。

2 「差異」の喪失、「個性」の喪失、「他者」の喪失

ボードリヤールの一九七〇年の著作『消費社会の神話と構造』は、現代社会の最も重要な要素として「消費」を捉え、「消費の体系は最終的には欲求と享受にもとづくのではなくて、記号（記号としてのモノ）と差異のコードにもとづいている」(10)という指摘によって注目を集めた。自動車や洗濯機、自然の緑、健康な身体でさえ、あらゆる財とサービスが「消費」の対象となる社会。こうした「ありあまる豊かさ」の中での消費行動は、もはや使用するために必要だからという理由でモノを購入することではなくなってしまう。モノがその使用価値を超えた記号として立ち現われるのが、彼のいう「消費社会」なのである。人々が購入するのは、「パノプリ［セット］」としての記号群であり、モノとして増殖する記号上の差異だというのだ。（「パノプリ」とは、もとは騎士の武具一式を指す言葉だそうだが、現代では、玩具の変装用セットなどを指し示す言葉である。）「理想的な準拠としてとらえられた自己の集団への帰属を示すために、あるいはより高い地位の集団をめざして自己の集団から抜け出すために、人びとは自分を他者と区別する記号として」(11)、ワンランク上を示す「パノプリ」を購入しているだけである。それは、産業的・人為的に創出されるような限られた数の「モデル」あるいは「モード」だといってもいい。しか

も、産業の独占集中は、ますます「モデル」数を減少させていく。そのときヒトにとっての選択肢は、少ない「モデル」のうちのどれに所属するか、というだけに限られてしまう。人は、自分が消費するモノ=記号によってしか、差異を獲得できない。そこにあるのは、もはや個々人を対立させる現実的な差異ではない。むしろ、現実の差異や特異性を放棄しなければ、ヒトは自らを「モデル」の複合体と化すことはできまい。こうして、真の差異、「個性」は消滅する。モノもヒトも均質化・同一化していく。例えば、流行の「ファッション」に身をつつむことや、お気に入りの「ブランド」で身を固めることを「個性の表現」だと思い込むような消費社会の自己欺瞞。そこには、真の差異も個性もない。だから、異質な存在としての「他者」もない。

一九七〇年に、こうした「消費社会」の分析を行なったボードリヤールにとって、それを反映した「アート」は、六〇年代アメリカを中心に現われたポップ・アートだと思えた。例えば、アンディー・ウォーホルのイメージの反復的羅列。マス・メディアによってジャーナリスティックな記号と化した同じ一つの映像が、シルクスクリーン印刷で何度も反復される。ウォーホルの作品を、大量生産・大量消費型社会と過剰情報化社会の反映だ、とする解釈自体は、特に目新しいものではないかもしれないが、ひとまず、ボードリヤールの当時の発言を引いておこう。

> モノもイメージも互いに膨張しあってついに同じ論理空間のなかで共存しあうことになる。両者はこの論理にもとづいて記号としての役割を（示差的・可逆的・組み合せ的関係を保ちつつ）「演じる」。（中略）ポップは記号の内在的秩序の膨張しきった飽和状態、ならびにその教養化された抽象作用に同化しようとしているといってもよいだろう。（中略）
>
> ポップが意味するものは、遠近法とイメージによる喚起作用の終焉、証言としての芸術の終焉、創造的行為の終焉、そして重要なことだが、芸術による世界の転覆と呪いの終焉なのだ。ポップは「文明」世界に含まれ

るだけでなく、この世界に全面的に組み込まれることをめざしている。[12]

ボードリヤールにとって、旧来の「美的感情」を追放した「クール」な芸術であるポップ・アートは、こうして消費社会のコード解説という知的機能を持ちうる。その意味で、「要するに、ポップ・アートは大衆芸術（ポピュラー・アート）ではないのだ[13]」と語っている。六〇年代のポップ・アートが「消費社会」の分析として読めること、また、市場に出回って自ら消費の対象としてのモノ＝記号と化す（＝この世界に全面的に組み込まれる）というのが彼らの戦略だということを、ボードリヤールは言い当てていたわけである。

こうして、ボードリヤールは、ポップ・アートが「キッチュ」ではない「アート」であることを認めたことになるだろう。してみれば「大衆文化」と「前衛芸術」との間に違いがなくなる、という彼自身の言葉のほうが、実は、「アート界」よりも先行していたのかもしれない。両者ともが既存の記号の組み合わせで制作されてはいても、ウォーホルらのポップ・アートは、決してキッチュと同一レベルのものになってしまったわけではないのである。

一方、昨今の私たちをとりまく状況は、ボードリヤールの予言にとうとう追いついてしまったのだと言えるかもしれない。日常生活に「アート的」に見える要素が充満し、産業的デザインと芸術作品との境目がどこにあるのか（あるいは、もう存在しないのか）が見えない。それ以上に、「アート」を自称する領域からの、「キッチュ」への熱心な接近のほうが、昨今ではむしろ目につく（あるいは鼻につく）。

アンディー・ウォーホル〈マリリン〉（10点組）1967年

日本での一例として、グルーヴィジョンズの「チャッピー」のひところの大流行を思い起こしてみると良い。グルーヴィジョンズとは、伊藤弘を中心に一九九三年に設立されたデザイナー集団であり、「チャッピー」は、彼らが考案した「キャラクター」の名前だ。顔や体の形は全く同じだが、髪型、服装、性別を変幻自在にできる。ズボンをはけば男に、スカートをはけば女になるし、肌の色を変えればどんな人種にもなる。そして、どんなに変身しようと、もとの「チャッピー」というキャラクターのままなのだ。チャッピーは、もともとはコンピュータ・ゲーム上のキャラクターとして考案されたそうだが、やがてポストカード、ステッカー、コースター、文具、予備校のポスター、飲料のラベル等々と、増殖可能なフィールドをみつけてはどんどん拡散し、やがて立体化され携帯ストラップやマネキンになったかと思うと、一九九九年には「ヴァーチャル・タレント」になって音楽CDもリリースされ、グルーヴィジョンズは「チャッピーの所属事務所」を自称するようになった。つまり、出自はあきらかに「キッチュ」に属する大衆消費の対象なのだ。ところが、翌二〇〇〇年には、「芸術家」である村上隆が組織する『スーパーフラット』展で、ついに「芸術作品」として（？）展覧会デビューまでしてしまったのである。

パーツの変更だけで無限のヴァリエーションを見せつつ増殖する「チャッピー」は、まさに同一物の反復であると同時に差異表示記号でもある。ポップ・カルチャー評論家（本業は精神科医）の斎藤環に言わせれば、それは、C・S・パースの記号論で言う「シンボル、イコン、インデックス」の、どの範疇でも語りきれず、しかもミッキー・マウスのような「キャラクター」の性質とも異なる、きわめて「特異なもの」であって、むしろ「フォント」であるという。デザイナーの個性的なセンスによって生み出され、全体としての統一性を付与されたものであるにもかかわらず、「しかしひとたびフォントが決定づけられれば、それは際限のない創造的空間を拓く」。それは「意味や象徴性に縛られることなく、むしろ新たな意味や象徴をもたらすための形式として機能することになる」。

グルーヴィジョンズ〈Chappie 33〉1988年

斎藤は、「三十三間堂並び」のチャッピーを見ても「不気味だとは思わない」そうである。なぜなら「アルファベットの羅列にほかならない」からだ、と。[14] 無限増殖するチャッピーを不気味だと感じるか否かは、賛否の分かれるところだろうが（作者である伊藤は「気持ち悪さ」も狙ったとは言うのだが）[15]、もしも、これにとてつもない不気味さを感じさせる要素があるとすれば、それは、極小の記号的差異の戯れだけがあって、決して「他者」を持たないものの爆発的増殖という、ボードリヤールが語った内容が、人間の身体（に見える形象）にそのまま適用されている様を見せつけられた困惑と、それが実は私たちのいる現実世界の鏡であるかもしれない、と気づいたときの恐怖から来るものではないだろうか。

しかも、「チャッピー」は、ただただ「カワイイ」。（後述するが「カワイイ」は現在「ニッポンのアート」のキータームである。）無機質で不気味な、一様の笑顔。ウォーホルの提示した「マリリン・モンロー」や「ジャクリーヌ・ケネディ」が、ヒトの死を告げる報道映像から引用されており、それが「キャンベル・スープ缶」や「ブリロ石鹸の箱」と同じ手法で反復されていたときに、私たちが感じたに違いない内容——ウォーホルという芸術家の「批判的精神」あるいは、社会に向けて差し戻してくる「悪意」といった類のものを、この「チャッピー」は何ら孕んでいないように見える。だからこそ、キッチュとしての消費数もどんどん増し、どこにでもあの無機質な「笑い」が蔓延したのだ。そしてその事実こそが、かえってますます「不気味」だったのである。

七〇年代初めに展開されたボードリヤールの「消費社会」論は、しかし、八〇年代から世紀末に向かうにつれ、もっとずっと過激な言説へと展開していくことになる。その展開は、大衆消費社会そのものの変質と軌を一にしていたといっていい。『シミュラークルとシミュレーション』。それはフランスでは八一年に出版され、八三年には英訳が、八四年には邦訳が出た。そしてたちまち芸術界でも大ベストセラーとなった。八二年に来日した彼は、自らの思想の展開について、こんなコメントを残している。

3　アートの「陰謀」

かつて私が行い、いまでも分析の対象にしている大衆消費社会というものが、いまや様相を変えたのです。消費《コンソマシオン》という呼び方で現代社会を分析していく、その消費という言葉は私にとっては乗り越えられ、古くなった見方なのです。私はその後の分析の武器にシミュレーションという言葉を使うようになりましたが、これは従来の消費という概念で分析可能な領域を超えた、武器としての概念として使っているつもりです。(16)

現実世界に存在しているモノをオリジナルとして、それを記号化する形での複製が作られていた時代はとうに終わり、機械による大量生産の時代には、技術そのものを起源とする複製が出現した。だが、さらに二〇世紀後半以降には、コンピュータ技術の高度化とともに、情報技術がインプットする記号的な差異の変調にしたがってアウトプットされるだけの記号でしかないシミュラークルの世界が始まった。それは、オリジナルに対応するモノとしてのコピーではない。起源も合目的性も失われ、コード化されたネットワーク上で作動するシミュレーションの世界。「シミュレーションとは起源（origine）も現実性（réalité）もない実在（réel）のモデルで形づくられたもの、つまりハイパーリアル（hyperréel）だ。[17]」ボードリヤールに従えば、世界のありとあらゆるものが、全てこうした不在の現実を記号化しただけのものに置き換わってしまっており、オリジナルなものなどもはやどこにも無い。オリジナルが不在であることを隠すとき、コピーがオリジナルに代わって真実になってしまう。もはや「真と偽」「オリジナルとコピー」「現実界と想像界」等々の境界が無効になっている。……この本の出版からほどなくしてMacのパソコンが市販され、こうしたシミュレーション世界の日常化が進むなか、彼の言説はますます熱狂的に受け入れられていったのだった。

そして、これに呼応する形で、やがてアートの世界は「シミュレーショニズム」なる鬼子を産み落とすことになる。ニューヨークで始まったそれは、産業的な大衆文化の産物からイメージを次々に盗用《アプロプリエート》し、「すべてがコピーにすぎない」「オリジナルなきコピー」といったキャッチ・フレーズをばら撒き始める。それはまた、モダニズムの芸術において最重要視されていた「オリジナリティ」を嘲笑する身振りの共有でもあった。日常的で凡庸《バナル》な商品イメージを、さらに猥雑きわまりない形で巨大化するジェフ・クーンズや、広告の形態によって「メッセージ」を伝えようとするバーバラ・クルーガー、ハリウッド映画のワン・シーンや雑誌のグラビア写真に見えるようにセルフ・ポートレイトを撮るシンディー・シャーマン等々、ニューヨークを中心に次々と「注目のシミュレーション・アーティスト」と呼ばれる者たちが現われ、美術批評界も「シミュレーショニズム」に沸きかえった。さらに、すべてが記号と化した時代にあっては、過去の有名な芸術作品のイメージもまた、記号の一種として容易にアプロプリエートされることになる。

例えば、シンディー・シャーマンのそれは、かなり巧妙なやり口だった。八九年から制作された「ヒストリー・ポートレイト」シリーズで、彼女は数々の伝統的な肖像画風の扮装で登場したのだが、シリーズ中、ほんの数点だけは有名な芸術作品を下敷きにしたもので、他はすべて「オリジナル」というべき「名画」が存在しない。にもかかわらず、見る者には、全てが「過去の名画」を元ネタにしているかのように見えてしまう。曖昧な美術

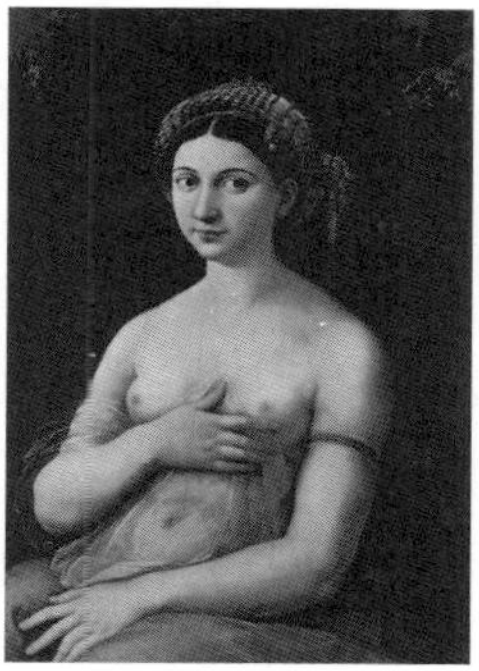

ラファエロ・サンツィオ（またはジュリオ・ロマーニ）〈ラ・フォルナリーナ〉1518-19年

シンディー・シャーマン〈アンタイトルド#205〉1989年

シンディー・シャーマン〈アンタイトルド#225〉1990年

史的知覚が、いかに誤った「刷り込み」によるものだったのか、が暴かれる。つまり、「オリジナルな芸術作品」なるものに対する記憶が、実は、なんらかの記号的組み合わせで成立していただけだったことが暴かれてしまうわけである。[18]

ボードリヤールは、すっかり美術界では「シミュレーショニズム」を率いる「ポストモダンのグル（導師）」と見なされるようになっていく。すでに、パリのポンピドゥー・センターが発行する雑誌『トラヴェルス』の編集委員長を務めていた彼は、美術界でも名の知れた人物だったが、『シミュラークルとシミュレーション』の英訳が出て間もなく、ニューヨークの『アートフォーラム』誌が彼を大々的に取り上げ、八七年には、ホイットニー美術館がウォーホル展での講演会に招聘するなど、ますますボードリヤールは「シミュレーショニズムの父」としてもてはやされることになった。アート界とボードリヤールは、傍目には蜜月を過ごしていたかに見えた。例えば、彼が、『透きとおった悪』（一九九〇年）で、チチョリーナ（イタリアのポルノ女優で国家議員）を、現代社会の「性」のあり方の典型、「トランス・セクシュエル」であると指摘すれば、[19]その直後にはアーティスト、ジェフ・クーンズが、「メイド・イン・ヘブン」シリーズ（一九九一年）と題して、チチョリーナと自分の性交シーンを巨大に拡大したり、わざと陳腐な置物風のオブジェで再現して見せ、それをまたボードリヤールが自著『完全犯罪』（一九九五年）の中で取り上げる[20]……といった具合だ。
ところが、である。ボードリヤールと美術界に、突然の亀裂が走った。一九九六年のことである。『リベラシオン』紙に、ボードリヤールが発表した論考「芸術の陰謀」。現代のアートは重要で無いばかりか無意味で無価値（ニュル＝ゼロ）である、との宣告がなされたのである。

（現代アートは）ニュルであることを主張している――自分はニュルだ！　ニュルだ！　――と。そして、じつは本当にニュルなのだ。現代アートの二枚舌のすべては、この点にある。すでにニュルで空虚なのに、ニュル、つまり無意味と無価値を要求し、ニュルを追求しようとする。すでに無意味なのに、ナンセンスを狙い、うすっぺらな言葉でうすっぺらを気取るのである。[21]

ボードリヤールは、確かに、『シミュラークルとシミュレーション』で、現代社会ではオリジナルなものが消滅してしまい、コピーのコピーしか存在しないという状況を語ったのだったが、しかし、それによって彼は、アートのための新手法や、ましてや新たな「美学」を開示したつもりなど全くなかった。それは、ひどく病的な社会のあり方を分析したものであって、もともとアートの指南書などではないのである。ボードリヤールに近しいシルヴェール・ロトランジェの証言によれば、一九八七年までは、ボードリヤールはアメリカのアートにあまり詳しくなかったし、自分の名前を使って何が起こっているのかも分かっておらず、せいぜい、（後に語ったところによれば）しゃれのめした都会の空論家たちに対する田舎者のように、ある種の健全な不信感をもって「なにやら胡散臭い」と感じていた程度だった。そして、ボードリヤール自身は、アート界とは距離を取っていたつもりだったのだ。実は、一九八七年、ニューヨーク講演に殺到した若い「シミュレーショニスト」たちに彼は困惑し、そのときすでに「シミュレーションとは再現されえないし、芸術作品のモデルにすることなどできない」と言い放ったという。詰めかけた若者たちは「しっぽを巻いて散り散りに逃げ去った」(22)。そして、一九九六年、それでもおさまらない「シミュレーショニズムの父」なる不名誉な呼称に対して、ついにボードリヤールが放った平手打ちが、「芸術の陰謀」なる発言だったのであろう。

デュシャンがレディー・メイドを提出した時点で、美的なモノとしての芸術は終りを告げたのだし、ウォーホルが「機械になりたい」と言った時点で社会全体を覆うシステムのあり方、シミュレーションの思想を媒介する形での制作もなされてしまった。すでに美的な「芸術」は死滅した。そして、ウォーホル以後の「芸術」は、いわば「芸術のシミュラークル」でしかなく、すでに失われた「芸術」なる領域が、未だにどこかにあるかのような茶番を演じているだけだというのである。「芸術」の(かつてあった)アウラを利用しようとするアーティストたち。現代の「アート」のほとんどが、今や「ゴミのような」凡庸《バナル》さ・平凡さを、価値だとみなし、イオロギーとしてリサイクルしているにすぎない。「アート」というジャンル、あるいは領域じたいが、市場の需要に応じて自らをリサイクルするシミュラークルだ、とボードリヤールは言う。

この考え方は、『シミュラークルとシミュレーション』で、ボードリヤールがディズニー・ランドを語ったときの語り口そのままである。ディズニー・ランドとは、「リアリティの陰謀」だ、と彼は言った。ディズニー・ランドは、「ホンモノそっくり」の機械仕掛けのアトラクションを提供しているが、それは、ディズニー・ランドの外には、まだ「ホンモノ」が存在しているかのように見せかけるため、つまり、ディズニー・ランドの外に、もはや、もとの「リアル」な世界など無いという事実を隠蔽するための「陰謀」なのである。ボードリヤールにとって、すでに「アート」とは、ディズニー・ランドと同じく「大衆を愚弄」し、無いものを信じさせる、株式市場のインサイダー取引にも似た「陰謀」でしかない、というわけだ。

一九九八年、日本でのインタビューに応じたとき、ボードリヤールは、こんな言葉を残している。

「シミュラークル」はそれ自体が消滅の一様態です。実在に終止符を打つわけですから、消滅の様態です。真と偽、善と悪といった大きな対立を終わらせたことになります。そこが「シミュラークル」の場《グラウンド》ですね。それ自体にとって、ものごとがリファレンスをもたぬ、別の時・空系をなしている。まさにここで、すさまじい誤解が生じています。なぜなら、芸術家たち、特にアメリカの芸術家たちが、ぼくを一つのリファレンスにしてしまったからです。[23]

つまり、ボードリヤールの思想が急に変更されたというのではないのだ。ただ単に、アーティストや批評家たちが、彼の思想を完全に誤解していただけだったのである。だが、直後から、激しいボードリヤール・バッシングが始まった。某アート雑誌の「極右からの攻撃」なる特集で、ボードリヤールは、芸術（と政治）に関しては「保守的な極右思想だ」とののしられた。大論争が巻き起こり、やがて、アーティストたちの「ボードリヤール熱」も冷めていく。それが、「シミュレーショニズム」の終息だった。

4　シミュレーション時代の食人種

「シミュレーショニズム」は、ひところ日本でも隆盛を極めた。日本での大流行を扇動したのは、美術批評家、椹木野衣の一九九一年の著作『シミュレーショニズム』だった。その冒頭に掲げられた「シミュラクルの戦略」には、いきなりこんなことが書かれている。

恐れることはない。とにかく

「盗め」。世界はそれを手当たり次第にサンプリングし、
ずたずたにカットアップし、飽くことなく
リミックスするために転がっている
素材のようなものだ。(24)（後略）

椹木は、サンプリング、カットアップ、リミックスといった、ハウスミュージックで多用される手法で美術を語る。ボードリヤールの『シミュラークルとシミュレーション』の引用文から語り起こし、しかしボードリヤールの難解さとは打って変わって、椹木の主張は何より「分かりやすい指南書」として日本の美術界に浸透していった。椹木の著書は、それ自体が、様々な思想家の言説からの「サンプリング、カットアップ、リミックス」で満ちており、ボードリヤールの思想と完全に一致しているというわけではない。そのせいか、国外で発生した、あのボードリヤールの「芸術の陰謀」騒動は、日本では見事に無視され、その後も「和製シミュレーショニズム」は、椹木と、そして、またしてもボードリヤールの名のもとに増殖していったのだった。

「日本のシミュレーショニスト」として国内外でいち早く注目を集めたアーティストに森村泰昌がいる。古今東西の芸術作品を、まるで「書割り」のように使って、その中に自分の姿を入れ込む「美術史の娘たち」シリーズ（一九九〇年）や、歌手のマドンナやマイケル・ジャクソンに彼が扮する「サイコボーグ」(25)シリーズ（一九九四年）、ハリウッドの有名女優に変身する「女優になった私」シリーズ（一九九六年）等は、つとに有名であろう。

森村もアプロプリエーションを手法とするセルフ・ポートレイトだという点で、先にあげたシンディー・シャーマンに非常に近く、そのため、両者は当然のようにしばしば比較されてきた。シャーマンと違って森村は東洋

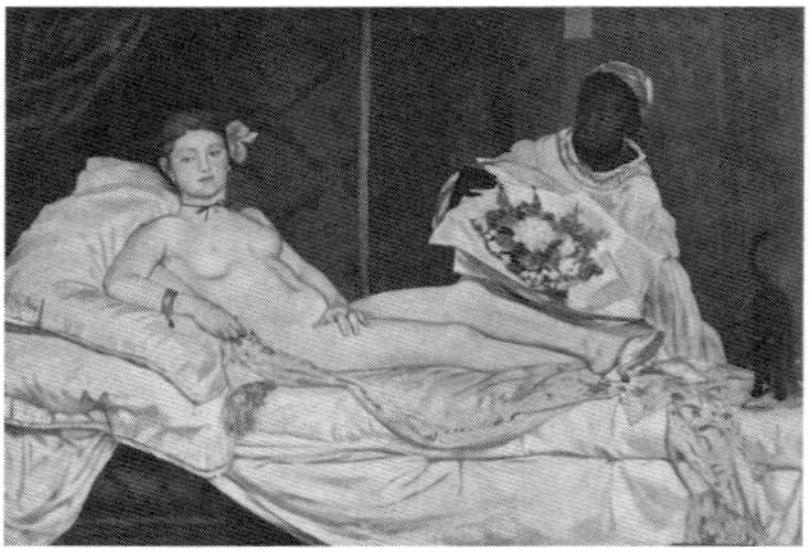

エドゥワール・マネ〈オランピア〉1863年

森村泰昌〈肖像(双子)〉1988年

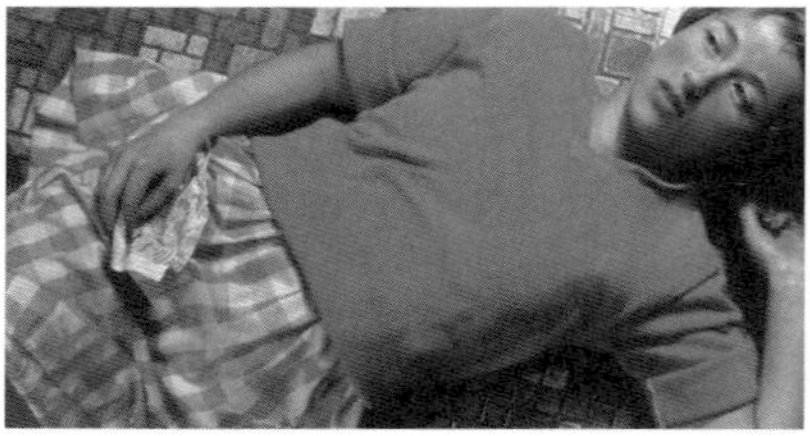

シンディー・シャーマン〈アンタイトルド#96〉1988年

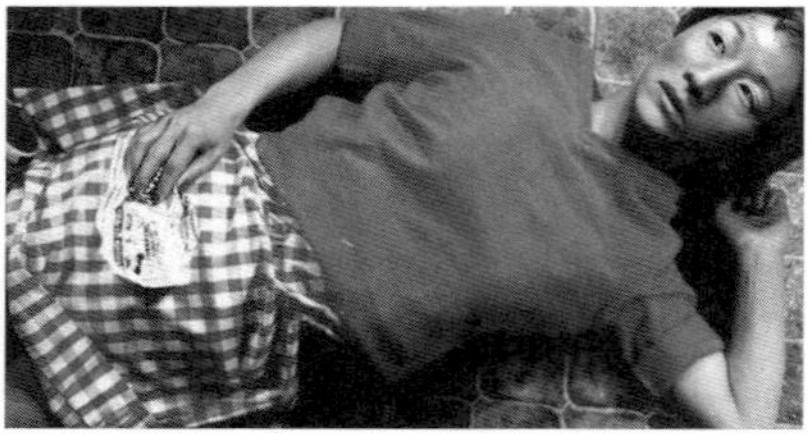

森村泰昌〈私の小さな妹へ(シンディー・シャーマンのために)〉1996年

の黄色人種である、シャーマンと違って森村は男の身体で女を演じる、シャーマンと違って森村には「オゲレツ」な大阪人の笑いがある、シャーマンと違って……。森村が、最初にゴッホの自画像に扮したのは一九八五年のことであったというから（彼自身のホームページ[26]始め、この点はしばしば強調されている）、泰西名画からのアプロプリエーション自体は森村のほうが早かったらしい。だが、もちろんのことながら、すでにプライオリティは全く問題になるまい。どちらが先であるにせよ、芸術における「オリジナリティ」という価値の奪取が、両者にとって重要なのであり、つまり、「どちらもオリジナルではない」ことが重要なのだから。

そして、森村にとっては、むしろ、シンディー・シャーマンと比較されることこそが大切であったに違いない。森村自身、講演や作品の中で、シャーマンとの類似性を戦略的に強調してみせた。例えば、〈私の小さな妹へ〉（一九九六年）と題された彼の作品は、シャーマンの八八年の作品からアプロプリエートしたものである。（「小さな」とは、なんともゴアイサツな言いようだが。）

こうした両者の比較から浮上してくる森村の特徴は、

人種、ジェンダー、ローカリティ等々、「他者性」の演出であろう。おりしも、美術批評界では、モダニズム期までの、西洋・男性・白人中心主義を糾弾し、抑圧・搾取されてきた非西洋・女性・有色人種（さらにはフリークスや疾病も含めての）「弱者」としての「他者」を論じることが重視されはじめ、森村は、彼らに絶好の話題を提供することになった。例えば、ノーマン・ブライソンは次のようにいう。

> 森村について決定的に重要なことは（中略）、役にもぐりこんだ肉体が、アジアの男性のそれだということである。事実、森村の異性装は、西欧中心主義的なふたつのアジア像を顕在化している。最初のそれは、女性としてのアジア、つまり（中略）暴力の対象となる生まれながらの犠牲者としてのアジア像である。いまひとつのアジア像は、西欧がアジアの男性を女性としてイメージすることと関係がある。（中略）西欧の文化的想像力が「アジア」と「女性」を、ともに同じ無力なものという位置に据えているからである。[27]

「他者」――それは、ボードリヤールの言説では、すでに「失われてしまった」ものだったのではなかっただろうか？……しかし、実は、ボードリヤールもまた、この時期、別様なかたちで登場する新たな「他者性」を問題にしはじめていたのである。「エキゾチックな他者」あるいは「ラディカルな他者」。確かに、一つの社会（西欧を念頭に置いている）の中での、もとの意味での「他者」は否定され排除されてしまった。「差異」はヴァーチャルで「ソフトなシミュレーション」となってしまい、それ自体がハイパーリアルなものとなって、現実性を持たなくなった。かような社会は、また、免疫性を失って弱体化した状態であるとも言える。「悪しきもの」（対立者）が消えてしまったのだから。ところが、こうして消毒され、漂白された社会に対して、唐突に「外から」やって来るもの――最後まで決して、こちら（西欧）の社会システムには取り込めず、理解不可能なままで浸入して来ては、ウィルスのようにシステムを重大な危険にさらすもの――がある。それを「ラディカルな他者たち」

と、彼は名づけたのである。追放されたはずの悪と否定性が、「逆転されたエネルギー」を発揮する。ボードリヤールは、こうした「ラディカルな他者」の問題を、『透きとおった悪』（一九九〇年）のころから大きく取り上げはじめたのだった。

そして、実は、ボードリヤールにとって「日本」は、そうした「ラディカルな他者」のひとつの典型である。彼に言わせれば、日本には、もともと「オリジナル」なものは何も無い――文学も宗教もテクノロジーも、あらゆるものが「外から」やってきた国である。にもかかわらず、日本では、それは自らのシステムを脅かしたりはしない。それどころか、日本は嬉々として外来モノを受け入れる文化だ、という。よく、日本は何もかも外国の模倣だ、とは言われてきた。しかし、ボードリヤールの言い方は、それにとどまるものではない。単なる「模倣」ではなく、日本は「よそ者をもてなす国」だというのである。

> すべてが他の場所からやってきたのだが、それは重要な意味をもつ事実ではないことが、むこう［日本］では確認され、記憶にとどめられ、考慮に入れられているわけだ。（中略）それ［模倣］は事物を変換させて、完全な自由とはるかに大きなパワーを享受するという結果をもたらす。（中略）すべてを受け入れ、すべてを捕食し、お望みならほとんど食人種的とさえいえるやり方ですべてをどうかすることに成功するのだが、そのさいすべてを外観だけに変えてしまうのである。それはまた誘惑そのものでもある。要するに、それは記号の世界で戯れる可能性のことだ。（中略）すべてを外観に変換して、戯れる可能性である。(28)

不気味な「捕食者」としての「日本」イメージだ。思えば、森村も、そして椹木も、人を喰った「人喰い人種」だと言えるかもしれない。「シミュレーショニズム」を、しっかり「もてなし」、すっかり「変換し」、ちゃっかり「乗っ取り」に成功したのだから。そして、「ラディカルな他者」として、アチラのシステムに殴りこみをかけた。その「他者性」をこそ、つきつけた、というわけである。それもまた、「アートの陰謀」として。

5 パワー・インフェルノ——オタクたちの？「リトル・ボーイ」

バブル経済崩壊後の「失われた一〇年」に産業競争力の低下した日本で、今、唯一競争力のある輸出文化産業として国をあげて支援しているのが、いわゆる「オタク」文化産業である。内閣総理大臣率いる「知的財産戦略会議」が発足し、「知的財産戦略大綱」が決定されたのは二〇〇二年。そこで「アニメーションやゲームソフトをはじめとするコンテンツ等を戦略的に創造・保護・活用すること」[29]が国策として打ち出されたが、二〇〇七年には関連コンテンツを集めた見本市「国際コンテンツカーニバル」に二〇億円の予算が計上されており、さらに今後一〇年間でコンテンツ市場を約五兆円拡大するのが目標だと、経済産業省が発表している。[30]「オタク」産業が、今や日本経済の柱なのである。

そして、この「オタク」ブームに、ちょうど乗っかる形で、それを素材とするような「オタク・アート」もまた、昨今異常なブームになっている。とりわけ欧米で脚光を浴びている「ニッポンのアート」は、今やどれもこれもアニメや漫画といった、いわゆる「オタク」文化を下敷きにした「和製ポップ」、あるいは「オタク・アート」ばかりである。そして、その火付け役として人気を博しているのが村上隆と彼が率いるアーティスト集団「カイカイキキ」だ。

二〇〇五年春から夏にかけて、ニューヨークで開催された「リトル・ボーイ——爆発する日本のサブカルチャー・アート」展について考えてみよう。それは商業的にも記録的大成功をおさめ、ニューヨーク・ジャパン・ソサイエティからは「文化芸術賞」を、翌年にはAICA/USA（国際美術批評家連盟アメリカ支部）からは「最優秀テーマ展覧会賞」を、また日本では「芸術選奨文部科学大臣新人賞・芸術振興部門」を受賞する、という大騒動である。村上隆といえば、数年前、アニメ的な「美少女フィギュア」作品である〈Hiropon〉が四八〇〇万円、〈Miss ko²〉が六八〇〇万円の高値がついて話題になったばかりだが、また二〇〇六年には、平面作品〈NIRVANA〉が、ニューヨークの競売会社サザビーズのオークションで一億円以上で落札されたという。しかも村上自身、このほど『芸術起業論』(31)なるものを出版して、ビジネスとしての成功の秘訣を披露するという、これでもか、これでもか、といわんばかりの勢いである。

少し考えれば分かることながら、アニメも漫画も消費文化のキッチュ記号であり、オリジナルなきシミュレーションの増殖現象であるわけで、さらにそこからアプロプリエートする村上らの作品は、シミュレーションのシミュレーションだ、ということにはなる。村上は、そうした「アート」の作品（記号）と、元のオタク文化の諸々のコンテンツであるキッチュ（記号）とを、とにかくごちゃ混ぜ、展覧会場で等価に置いて見せる。アニメ「AKIRA」や「新世紀エヴァンゲリオン」「宇宙船艦ヤマト」、怪獣モノでは「ゴジラ」や「ウルトラマン」、かわいいキャラクターの「ハロー・キティ」や数々の「ゆるキャラ」(32)等々……その中に、村上らの「作品」が混在して展示されている。そんな村上のやり口に、「アート」なる領域を保守せんとする陣営が眉をひそめたのは当然といえば当然だが、また、オタク文化の住人たち（そう、オタクたち）からまで、「搾取だ」との非難の声もあがったりしている。「オタク文化」の紹介に乗じて荒稼ぎした悪党だ、というわけだ。だが、それはここでは問題にすまい。どのみち、この手のアプロプリエートは、かねてから、既存の何かを「着服」することで成り立ってきたわけだから。しかし、ここで問いたいのは、「すでにニュルで空虚なのに、…無意味と無価値を追求しようとする。すでに無意味なのに、ナンセンスを狙い、うすっぺらな言葉でうすっぺらを気取る(33)」という、またしてもそんな「アートの陰謀」が、どうしてボードリヤールの告発から一〇年を経過したニューヨークで、今さ

村上隆〈Hiropon〉1997年

ニューヨークの「リトル・ボーイ」展の様子
（『広告批評』⑦ No.294, 2005年7月より）

らオオウケしたのだろうか、ということである。（日本でのそれは、「向こうでウケたから」であるにしても。）

「9・11」――ニューヨークで、ハイジャックされた民間旅客機が相次いでワールドトレードセンターのツインタワーに突入し、多数の犠牲者を出した、あの二〇〇一年九月一一日のテロ事件。それが、今回の「オタク・アート」ブームにも、どうやら関係していると見て良さそうだ。ここでも、その「9・11」の「予言者」[34]とも称されたボードリヤールを引きながら考えてみよう。「9・11」以前から「ラディカルな他者」たちの出現に関して「これからはじまるのは、あらゆる形態をとった他者性の大いなる復讐である」[35]と語っていた彼が、「9・11」以後、このテロ事件について発言したのが『パワー・インフェルノ』（二〇〇二年）である。そこには、「テロリズムがグローバリゼーションの進行を事実上加速させている」[36]という、アメリカの「グローバル・パワー」に関する考察がある。唯一の超大国アメリカは、まさしく「ラディカルな他者」による突入テロのおかげで、自分たちは犠牲者だという完璧な口実を得て、「正義」の名の下に、「ラディカルな他者」=「悪」を大っぴらに排除しはじめたのである。もはやアメリカとは、対立的な他者性の幻影にさえ耐えられないあらゆるパワーの寓意でしかない。グローバル・パワーのひとり芝居としての「第四次世界戦争」の始まりである。

さて、「リトル・ボーイ」展のほうはどうだろうか。この展覧会で村上が強調したのは、実は、この第四次世界戦争に日本が予め負けているということだったといえるだろう。彼は、日本の「オタク」文化を、原爆と敗戦の帰結として説明したのである。展覧会名の「リトル・ボーイ」とは、広島に投下された原子爆弾のコードネームである。日本のアニメや怪獣モノが、すべて原爆投下後のカタストロフから話が始まっていたり、核の影響による白血病や突然変異が設定に盛り込まれていたり、さらに、「父親たる戦勝国アメリカ」の傘下でのみ実現した「平和」のなかで、すっかり去勢された子供たちは、「平和ボケ」の「ゆるい」笑みを浮かべ、「カワイイ」ままの「子供」でありつづけようとする。それが「オタク」文化の真相だ、と。

とはいえ、日本も、アメリカにとっては「ラディカルな他者」のはずである。しかしながら、「9・11」のテロリストたちとは違い、それは最初から「敗戦」の続行を認め、「作り笑い」をしながら擦り寄ってくるカワイイ「子供」なのだ、だから安心して抱きあげ、他者扱いせずに同化しても良いのだ、というわけである。

また、「リトル・ボーイ」展の主催者であるニューヨークのジャパン・ソサイエティ・ギャラリーの当時の館長、アレクサンダー・モンローには、日本の「オタク・アート」＝「和製ポップ」を、アメリカのポップ・アートの延長上で説明しようという意図があるようだ。(37) それも、父なるアメリカ、子なる日本、というイメージをますます構築しようとするものだろう。ましてや、オタク文化の根幹をなすアニメも漫画も、もとはといえば、アメリカから輸入されたものである。

それだけではない。日本は、世界で唯一、原爆の黙示録《アポカリプス》、カタストロフから再び立ち上がってきた国でもある。ボードリヤールとマルク・ギヨームの対話編、『世紀末の他者たち』（一九九二年）の中で、誘惑者となる「エキゾチックな他者」としての「日本」は、ギヨームによってこんなふうに語られていたのである。

広島と長崎は、地球全体にとってこのアポカリプスの象徴だが、それればかりでなく、カタストロフのあとから日本が急速に立ち直ったこと、そしてカタストロフの記憶を悪魔祓い的なやりかたで保存しようとしたことによって、核の脅威から生き残る可能性、核の脅威にたえずさらされながら生き残る可能性をも示唆している。(38)

「9・11」のカタストロフを体験した「被災者」アメリカであるからこそ、「被災者」にして「復興者」である日本のイメージは、ますます嬉しいものであったはずである。もはや、ラディカルな他者には見えまい。

ただし、村上の語ったように、敗戦のトラウマが、「オタク」のカワイイ笑いの背後にあるのだとすれば、ことはそう単純な問題ではないかもしれない。

あまつさえ、日本国内においても、「オタク」を、「誇れる日本の代表的文化だ」などと、大多数の日本人は決して信じてはいない。国内においてさえ「オタクたち」は、理解不可能な「ラディカルな他者」なのだ。そして、彼らの伝播経路のほとんどが、今や電子の網目、インターネットであることを思い出しておこう。そして、すさまじい伝染力の「オタク」ウィルスが、日本の文化を乗っ取ってしまおうとしている、この病的状況を見ればいい。インターネットの地下茎で、密かにひろがっていったこの病いを、「アート」の名の下に「表舞台」に引きずり出したのが、村上たちの所業だったのだ。

村上らの作品は「アート」ではないし、「オタク」でもない。「アート」の擬態、「オタク」の擬態という華やかな「陰謀」である。「リトル・ボーイ」展は会期終了とともに終る。が、すでに「オタク」ウィルスのアメリカへの注入は、展覧会とは無縁なところで済まされている。ボードリヤールのいう、人を魅惑しつづける「エキゾチックな他者」としての「透きとおった悪」が、グローバリズムの大国のシステム内で、とうに増殖と侵食を開始しているはずだ。敗戦・被爆の怨念を、ゆるいニヤニヤ笑いに変換しながら、人を骨抜きにする去勢ウィルスが、着実にある国を侵していくのだ。

村上は、自分たちの「オタク・アート」ブームはあと二年ともたない、と懸命にも分析している。[39]「分かりやすく説明」することで、アメリカ社会に消化され同化され消費システムの中の「パノプリ」、「ブランド」になることを「起業家」として選んだからには、当然、すぐに使い古され捨てられていくだろう。だが、村上がハンドオフのフェイクを突っ走っていたとき、オタクたちの、遠隔地からのプレイアクションパスはとうの昔に通っていたわけである。——タッチダウン。

6　おわりに

ところで、最近、村上隆が、子供服メーカーである㈱ナルミヤ・インターナショナルを著作権侵害のかどで訴え、これがまた注目を集めている。高額の和解金を手にした村上に対するやっかみ半分（？）の批判と、逆に素朴な「芸術」信奉者からの数々の声援が、ネット上で交錯した。[40]さらに、村上自身が自らの公式ホームページで公表した「コメント」が、この騒動を煽る形になった。[41]村上は、コメントの最後に、こう述べたのである。

私が生きている現代アートの世界はオリジナルであることが絶対的な生命線です。一つひとつコンセプトを考え抜き、心血を注いで造形した、私の子供の様に愛し育てて来た作品達。まして「ＤＯＢ君」の世界観は誕生させて一〇数年、ゆっくりと育てて来たものです。これらのキャラクターは、キャラクターであると共にアート作品です。（中略）オリジナルアートの価値を社会に認識してもらうことが重要です。私は、これからもそのために精力を注ぎ続けていきます。[42]

原告（村上隆）著作物〈DOB君〉

被告（ナルミヤ）著作物　〈マウスくん〉

この発言が「村上隆ファン」を自称する者たちの間にも亀裂を生じさせ、村上の制作コンセプトを良く理解しフォローしてきた者ほど、多くは非常に「がっかり」したという。村上隆の『スーパーフラット』（二〇〇〇年）にテキストを寄せていた哲学者、東浩紀も、自身のブログの中で「DOB君もまた、ドラえもんやミッキーマウスのハイブリッドなパロディであり、アンディー・ウォーホルの有名な『キャンベルスープ缶』の延長線上」であるうえ、「タイムボカン[43]の爆発雲そっくりの平面作品」が高い評価を受けてもきたが、それらはみな、その盗用の手法ゆえだったはずだ、と攻撃する。村上による〝我が愛するオリジナル〟の宣言は、旧来の「芸術概念」に縛られていることの告白でしかない、と東には思えたのだろう[44]。

思えば、村上がコラボレーションした、あのルイ・ヴィトンは、二〇〇六年二月、パリではネット検索エンジンを運営するGoogleに対する商標権侵害訴訟で勝訴し、同四月には北京の大型デパート「朝外MENショッピングセンター」での偽物販売に関する訴訟で勝訴している。

創業者ルイ・ヴィトンのイニシャル「L」と「V」を重ね合わせた幾何学文様「モノグラム」を「トレード・マーク」（まさに記号）として、ボードリヤールのいう「消費の帝国」に君臨するヴィトン。それは、「ブランド」という「オリジナリティのシミュレーション」そのものである。マイナー・チェンジするだけの記号を自己増殖し続ける事で、「今年のライン」として「流行」を提供し続ける。そんな

村上隆〈アイ・ラヴ・モノグラム〉2003年

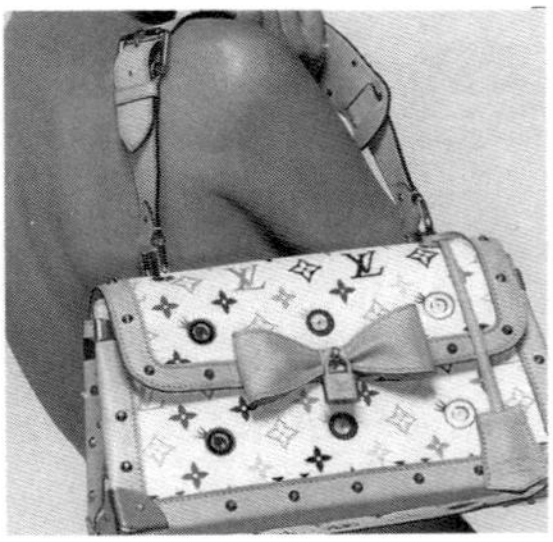

『ルイ・ヴィトン2003年春夏カタログ』に掲載されたバッグ

彼らの記号は、どう禁じようとこれからもコピーされつづけることだろう。が、実は、コピーされることによってこそ、今は亡き「オリジナル」の概念を保ちうるのだともいえる。「訴訟」は、そのデモンストレーションなのである。ためしにヴィトンの公式ホームページを眺めてみればよい。「ルイ・ヴィトンの伝統」として一八五四年から商標化されたモノグラムの紹介に続いて、「手仕事のクオリティ」と「オリジナリティ」が宣伝されている。いわく、

> 伝統と確信が共存する、ルイ・ヴィトンのクラフツマンシップ。
> 選び抜かれた素材、そして熟練の職人技によって丹念に生み出される、高い品質をそなえた製品たち。ルイ・ヴィトン独自のデザインを形にするアトリエで、卓越した技術とアルチザンの手仕事と卓越した技術（ママ）をご覧ください。[45]

ここで語られている「伝統」「手仕事」「クオリティ」そして製品に対する生産者の「愛（！）」。それらは、パノプリとしてヴィトンを消費する者にとっては、実は決して欲望の根拠ではあるまい。消費者の多くは「L」と「V」の、あの記号を欲しがっているのだ（だからコピー商品が売れるのである）。しかし、にもかかわらず、そんな消費者にとっては非常に有難い「口実」――「やっぱりホンモノは違うのよ」――を提供しているわけである。これも、もちろん巧妙に仕掛けられた「陰謀」だといえる。そして――今回の村上隆の手口も、お

そらくこれと同じ類のものだ。

だから、「クールな」村上のファンだった諸氏に告ぐ。安心しなさい、彼はあなたたちを「裏切った」わけではない。彼は今でもあなたたちを「クール」に愚弄してくれている。しかも、おそらくは自分自身をも欺く自己欺瞞のシミュレーション（ウソと誠の区別のない言動）を、まだまだ本気でやっているのだ。とうの昔に放棄したはずの「オリジナリティ」に関する、そして「芸術」というジャンルに関するこのデモンストレーション＝シミュレーションに、「クールな」ファンなら拍手喝采をおくればいいんじゃないのか？（彼の言葉を真に受けてどうする！）

そして、昨今の「芸術」の失墜を嘆く諸氏に告ぐ。「ばかばかしいから、相手にしなさんな」――「芸術か否か」を問わせること自体が、すでに巧妙に仕組まれた「シミュレーション・ゲーム」、これに乗ったら、あなたもスグに、陰謀ゲームの一キャラとして取り込まれてしまうだけ、なのだから。

（1）藤枝晃雄編訳『クレメント・グリーンバーグ批評選集』勁草書房、二〇〇五年、九一―一〇頁。
（2）Lawrence Alloway, 'The Arts and the Mass Media,' in: *Art in the Theory, 1900–1990*. (ed. by Chales Harrison & Paul Wood,) Blackwell, Oxford, 1992, p. 703.
（3）Alloway, 'The Development of British Pop,' in: *Pop Art*, (ed. by Lucy R. Lippard,) London, 1991, p. 36.
（4）Arthur C. Danto, 'The Art World,' in: *The Journal of Philosophy*, LXI, 1964.
（5）George Dickie, *Art and Aesthetic*, New York, 1974, p. 35.
（6）ジャン・ボードリヤール『消費社会の神話と構造』（今村仁司・塚原史訳）、紀伊國屋書店、一九九六年、一四三頁。
（7）同上、一三八頁。
（8）ジャン・ボードリヤール『パスワード――彼自身によるボードリヤール』（塚原史訳）、NTT出版、二〇〇三年。
（9）塚原史『ボードリヤールという生きかた』NTT出版、二〇〇五年。

（10）ジャン・ボードリヤール『消費社会の神話と構造』（今村仁司・塚原史訳）、紀伊國屋書店、一九九六年、九七頁。
（11）同上、六八頁。
（12）同上、一六二―一六三頁。
（13）同上、一七一頁。
（14）斎藤環「めかふぉりかる・ポップの誘惑」、『広告批評』NO・二八一、マドラ出版、二〇〇四年、一三五頁。
（15）伊藤弘（インタビュー）「僕らはフレーム工場の職人です」、『広告批評』NO・二八一、マドラ出版、二〇〇四年、六四頁。
（16）ボードリヤール・フォーラム編『シミュレーションの時代――ボードリヤール日本で語る』JICC出版局、一九八二年、一〇五―一〇六頁。
（17）ジャン・ボードリヤール『シミュラークルとシミュレーション』（竹原あき子訳）、法政大学出版局、一九八四年、一一二頁。
（18）例えば、アメリカの批評家A・C・ダントーも、ボードリヤールの名前を出しながら、この点を論じた。（Arthur C. Danto, *History Portraits*, New York, 1991, p. 11.）
（19）ジャン・ボードリヤール『透きとおった悪』（塚原史訳）、紀伊國屋書店、一九九一年、三三頁。
（20）ジャン・ボードリヤール『完全犯罪』（塚原史訳）、紀伊國屋書店、一九九八年、一八九―一九〇頁。
（21）Jean Baudrillard, *The Conspiracy of Art: Manifestos, Texts, Interviews*, Cambridge, Massachusetts, 2005, p. 27.（cf. 塚原史訳『ボードリヤールという生き方』NTT出版、二〇〇五年、二二七頁。ちなみに、現在まで数々のボードリヤール邦訳を手がけた塚原史が、現在、ボードリヤールと芸術との関係についての著述を準備中だという。待ち遠しい限りである。）
（22）Sylvére Lotringer, 'The Piracy of Art,' in: Jean Baudrillard, *The Conspiracy of Art*, *ibid*.,p. 16.
（23）ジャン・ボードリヤール・インタヴュー『客体の話法』（インタヴュアー：與謝野文子）、*Inter Communication*, No. 24 Spring 1998. p. 138.
（24）椹木野衣『（増補）シミュレーショニズム――ハウスミュージックと盗用芸術 ver.1.03』、ちくま学芸文庫、二〇〇一年、一一六頁。
（25）これもまた、ボードリヤールが『透きとおった悪』で、マドンナとマイケル・ジャクソンを、反自然的・人造的「トランス・セクシュエル」だとし、「彼らはみなミュータントであり、『おかま《トラヴェロ》』であり」、性が記号の変換ゲームにすぎなくなっている現代社会の典型である、と指摘したことからヒントを得たものであろう。（『透きとおった悪』同書、三三頁。）

(26)「森村泰昌芸術研究所」http://www.morimura-ya.com/(2006.12.20.)

(27)ノーマン・ブライソン「MORIMURA—3つの解釈」、『森村泰昌展（美に至る病—女優になった私）』横浜美術館、一九九六年、一三八頁。

(28)ジャン・ボードリヤール&マルク・ギヨーム『世紀末の他者たち』（塚原史・石田和男訳）、紀伊國屋書店、一九九五年、八二—八三頁。

(29)掘田純司『萌え萌えジャパン』講談社、二〇〇五年、九頁。

(30)「一九年度　経済産業政策の重点」http://www.meti.go.jp/topic/downloadfiles/060825-1. pdf（2006.12.20.）

(31)村上隆『芸術起業論』幻冬舎、二〇〇六年。

(32)「ゆるキャラ」——「ゆるいキャラクター」を略した言葉で、国や地方公共団体、その他の公共機関等が、イベント、各種キャンペーン、村おこし、名産品の紹介などに用いている、気の抜けたような可愛さを見せる「マスコット・キャラクター」のことをさす。

(33)Baudrillard, *The Conspiracy of Art: Manifestos, Texts, Interviews, op. cit.*, p. 27.

(34)ボードリヤールは、9・11の一年前にツイン・タワーを、お互いのクローンとして眺め、ハイパー・リアルな時代の素描としていた。（ジャン・ボードリヤール、ジャン・ヌーベル『建築と哲学』（塚原史訳）、鹿島出版会、二〇〇五年。）

(35)ジャン・ボードリヤール『完全犯罪』前掲書、二一六頁。

(36)塚原史「9・11とボードリヤールの思想」訳者解説、ボードリヤール『パワー・インフェルノ——グローバル・パワーとテロリズム』、二〇〇三年、一四二頁。

(37)椹木野衣・村上隆対談「スーパーフラットプロジェクトとは何だったか」椹木野衣『美術になにが起こったか　一九九二—二〇〇六』国書刊行会、二〇〇六年、二〇五頁。

(38)ジャン・ボードリヤール、マルク・ギヨーム『世紀末の他者たち』（塚原史・石田和男訳）、紀伊國屋書店、一九九五年、五四—五五頁。

(39)椹木野衣・村上隆 対談「スーパーフラットプロジェクトとは何だったか」前掲書、二〇八頁。

(40)二〇〇六年四月末に和解が成立した。

(41)「カイカイキキ」http://www.kaikaikiki.co.jp/(2006.12.20.)

(42)「カイカイキキ／現代美術家　村上隆が訴訟提起した著作権侵害事件の和解による終了について」http://www.kaikaikiki.co.jp/news/list/murakamis_lawsuit/(2006.12.20.)

(43)「タイムボカン」——一九七〇年代半ばのテレビアニメ。

（44）「渦上言論」http://www.hirokiazuma.com/archives/000214.html（2006.12.20.）
（45）「ルイ・ヴィトン」http://www.louisvuitton.com/web/flash/index.jsp;jsessionid=2023WQU3PJ2XECRBXUDVAFYKEG4RAUPU?buy=0&langue=ja-JP（2006.12.20.）

ブランディング戦略とアイデンティティ

――グローバリゼーションが日本にもたらしたもの

谷本尚子

1　YS―11の引退

二〇〇六年九月三〇日、唯一の国産旅客機YS―11が国内路線より引退した。戦後ようやく航空禁止令が解かれ、特殊法人日本航空機製造株式会社により製品化されたのが一九六二年（運用は六四年から）、半官企業であったために赤字経営を批判され生産が中止されたのが一九七三年、その後も国内の民間定期路線で運用されていたが、航空法の改定に伴い運用停止が決定された。YS―11の歴史は、奇しくも日本の工業製品をめぐる時代背景の変遷を象徴的に表しているように思われる。六〇年代初頭、日本の工業製品はまだまだ技術的にも欧米の後塵を拝する状況にあった。技術主導型の製品開発が六〇年代の高度経済成長を支え、七一年のニクソン・ショック、七三年の中東戦争がきっかけとなったオイル・ショック等の経済のマイナス成長は、性能が優れているだけでなく、消費を意識した製品開発が急務であることを、多くの企業に意識させるきっかけとなった。日本の製品デザインが、ようやく成長期を迎えた時期と考えて良いだろう。それは同時に、デザインが単なる形や色を決めるだけの末端の作業ではなく、製品開発の最初期に関わり、時には個々の製品を超えて企業そのものの有り様を示す役割を果たす存在となってきたことを意味していた。そしてここ四〇年の安全意識の向上に伴い、現在の航空法を満たす改修が費用的に困難となったため、ＹＳ―１１の引退が決まった。高度成長期が生み出した機能一点張りの工業製品は、もはやノスタルジアの対象でしかない。

デザインは消費社会を読み解く上で、非常に有効な調査対象である。なぜなら企業は、消費者動向を鑑みて製品を市場に送り出そうとするからである。その際製品は、より市場に適合するようにデザインされる。このようにデザインと経営戦略とは、もともと切り離せない関係にある。しかし経営者の多くは、デザイナーの仕事を製品開発の最終段階に置き、形や色など形式的な面での造形行為にだけ関わるものと考えてきた。七〇年代以降、日本でも急増した多国籍企業において、デザインは製品だけでなく、その企業イメージにおいて主要な戦略的武器となることが認識され始めた。この変化は、単に経営戦略の変化としてだけでなく、消費形態の変化としても重要だ。さらに言えば一九九〇年以降、企業は、消費者の購買意識だけでなく、環境問題やユニバーサル・デザインなど、企業が果たしうる社会的責任及び貢献をも考えていかなくてはならない。

ここでは、太平洋戦争以降の日本の製品デザインと経営戦略との関連に着目し、デザインの現場での声を取り上げながら、製品（モノ）の生産／消費の変化を見ていこうと思う。その際、重要なキーワードとなるのが、企業イメージの再構築としてのブランディング戦略だ。ブランディング戦略とは、製品や企業自身の信頼とアイデンティティの構築を言う。アメリカから持ち込まれた経営学の用語だが、近年の日本では、販売促進のための様々な方法論や、企業のウェッブ・デザインの分野でしばしば用いられている。ブランディング戦略が注目される背景には何があるのか。情報機器の急速な発達やグローバリゼーションが消費動向にもたらしたものについて、考えていきたい。

2　日本の工業デザインの始まり

一九四八年頃の日本では、まだ工業デザインやインダストリアル・デザインという言葉は一般的に使われておらず、工芸、産業意匠或いはインダストリアル・アートと呼ばれていた。戦前からこうした知識を持つ一部のエリート達の間に、バウハウス[1]などヨーロッパの近代デザインについての情報が無かったわけではないが、当然その内容は造形の問題として論じられ、実際の製品デザインに反映された例はごくわずかだった。一般の工業機器メーカーでは、まだ工業デザインというものがどのようなモノか知られておらず、外国製品をまねて製品を作っていたのが現実である。こうした現状に対して日本独自のデザインの必要性を感じた産業工芸試験所や毎日新聞社などが啓蒙のために始めたのが、一九五二年の日本インダストリアルデザイナー協会の設立と新日本工業デザインコンペ（毎日コンペ）の実施であり、通商産業省によるGマーク制度の設立（一九五七年）である。[2]これらの官主体の動きと同時に、五〇年代から六〇年代にかけて、技術革新を基盤とする日本発のデザインが次々と生み出された。

松下電器（一九一八年創業）は五一年に洗濯機の販売を開始、五五年には月産五千台以上を生産していた。シャープ（一九一二年創業）は五三年にテレビ受信機の量産を開始、五五年の時点で月産五千台を記録している。東芝（一八七五年創業）は五五年に初の自動式電気釜の販売を始めた。一九五五年は、神武景気と呼ばれる朝鮮特需を背景にした戦後の高度成長期の始まりの年であり、それまでの消費が生活必需品から生活に豊かさを与える耐久消費財に変わった時期である。一九五六年の経済白書では、五〇年前後にはまだ消費水準の上昇は主として食品や衣服、住居に向けられていたが、五一年から五五年にかけて電気機器などを含む家具什器類の消費は八三パーセントも増加していると消費内容の変化を指摘している。

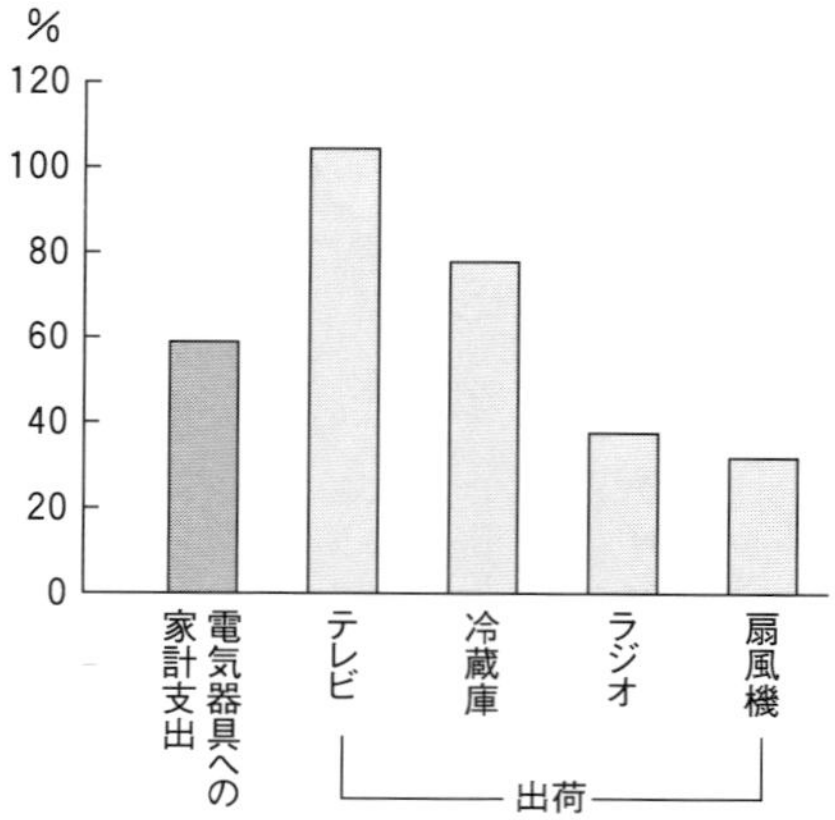

図1　耐久消費財の伸び（1958年の対前年増加率）
（1960年度次経済報告より）

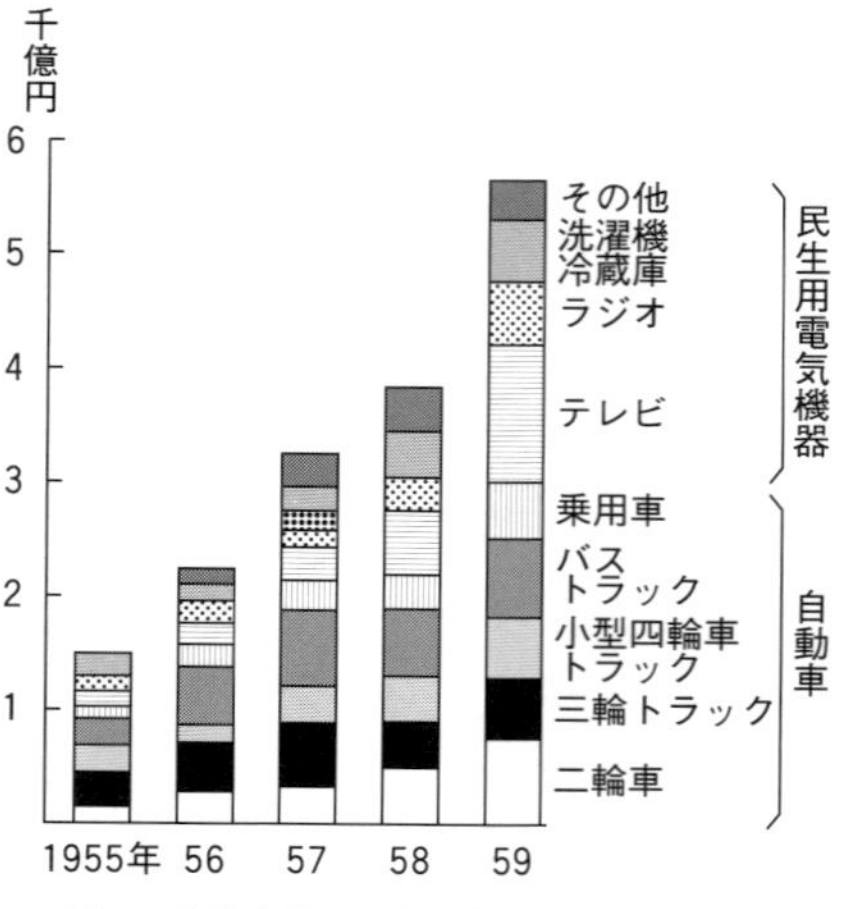

図2　自動車及び民生用電機機器の生産増加
（1960年度次経済報告より）

……そのうちラジオ受信機は四倍、電気洗濯機は十四倍、写真機も五倍以上の増加をみている。さらにサービス関係では新聞用紙が三倍に、バス利用は八割以上の増加となっている。

このような消費構造の変化は、消費水準の回復による戦前構造への復帰ではなく戦後の新しい生活環境に対応する新しい生活様式への変化である。例えば耐久消費財の家具什器類についても、戦前の木製家具中心から戦後の電気器具を中心とする金属製家具に、雑費関係では教育文化、医療、理容、旅行、娯楽などの比重が増加している。同様のことは飲食費や衣料、光熱費などのなかにおいてもみられる。すなわち、主食ではパン食の普及、非主食では肉、卵、牛乳などの動物性蛋白質の増加、衣料では綿関係の減少、光熱費ではガス、電気、石油使用の増加などである。(3)

白黒テレビ、洗濯機、冷蔵庫の耐久消費財が三種の神器と呼ばれ、消費の中心となり、また娯楽や旅行などの出費が増加している生活様式の変化に見られるように、豊かさを享受する傾向が一般消費者の間で強くなっていったことが解る。五五年はまた、通産省による国民車構想が発表された年でもあり、五八年から六〇年にかけて、スバル360や三菱500A10型、東洋工業（現マツダ）R360など、安価でコンパクトなファミリーカーの生産が始まった。このように技術革新を主とした物作りが日本の経済基盤を作ったが、六〇年代の高度成長期にはいると消費が多様化し、日本の工業製品は、徐々に消費者主導型のデザインに転じ始める（図1、図2）。

3　技術革新と製品デザイン

高度成長期の製品開発においてデザインがどのような役割を果たしてきたか。輝かしい未来を予感させる目新しい技術によって日常生活が日々豊かになるという実感がリアルだった時代、技術の新規性こそが商品の魅力の第一だったであろう。前述したように、消費の対象が生活必需品から豊かさを象徴する耐久消費財に取って替わった時期、製品は消費の対象としての魅力を備えた――つまり技術的先端性を顕著に示した――商品となることが求められる。しかしそれは、先端技術があるから市場が生まれるのではなく、そうした商品の魅力を理解し、消費する大衆社会が形成されたからこそ、市場が顕在化したとも言えるだろう。

一九四六年に創業を開始したばかりの東京通信工業（現ソニー）は、テープレコーダーに始まる独自の製造技術の開発から、民生仕様の音響機器の市場を作り出してきた。この会社は、特許も取るが、性能の改良も怠らない態度で、大手企業が後から参入してきても耐えられるだけの質の高さを誇ってきた。しかし他社に負けない性能というだけでは、現在のソニーを作り上げることは出来なかっただろう。技術の競争は、結局は大手企業の生

図3　ソニー、トランジスタ・ラジオ
TR—610、1958年
（1958年度、日本グッド・デザイン賞
商品部門で受賞）

産力に押しやられ、市場を勝ち取られてしまう場合が少なくなかったからだ。また研究開発に余裕のある大企業の方が、新技術を用いた製品開発において圧倒的に優位であったのも事実である。実際ソニーは、大手企業にとって、同様の技術で後に参入するためのモルモットに過ぎないと揶揄されたこともある。[4] だが技術優位の製品開発と同時に、新たな市場を作るという点を強く意識して組織を拡大してきたことが、世界企業ソニーを作っていった。

東京通信工業の民生用テープレコーダー第一号機、Ｈ型は、当時としては一三キログラムと画期的な軽量で、デザインは、柳宗理が担当した。[5] 民生用機器の開発にあたって新進気鋭の柳を起用する点、最初からデザインの重要性を認識していたことが窺える。だが当時のテープレコーダーは、高価な特殊機械であり又録音機を使うという文化が一般化していなかったため、一般家庭用というよりは教育現場での使用が主な需要であった。これに対して、広く本格的な大衆製品となる商品の開発は、トランジスタ・ラジオの製品化から始まる。

国内産第一号のトランジスタ・ラジオＴＲ—５５の開発には、約九〇〇万円（当時の公務員の初任給が八、七〇〇円）の特許料がかかっていた。[6] また、このトランジスタ・ラジオの技術開発が始まった五四年に、社内デザイナーが雇い入れられた。このラジオの販売開始と同時に、東京通信工業は、アメリカ向けに、世界基準を意識した〝ＳＯＮＹ〟という商標を付けた製品を販売し始める。さらに五七年に販売されたＴＲ—６３は、当時世界最小のラジオであった。この製品は、サラリーマンの平均月給に相当する一三、八〇〇円で国内販売され、三九・九五ドルでアメリカに輸出された。アメリカを中心に、海外で品質の高い製品という評判を得るようになった。

ソニーという企業にとって、技術に対する姿勢そのものを製品のアイデンティティと結びつける必要があったと考えられる。たとえば、設立趣意書で井深大は、「技術者達ニ技術スル事ニ深イ喜ビヲ感ジ、ソノ社会的使命ヲ自覚シテ思イキリ働ケル安定シタ職場ヲコシラエル」必要を感じて、「真面目ナル技術者ノ技能ヲ、最高度ニ発揮セシムベキ自由豁達ニシテ愉快ナル理想工場ノ建設」を会社設立の目的の第一に上げている。(7) 技術好きが技術の楽しさを形にした製品を作る。当時は他の家電メーカーでも、技術を優先した新製品の開発が高度成長期の中心的なテーマであった。ただ、テープレコーダーやラジオといった娯楽品が主たる製品だったソニーにとって、技術の新規性や性能だけでは市場を確保することは困難だ。中小企業が、大手メーカーに対抗する製品力をアピールするためには、個々の製品の性能及び品質の良さを漠然と宣伝するだけでは注目を浴びない。従って、その技術や性能を魅力あるものとして強くアピールすることが求められる。製品の技術がどのような性質のものなのか、他社との違いを製品及び企業イメージとして視覚化することが重要になってくる。そのことを直感していた経営者達は、CIという言葉がまだ日本で知られる前から、他社に先駆けて製品と企業のアイデンティティをSONYというロゴで表す必要性を感じ取った。一九五八年一月、社名自体を「ソニー株式会社」に改名する。この年発売されたトランジスタ・ラジオTR—610は、欧米への輸出の決定版として作られた製品であり、ポケットに入る大きさで「小型、軽量、高性能」を実現し、二年間で五〇万台以上が売れたという（図3）。

4　一億総中流とCIブーム

七〇年代の特徴として、消費者動向が非常に複雑に、そして細分化される傾向が現れ始めた点を上げることが出来るであろう。まだ高度経済成長が続いていた六〇年代半ばには新三種の神器と呼ばれる自動車、クーラー、カラーテレビなどの贅沢品が耐久消費財の中心となり、豊かさと娯楽を享受する傾向が一般化し始めた。自動車も一家に一台から個人に一台へと変化し、スポーツカーなどの需要が現れ始める。六六年には日本の人口が一億人を突破し、経済企画庁がGNP世界第二位であると発表した。六九年には、日産自動車が国産初のスポーツカー、フェアレディZS30を発表している。一九七〇年、大阪で催された日本万国博覧会は日本の高度成長の到達点であった。「人類の進歩と調和」をテーマに掲げ、巨大ドームに映し出される映像「アストラマ」やアポロ計画により持ち帰られた月の石などが展示されるなど、技術がもたらす魅力的な近未来が提示された。また、万博以降日常生活の中に定着した、ファーストフード店やファミリーレストランなどは、外食産業の大衆化を急速に推し進めた。商品やサービスが潤沢に市場にあふれ、企業間競争が過当になってくると、マーケッティングの概念が台頭し、その内容がしだいに商品個別の競走レベルから母体である企業体そのものの差別化マーケッティングレベルへと進化してくる。この時期に始まったのが、CIの流行である。

　CIという言葉は「コーポレイト・アイデンティティCorporate Identity」或いは「コーポレイト・アイデンティフィケーションCorporate Identification」の略語である。CIデザインのパイオニアの一人である原田進は、CIを次のように定義している。

「一、企業自ら自分のおかれた立場を知り、二、企業が自らを見つめ直し、三、その上で明確な目標、ビジョンを持ち、四、そのビジョンに向かって進む道順をつくり、五、それを社の内外にスマートに伝えていくプログラムである。[8]」

　つまりCIとは、企業のビジョンの視覚化と、その方向性作りを支援するマーケッティングの手法であり、視覚化する過程を含むことから、デザイナーとの協働が求められる分野である。

　CIはアメリカで始まった。最初の事例は、IBMだという。一九五六年、取締役代表になったばかりのトーマス・ワトソン・ジュニアが当時の「インターナショナル・ビジネス・マシンズ・コーポレーション」という長い社名を、明快で美しいＩＢＭの三文字でデザインし、一見しただけで会社の思想や業務内容が思い浮かぶ個性的なモノにしたいと考え導入した。(9) イギリスでも同年、国営鉄道ブリティッシュ・レールが、新しい施設や車両開発、総合的な環境の整備までを統一したイメージで組織するために、導入した。これらの事例を契機に、アメリカでは六〇年代から多くの企業がＣＩを取り入れたが、日本でのＣＩ導入は、ほとんどが七〇年代になってからであった。

日本の最初のＣＩの導入は、一九六五年の東京電気化学工業（現ＴＤＫ）のロゴマーク（亀倉雄策デザイン）とその使い方のマニュアル作成（株式会社ＰＡＯＳ）から始まった。(10) ロゴマークを決めたからではなく、ロゴマークの持つ意味を理解した上で、それを管理するシステムを作り上げたからである。ＴＤＫというアルファベット表記は、一九四八年から社名のマークに使われており、八三年に社名自体をアルファベットのＴＤＫとしたのは、国内企業としては第一号だったという。だが、国内でＣＩの価値を広く世間に知らしめたのは、マツダ（七五年）やダイエー（七五年）における成功だった。たとえばマツダは、商品ブランドのマツダと社名の東洋工業をMAZDAに一本化し、全国一、三〇〇箇所の営業所のデザインの統一によって、マツダブランドを印象づけるのに成功した。ダイエーのオレンジ色のマークは、七〇年代の消費革命を象徴する総合スーパーを代表するイメージとなった（二〇〇五年産業再生機構の支援を受け、業務形態が変化するに伴い、再デザインされた）。これらの成功が引き金となり、七〇年代後半から八〇年代前半にかけて、日本でＣＩブームが起こる。しかし、当初のＣＩは、他社との識別のための手段としてしか理解されておらず、ロゴマークを中心とするビジュアルな表現統一が主目的とされた。八〇年代は特に好景気を背景に、お金が余ったからＣＩをしてみるなど、結局その企業の体制や理念が時代の要請に即しているかなどの問題点を明らかにしないままに、一時的な流行として、安易にロゴマークの改訂だけを求めた企業も多かった。従って、ＣＩに対して費用だけかかり、何一つメリットが無かったと不信感を覚える企業も少なくなかったようである。

ＣＩ流行の背景には、製品の品質が均質化し、過剰供給に至った日本の消費状況がある。企業の理念、市場戦略の方法、製品のデザイン活動などは、広告や店舗、社員を通して消費者に伝えられる。商品一つ一つの性能の差異がほとんどない状況で、消費者は直接的或いは間接的に企業イメージを理解して商品を選択する。広告で伝えられた内容と店員の商品説明が異なるとしたらどうだろう。或いは、商品と店舗のイメージが極端に異なる場合、消費者は購入を希望しても店舗にたどり着くことが出来ないかも知れない。このように、企業についての情報がバラバラならば、消費者はどれを信じて良いか解らなくなり、当然、信用を失うことになる。経営資源としてのデザインの意味を本当の意味で経営者側が理解するのは、実はこうした状況が生まれたからであった。

5　新人類とブランドの台頭

ＣＩがブームになり始めた一九八〇年、消費形態に一つの変化をもたらす動きが現れた。株式会社西友がプライベート・ブランドとして「無印良品」を立ち上げたのである（一九八九年以降、西友から独立し、株式会社良品計画となる）。設立五年後には事業部を設立して全国出店を展開し、その独自のスタイルが評価され、現在では国外にもファンの多い有名ブランドとなっている。[11] プライベート・ブランドとは、大手メーカーが製品につけたナショナル・ブランドに対して、スーパーなどの小売業者が独自の商品を開発し、その小売店だけで販売される商品のブランドをいう。現在では、コンビニエンス・ストアのセブン・イレブン等を含め、ある規模以上のチェーンストアが、メーカーと共同開発した製品などもプライベート・ブランドとして流通している。プライベート・ブランドのメリットとして品質管理や中間流通コストの削減などもあげられるが、「無印良品」の場合、コンサルタントとして日本を代表するグラフィックデザイナー田中一光を起用した点が注目に値する。

「無印良品」は、製品開発に有名なデザイナーを起用しながらその商品コンセプトの中核を匿名性に置き、八〇年代半ばのバブル経済の中でも、禁欲的な、独自のスタイルを守り通した。一九九一年二月にバブルが崩壊し、先の見えない不景気が続く日本の企業の中で、「無印良品」は、国内の店舗二九八店舗（直営一五三、西友内専門店一四五）海外店五一店舗、年商一、二七四億円（二〇〇六年二月現在）を売り上げている。ブランド設立当初の一九八一年のポスターには次のように書かれていた。「わけあって、安い。そこで良品が、無印で登場します。ブランド名や包装にたよらず、モノを選びとる。食品ならおいしく、日用品なら役に立つこと、第一。」ここでは「ノー・ブランド」を謳い、低価格の理由が説明されているのだが、同時に田中一光デザインの「無印良品」というブランド・ロゴが印象的に現れている（図４）。

安さの理由を明らかにし、消費者の信頼を得るという方法は、企業内での意識統一が第一目的となるＣＩとは明らかに異なる、消費者側を主体とした戦略だといえよう。そして何よりも、きめ細やかに情報を発信し続けるという戦略が、「無印良品」のブランド・イメージの根幹となる。「無印良品」は日用雑貨品のブランドとして始まったので、生活の一つのスタイルを提案するのであるが、それは直接的な表現ではなく、ユニークで少しひねった表現として表れた。この情報発信のコンセプトは、これらの廉価な商品を選ぶのが経済的理由ではなく、文化的、知的関心からもたらされた選択だというイメージ作りにあった。創立二年目のキャッチフレーズ「しゃけは全身しゃけなんだ。」は、第三五回広告電通賞を受賞している。この短歌や狂歌に似た広告手法は、八〇年代のテレビ・コマーシャルやポスターに多く見られた傾向

図４　西友、無印良品ポスター「愛は飾らない」1981年
（AD　田中一光、イラスト　山下勇三、コピー　小池一子）

であり、ストレートに伝えるのではなく、少しズレた位置から眺めるような曖昧な表現が、日本独特の文化として好まれた。

「無印良品」を立ち上げた実業家堤清二は、当時ＤＣブランド[12]の展開やセゾン美術館に代表されるような文化事業によって時代の寵児となった人物である。特に文化事業によるそのイメージ戦略は、パルコやロフトといった商業施設にも反映され、「新人類」と呼ばれた若い世代に支持された。この新しい消費者層の特徴は、文化的価値に敏感で、モノよりも情報を重視し、ジャン・ボードリヤールの言う〝消費社会の神話〟を無意識的に体得していた消費者層と言えるだろう。[13]彼らは既存の価値体系よりも、モノ自身に付け加えられた物語に関心を持ち、情報誌の内容を規範とした行動様式をとる。

一九八一年、ホンダが発売した初代「シティ」は、それまでの階層化された乗用車の常識を覆す試みだった。すなわち、ミニマムなクラスの軽自動車、カローラやサニーのようなファミリーカー、クラウンやセドリックといった高級車は、年収や生活レベルに合わせて購入するというのが社会的認識であった。これに対してホンダは、従来のマーケッティング手法を逸脱した新しいクラスの乗用車を市場に投入したのである。「シティ」は製品コンセプトにおいてだけでなく、広告宣伝においても既成の枠を超えた戦略を展開した。「シティはニュースにあふれている」というキャッチフレーズは、ファッション性を備え、情報発信源である街をイメージさせる。コマーシャルにはイギリスのコミカルなロックバンド、マッドネスを起用し、「ホンダ、ホンダ、ホンダ」とリズミカルに踊るムカデダンスは日本中で大流行した。また、マスメディア以外に情報誌『シティ・プレス』を発行し、生活の様々なシーンでの使用例を提案した。

ここで取り上げた「無印良品」や「ホンダ・シティ」に見られる情報戦略は、新しい消費形態に対応した結果、現れた動きだといえる。問題となるのは製品ではなく、消費者がその情報によって提示されたライフ・スタイルを、価値のあるものとして評価するかどうかだ。様々なメディアを通して情報を大量に流し続け、製品や企業自身についてのイメージを確立することが、企業にとって重要な課題となる。

前述したように、八〇年代の日本では既存の価値体系を放棄し、独自の物語を求める消費者層が現れた。一般の消費者にとって〝独自の物語〟とは、企業やマスメディアが与えてくれる物語であり、マニュアル化されたライフ・スタイルの選択である。それらの中には、以前は上層階級だけのものだった高級ブランドも含まれていた。このようなポストモダン的社会状況では、消費者や文化の要求を拾い上げ、具体化するデザイナーの能力が必要とされる。この時期、工業デザインの分野では「モノのデザインからコトのデザインへ」ということが盛んに言われた。つまりデザイナーは製品をデザインするのではなく、その製品が持ち込まれる状況をデザインせよ、ということだ。

アメリカの経営学者クリストファー・ロレンツは、マネージメントの領域からデザインの重要性を最初に説いた人物である。彼は、製品デザインが市場競争の重要な武器として使われる時代、つまりデザインによる差別化が大衆市場に影響を与える時代が始まったのは一九八〇年代であったと考える。これは少し奇妙な話に聞こえる。つまり、一九二〇年代、実用性一点張りのT型フォードに対抗して、GMがファッション性を取り入れたシボレーを開発し、結局大衆車の市場を席巻していった時から、デザインが商品力を高め、市場競争の武器となることは、認識されていたはずだ。だが、これはスタイリングのレベルでの差異化であり、根本的なレベル――製品コンセプト――での差異化という意味ではなかった。ロレンツによれば、アメリカの経営者はデザインの可能性を最終的なスタイリングのレベルにとどめておき、製品開発プロセスのレベルでデザイナーを参加させようとは考えていなかったのに対し、八〇年代に成功していたヨーロッパ及び日本の企業では、デザイナーが製品計画や製品企画のリーダーとなって関わっていたと指摘している。(14) ロレンツがデザインを経営資本として重要だと考えたのは、マーケッティングの分野が急速に精緻化し、市場が複雑化してきたことと関連する。

一九八五年、ソ連共産党書記長M・ゴルバチョフがペレストロイカを掲げてから、冷戦構造が急速に解体し始め、資本主義経済は急速にグローバル化が進んだ。さらに台湾や韓国などの新興工業国家からの輸出品が、品質においても先進国と遜色がないレベルになってきた。企業間だけでなく国家間でも、技術力だけで競争することは難しくなってくる。事業を国際的に展開している多国籍企業は、かつてはコカ・コーラ、IBM、マクドナルドなど欧米の一握りの企業だけだったのだが、八〇年代後半からは、あらゆる業種の企業が国際的な規模の経済性とマーケッティングを考慮しなければならなくなった。特に技術革新を基盤とする電気製品の領域では、企業は製品の新規さを世界共通の技術によって、競わなくてはならなくなったのだ。

6　ブランディング戦略とアイデンティティ

日本の工業製品、特にエレクトロニクス製品は、世界的に見ても最も衆目を集めた領域であった。それは何故か。

ロレンツは、大規模な開発と生産の領域ではグローバリゼーションが必然的であるが、マーケッティングや広告宣伝については地域や国によって戦略を変えなければならないと、指摘している(15)。そして日本の製品は、そうした差別化された地域や市場に対応した販売戦略をとることが出来る曖昧さを持っているのだという。つまり、製品に個性が見られないことが、きめ細やかな販売戦略を立てる上で有効だというのである。一方、一九九一年一月、ソニーのマーチャンダイジング戦略本部長の渡辺英夫（現株式会社ナレジックス代表）は、日本の家電製品の没個性性について、次のように述べている。

……各社がトレンドを学ぶ。加えてこれだけ情報の流れが速くなると、新製品発表から衰退までのS字曲線が圧縮され、パルス化する。これに少しでも遅れると、流行遅れの新製品を出す羽目になる。速い流れと激しい競合の中で、同じターゲットを相手にしていれば、似てきてしまうのはやむをえない。

そして、欧米のメーカーには各社のスタイルがあるが、日本の企業は変わり身が早く、個性を失っていることも事実だろう。しかしそれが日本の産業を伸ばしてきた要因である[16]。

エレクトロニクス製品は、回路設計、生産設備への投資に億単位の費用を要するため、一定のマーケット・シェアをとらない限り、採算がとれない分野である。加えてエレクトロニクス技術が製品を極小化していくと、機能は内在化され、モノは物体としての存在を主張しなくなる。日本の企業は消費者の側を見た非常にきめ細やかな製品開発を徹底して追求した結果、没個性的な製品が市場の大半を占めたのだ。だがこの状態は、工業製品を取り巻く社会的状況の変化が生み出したものとも言える。シャープの総合デザイン本部長だった坂下清（現財団法人大阪デザインセンター理事長）は、二〇世紀の工業化社会は一九八〇年代で終わったのであり、九〇年代からはデザインが社会を先導する二一世紀の情報化社会が始まっていると主張する。

そこでは都市を中心に、空間、映像といった領域がクロスし、拡大する。プロダクツの方向としては、機能の内在化が進む。当社の液晶ビジョンなどもそうだが、例えば音声入力タイプライターができれば、ハードのメカニズムは目にふれないロッカーの中にあってもいいとなる。ユーザーのニーズを満たすことが第一で、プロダクツは存在を主張しなくなる[17]。

製品はそれ自体の存在を主張することなく、消費者の要望を満たすことが求められる。つまり機能を形に反映させるといったバウハウス的なモノのデザインではなく、モノがもたらす生活をデザインすることが工業デザイナーの仕事となった。企業が新しいライフ・スタイルの提案をする度に、消費者の需要はますます多様化し、新たに差別化された市場が際限なく現れてくる。消費者の需要を拡大し続けているのはモノにまつわる情報であり、情報が先行してモノの需要を生み出す場合もある。企業はこうしたモノと情報とが交錯する状況をコントロールしなければならない。

九〇年代中頃から、日本でもインターネットの一般の利用が可能となった。総務省によれば、二〇〇五年度のインターネットの世帯普及率は八七・〇パーセントだという[18]。五年前、四四・八パーセントだったのに比べ、約二倍の伸び率である。急速な通信機器の普及の原因には、一九九九年にNTTドコモのiモードのサーヴィス開始以降の携帯電話やPHS、携帯情報端末等の登場が挙げられる。こうした情報端末の急速な普及は、情報選択の主導権が消費者に移ったことを明確に物語っている。すなわち、新聞やテレビといった文字や音声、画像を一方的に発信するだけのマス・メディアしか無かった時代とは異なり、現在の消費者は、ただ垂れ流されている過剰な情報など無視して、必要な時に欲しい情報だけを選択できる方を好むからである。さらに現在注目される点として、移動端末からのインターネット利用者が、パソコンからの利用者数を初めて超えたことが報告されている[19]。情報を文字通り着用し、「いつでも、どこでも」見たいものだけを見、聞きたい音だけを聞く、そうした消費者が、若い世代を中心に現れてきた。

インターネットの特徴の一つとして、あいまい検索が挙げられる。これは、利用者が自分の関心がどこにあるのか、適切な言葉で表現することが出来なくても、漠然と近いキーワードを羅列することで、目標物を探し出せる検索方法を指している。ちょうど、本屋に入って本の背表紙を見ながら、自分の目的とする本を探そうとするのに似ている。さらにインターネットの特徴として、企業側が設定した製品ジャンルに当てはまらなかったり、幾つかの条件の中から、最も適切な条件を選んだりといったことも可能である。利用者は、自分の関心事を検索し、幾つかの興味深い情報と出会うのだが、それが直接購買行動に繋がるというものでもない。インターネットの危険性をある程度認識している多くの消費者は、他の情報源、例えば、広く知られている大企業である事や、ある技術については非常に定評がある等といった複合的な情報を総合して判断する。従って企業は、提供できる製品やサーヴィスの内容を出来るだけ正確に伝えなければならず、同時にその情報を、繰り返し様々な方法（メディア）で、消費者に提供しなくてはならない。このように、生産の現場で行われる品質管理やジャスト・イン・タイム生産システムの厳密さと同じような、企業イメージに対する管理システムが、求められるようになってきた。[20] 近年、そうした企業イメージ向上のための経営戦略、つまりブランディング戦略が、注目を集め始めている。

日本でブランディング戦略という言葉が使われ始めたのは二〇〇〇年前後である。[21] 近年のエレクトロニクス製品のように、製品の性能においてほとんど差異がない市場においては、消費はファッション・ブランドと同様に個性が求められ、差別化の価値をブランドに求める傾向が表れ始める。現代ブランディング戦略として試みられる事例の多くが、企業イメージの再構築のための製品ブランドの見直しや重複するブランドの整理から始められ、国内ブランドとグローバル・ブランドを分けて、ブランド・スローガンを掲げる形で試みられている。例えば、本田技研工業株式会社は新しい世紀を迎えるにあたり、二〇〇〇年一二月末にグローバル・ブランド・スローガン「The Power of Dreams」を決定している。松下電器産業株式会社は、一九九七年からCIの見直しを始め、二〇〇三年にグローバル・ブランドをPanasonicに統一し、スローガン「Panasonic Ideas for Life」を導入した。つまりブランディング戦略において最も重要なのは、その企業の基本的な特性とは何か、ということを明確に伝えるということである。

このように考えると、ブランディングはCIとそれ程違いが無いように思われる。恐らく企業のアイデンティティを目に見えるように明確にするという意味では、CIとブランディングとの間にそれ程の違いはない。だが〝ブランド〟（商標）という言葉が示すように、ブランディングは製品或いはサーヴィスに対する消費者の信頼

図5　アップル・コンピュータ、iPod
（アップル・コンピュータ・インダストリアル・デザイン・チーム、2001年）

を出発点とした経営戦略である。つまり、消費者（ユーザー）がその価値を認めない限り成り立たないのが、ブランドである。

二〇〇一年一〇月、パソコンメーカーであるアップル・コンピュータ社は、ｉＰｏｄというデジタル・オーディオ・プレーヤーを発売した（図５）。この製品は、産業のグローバリゼーションとブランド力の両方の特徴を備えた顕著な事例として見ることが出来る。第一に、ｉＰｏｄの部品の半分近くは、東芝、日立製作所、昭和電工、ＴＤＫ、日本電産などの日本製であり、世界規模での生産技術の相互供給が常態化していることが解る。第二にブランドに関する問題だが、ｉＰｏｄは、製品コンセプトとアップル・コンピュータという企業とが、見事に一体となったブランディング戦略を展開した。ｉＰｏｄは、単独の製品としての価値に限定されない。そこにはアップル・コンピュータの持つ先進的なイメージやｉＭａｃというパソコンのデザイン革命児の存在が背景にある。ｉＭａｃは、発売当時（一九九八年）、半透明のポップなカラーとモニタ内蔵型の斬新なデザイン、操作性の簡明化そして低価格で、事務用機器でしかなかったパソコンを家庭用端末に変えた。この発想の革新性が、ｉＰｏｄにも踏襲されている。

ｉＰｏｄは、ｉＴｕｎｅｓという動画及び音楽の再生・管理ソフトの再生機として開発された。自宅でｉＴｕｎｅｓを使っている環境をそのまま外に持ち出す事が出来るというのが製品コンセプトであり、二〇〇三年には、音楽をインターネットを通じてダウンロード出来るシステムが準備された。こうしたシステムの革新性と同時に、個々の製品レベルでも、この製品の特質は明確に示されている。すなわち、簡素で美しい外観は、[22]高度な生産技術に裏付けられており、クリックホイールに代表される簡明な操作系は、ユーザーインターフェイスの視点から見ても巧みにデザインされている。ちなみに、二〇〇三年から〇五年にかけてｉＰｏｄのシリーズは、日本のグッドデザイン賞を受賞している。このように、トータルなデザインポリシーが無ければ、ｉＰｏｄという製品は、これほどまで市場に受け入れられることは無かったであろう。

二〇〇六年現在、日本でのデジタル・オーディオ・プレーヤーの七割がｉＰｏｄだという。[23] ｉＰｏｄがこれほど人気のある製品となったのは、ｉＰｏｄのユーザーが、熱心な伝道者「エヴァンジェリスト」となって製品を宣伝したからだと言われている。熱心なファンの存在が製品を育て、広めてくれる。すなわちブランドの価値決定において消費者が主体となれるような様々な方法を総合的に計画していくことが、ブランディング戦略であり、その目的とは企業及び個々の製品の熱心なファンを作ることであると言えるだろう。

以上から、次の二つのことが言えるだろう。一つは、急速なグローバリゼーションによって、生産システム及び消費社会が無国籍化され、その結果、個々の製品のアイデンティティの明確さが求められるようになっていったことである。二つ目は、世界中のありとあらゆる物が溢れ、等価になってしまった後に選ばれるブランドは、時には消費者の愛着の対象となる（その多くは気まぐれに忘れ去られるのだが）対人関係のような物への感情を基盤として成立するということだ。二つ目のテーマはまだ慎重に照査する必要があるが、ブランディング戦略が台頭してきた時期とほぼ同時に流行していたオタク文化論との共通性もあり、なおいっそう、我々にとって興味深い現象と言えるであろう。

（１）バウハウス　第一次世界大戦後、ヴァイマル共和国成立の年、一九一九年ヴァイマルに開校された。当初から実践的な工房教育と最新の芸術動向に則した形態教育を体系的に行った学校として知られていた。一九二七年右派勢力からの弾圧のためデッサウに移転。ナチスの台頭により三三年には閉鎖されたが、教員の多くがアメリカに移住した。戦後のアメリカ及び日本のデザインに大きな影響を与えた。

（2）明石一男著「新日本工業デザインコンペ」財団法人工芸財団編『日本の近代デザイン運動史　一九四〇年代〜一九八〇年代』ぺりかん社、一九九〇年、一九―二二頁。

（3）社団法人経済企画協会、経済企画庁編『昭和31年度版経済白書』大蔵省印刷局、昭和三一年七月一七日発行（一九九四年）。

（4）Sony Corporation, *GENRYU*, employees and people connected with Sony in commemoration of the company's 50th anniversary, 1996, p.105. 一九六〇年代、週刊朝日に連載された大宅壮一による連載「日本の企業」で東芝について取り上げた記事に書かれた。参照 http://www.sony.co.jp/Fun/SH/1-8/h4.html

（5）ibid., p.55.

（6）ibid., p.66.

（7）井深大著「東京通信工業株式会社設立趣意書」http://www.sony.co.jp/SonyInfo/CorporateInfo/History/prospectus.html

（8）原田進著『CIデザイニング』実務教育出版株式会社、一九八九年、一八頁。

（9）同前書、二二頁。

（10）中西元男著「グッドデザイン　イズ　グッドビジネス」長沢伸也、岩谷昌樹編著、佐藤典司、岩倉信弥、中西元男共著『デザインマネジメント入門　デザインの戦略的活用』京都新聞出版社センター、一一四―一一五頁。

（11）「無印良品」及び株式会社良品計画については、次の資料を参照した。「株式会社良品計画　会社案内二〇〇六」http://ryohin-keikaku.jp/corporate/『カサ　ブルータス　特別編集　無印良品の秘密!?』二〇〇三年。

（12）デザイナーズ・アンド・キャラクターズ・ブランドの略称。コム・デ・ギャルソンに代表されるDCブランドは、それまでごく僅かな上層階級だけが手にしていたファッション・ブランドというイメージを覆す戦略で、八〇年代の日本にブームを巻き起こした。

（13）ジャン・ボードリヤールの『消費社会の神話と構造』は、一九七九年一〇月に翻訳本が紀伊國屋書店から発行されている。

（14）クリストファー・ロレンツ著、野中郁次郎監訳、紺野登訳『デザインマインドカンパニー』ダイヤモンド社、一九九〇年、一六―二〇頁。

（15）同前書、二二七頁。

（16）雑誌『FP』三四号、一九九一年一月号、一八頁。

（17）同前書、二一頁。

（18）総務省、別添「平成一七年度末の通信利用動向調査」政府広報、平成一八年五月分。http://www.soumu.go.jp/s-news/2006/060519_1.html

（19）同前。携帯電話等の移動端末利用者が、前年末から一八・八パーセント増加して、推計六、九二三万人に達し、パソコン利用者（推計六、六〇一万人）を初めて逆転した。過半数以上の五七・〇パーセントの人（約四、八六二万人）がパソコンと移動端末を併用する一方、パソコンのみの利用者は五二一万人減少している。

（20）トヨタ自動車のかんばん方式に代表される経済効率を高めるための生産技術方式である。自動車のような三万点もの部品から作られる製品を、大量にしかも効率よく生産するためには、厳密な生産計画を立てる必要がある。部品などを、「必要なものを、必要な時に、必要なだけ」調達出来れば、生産効率が上がる。近年、企業イメージを伝える方法もこのジャスト・イン・タイム方式と同様の、きめ細やかな計画が必要とされるようになってきた。

（21）経営者とデザイナーの両方をターゲットとした雑誌、『日経デザイン』では、ブランドという言葉が特集に現れるのは、一九九九年三月号が最初である。この時はまだ、歴史的ブランドという形での特集だった。

（22）User Interface　機械とその利用者の間の情報交換を適切に、利用者の負担無く行えるようデザインすることが工業デザインでは重要である。

（23）インターネット「ウィキペディアフリー百科事典」、「ＩＰｏｄ」の項参照。（二〇〇六年一〇月）

子どもの世話と生業・生活(いのちき)での夫婦役割のステレオタイプとその交換
——戦前・戦後炭鉱労働者を例に

羽下大信

1　はじめに

この地上から自分たちの「いのちき」の場を奪われ、地底を職業の場としてきた男たち、女たち。炭坑労働という、明治近代化のなかのエネルギー消費にかかわる職業の先端に位置しながら、その最底辺を支える職業。そして、外の世界からの蔑視と、炭住(炭鉱労働者住宅。棟わり長屋で、一家族に六畳か四畳半の一間と土間)での家族兄弟を越えた濃厚な、同時に、明日は死が待っているかも知れない生活。このギリギリの生業・生活の選択のなかでの、男女ワンペアの合意・モラルを役割のステレオタイプとその交換という視点から、描いてみる。

2　筑豊・三池地方での炭鉱労働者

明治以降の近代化政策の中、石炭は自給可能なエネルギーとして開発が進められ、一時は西表島から北海道まで全国至るところで採掘が試みられ、活況を呈していた。炭鉱の規模で言えば、小は露天で掘る、通称・たぬき掘り（盗掘のところも多かった）から、三井・三菱といった国策会社による巨大なものまであった。巨利を生む採掘権の取得・買収には、激しい争奪戦が繰り広げられた。(1) 景気の好・不調に大きく振り回されながら一〇〇年あまり、エネルギー政策が石油へと転換された一九七〇年代にはいると、炭鉱の多くが閉山していった。

ここでは筆者にとって地域的に馴染みがあり、風土の肌合いがわかりやすい筑豊地方（概ね、遠賀川流域の水巻、北九州市南部、さらに田川、飯塚、直方の旧・筑前と豊前に跨がる地域）と三池地方（現・大牟田市）の範囲で、炭鉱労働者の様相を、まずは描き出して見る。

膨大な人間を吸いこんできたその労働者の構成を見てみる。大牟田の三井三池炭鉱では、一八八九（明治二二）年から一九三〇（昭和五）年の四二年間、最低廉の労働力として囚人を当て、それは一八九〇年代の三井炭鉱、二〇〇〇人規模でピーク時には六七—七五％（上野、一九七七、一五頁）に達していた。

また、朝鮮半島からは強制連行や「募集」という名の徴用で、同じく最低廉（不払いも日常だった）の労働力として集められた人たちが、九州・山口の炭鉱だけで一九四五年三月、労働者約二九万人のうち二七％、七九〇〇〇人（山口、二〇〇六、一一八頁）という数字もある。低賃金の沖縄からの労働者も多く流入し、そして沖縄差別もあった。

明治から戦争が終わるまでの昭和の時期、日本国内のあちこちから、吹き寄せられるようにして集まった炭鉱労働者は、一般には流れ者として差別され、筑豊地方では、遠賀川の川べりにしか住むところがないの意で「川筋モン」と呼ばれ、時には自らも開き直ってそう呼ぶこともあった。火野葦平の小説は、そうした川筋モン気質と筑豊の活気を描いて、喝采を浴びた。

炭鉱労働者の側から見ると、大きな区切りがふたつあるように見える。ひとつは、一九二八（昭和三）年、女性の坑内労働が原則として禁止されたこと（そのあと、昭和八年に緩和、やがて復活し、戦争中は女子挺身隊として組織され、二一年まで続く）。もうひとつは、一九四五（昭和二〇）年の敗戦によって中国・朝鮮からの引揚者がどっと流入したことである。

3　女炭坑夫という存在

人には生きる矜持がある。たとえ、他に生活（いのちき）する場がなく、夫婦ふたりで日に一二・一六時間も働いてやっと生活できるといったギリギリの事態であったとしても。一一人の元・後山（あとやま　男性と組んで石炭を掘った女炭坑夫）の聞き書きをした森崎（一九六一）のルポがある。それによれば、明治・大正期の小規模の炭坑はほとんどが手作業で、川の支流のように地底に広がった炭坑の、ひとつの切羽（きりは）を、夫婦か男女一組が受け持つ。坑道は狭く、カンテラの回りだけ明るいが、他は真っ暗。坑道でひとり止まると、「だりっ、…だりだりっ…ぴちぴちゅっ」と音をさせながら、地底の圧力が迫ってくる。「ぴちんぴちん…」と水の落ちる音。それ以外、しぃーんとした、土の下深くでの作業だった（同、二三頁）。

天井の低い切羽も多く、先山（さきやま）の男が寝ころがり、あるいは膝をつき、しゃがみこんで掘る。それを女が搔い出し、篭で背負ったり、箱（スラ）に入れて押し、地を這うようにして、レールに乗った函（炭車）まで運び出し、移し替える。それを坑外まで、長いところでは数百メートル、先を争って押し上げる（同、二二七頁）。

傾斜のある炭道に沿って最小限に作った坑道だから、立てば頭がつかえるほど。でこぼこで、足元は水気ですべる。その地面にかろうじて敷かれたレール。切替のポイントもある。石炭やボタが落ちている。そんなところだから、函が「どまぐれる（脱線する）」。もたつけば下からは荷を積んだ別の函が、上からは空（から）の函が

図1　山本作兵衛は自身も炭坑夫だった。明治から大正期にかけての炭鉱労働の様子を、絵と文にした。原画のほとんどは田川市石炭・歴史博物館に収蔵されている。

（出典：山本作兵衛『筑豊炭坑絵巻上　ヤマの仕事』葦書房、1977）

くる。そうならないうちに、梃を使って自力でレールに乗せ直す。

函がどうしても押せない時は、天井の岩盤に手をつっぱって「ケツの力で押してじりっじりっと」（同、五二頁）やる。函押しができて一人前。それができないと恥ずかしいから、働く。

女たちは、互いに競争し、函の順番を激しく争う。そして同時に、共同作業もする。掘り出した石炭を二人で組んでスラに効率よく入れる工夫。空の函を待つ時間には、一緒に弁当を食べたり、遊んだり。女たちは交渉が得意だ。こうしたコミュニケーションの時は、彼女たちはたいてい素手のようだ。たとえば、坑内で函の分配でいつも勝手をしたり、偉そうにハバをきかす男を、女たちは示し合わせ、たたんでしまう。連携プレイでねじふせて縛りあげ、坑道で土衝（どつ）いて締め上げたりした。その際、彼女たちは、たまたま持っていた棒で殴ったり、石炭を投げつけたりはするが、男たちのするように青竹で執拗にシバいたり、いつも持っている棒や、刃物を持ち出すことは、決してない。つまり、手は空（から）にする。肝心なところは素手なのである。「こらしめてやる」というふうで、陰惨なところがない。見るにたえない、聞くにたえないようなものではない。

一方、男たちは、ただ掘り進み、その日のぶんを掘ってしまえば、あとの運搬は女に任せて、自分はひとり引き揚げる。そしてバクチ、酒を飲んではケンカ、刃傷沙汰。石炭を掘るツルハシを手から離したら、すぐにその手に何かを持つ。サイコロ、徳利／盃、刃物。男たちのコミュニケーションには道具がいるようだ。

暴力もコミュニケーションかと、訝（いぶか）られるだろうか。「おれのことを、わかれ！　なんでわからん！」そのいら立ちと、わかってくれないことへの怒り。彼らは、一体、何をわかってほしいというのだろうか。地面の下にしか、自分が生きる（いのちき）場がない、その鬱屈をか。低められ過ぎた自尊心をか。ギリギリで持ちこたえている孤独な自分をか。

それをまるごと取り戻そうと急ぐあまり、互いに相手を力まかせに見下げ、挑発してしまう。挙げ句に、相手を一気に全否定（自分を全肯定）しようとする。それをするには素手では叶いそうになく、心もとない。つい、手慣れた獲物、頼りになる武器を手にする。たいていの場合、やり過ぎてしまい、結果は陰惨なものになる。あまりにもシンプルで、一方的で、瞬間的で、失うものが多すぎる。それでも、これはやはり、コミュニケーションの一種のようだ。筆者は、そのことをＤＶ（ドメスティック・バイオレンス）加害男性のための非暴力ワークショップにかかわるなかで、知った（羽下、二〇〇六）。わかってくれないと感じた時、その相手から自分が完全否定されたと感じてしまう。それほどの切迫感が、彼らには共通にあるようだ。

本当はコミュニケーションにはなり得ていない、コミュニケーション未然形。自覚できないコミュニケーション。だから、道具が必要で、そして、道具に凝るのかもしれない。コミュニケーションを媒介する大事な道具だからだろうか。ゲートボール用の紫檀のスティック、高価な車や時計、ヴィンテージ／レアもの、蘭や薔薇の栽培、骨董・古美術、などなど。これらはすべて、見せびらかすためにある。地位も名誉もそうかもしれない。そして、互いに見せびらかしに応じてくれる相手が、お友達。

炭坑で働く子方坑夫は、今でいう派遣社員で、彼らの数人から数百人を束ね、自らも坑内にさがる納屋頭（棟領）が会社雇いの正社員。他に労務担当の監視係（坑夫たちは「役人」と呼んだ）が監督し、会社雇いの監視役、請願巡査もいた。坑夫を威圧し、時に力で押さえ込む。

坑夫たちの場合、先山・後山は、気が合わないと仕事にならないし、先山が上手なら危険も少なくなる。互いに呼吸が合って働きやすい相手が欲しい。ときには、先山が腑甲斐ないと、後山の女が先山の仕事をしたりと、地底では役割は自由に取って換えられた。そこでは、仕事で組む相手を、それぞれの裁量と好みで取り換え、お互いを選ぶことになる。借金が嵩んでのケツワリ（脱走）、情を通じあった男女の駆け落ち、バクチや刃傷沙汰。そしてなにより、落盤・出水による死・怪我が日常だった。不就労・不服従、坑夫の取り合いにからむ私的制裁・リンチの激しい圧制山もあった（山本、一九九八）。

仕事の上での男女の区分は相対的で、賃金も同じか若干の差。仕事の内容による差をつけることもある。仕事上の役割は男女の組み合わせによって自在に交換される。彼女たちの言う「働かな、うそばい」（森崎、二三四頁）の「働く」は地底で炭坑労働をする事を言う。家事労働は含まれていない。ここには働くものの矜持がある。

4　生活・子育て

このヤマにくるまで、この地上に生きる場所を探して辛酸をなめてきたもの同士の、炭住という空間での共同生活。助け合って、お互いを差別しないで、他人の病気まで家族のように心配し合う。隣近所が兄弟以上に親しい生活（森崎、一八四頁）だった。戦争による好景気の時はそれなりにいい生活になり、蓄財をしようと思えばできたし、そうする人もあった。

こうして、自分たちがこれまで生きられなかった外の世界、地表を支配するモラルや価値の縛りを、体を張って破り続け、自分の生活倫理を創り出し、そのフロント・ラインを生きてきた。彼らには、その自負がある。森崎（同）のルポの中での語りから漂うものは、たとえ苦労を山ほどしても、生きられる場にたどり着いたとの安心、自分たちが創り出す拡大家族、明日はどうなるかわからない緊迫感がもたらす非日常の活況とにぎわい、女だからという言い訳をしないで生きることとの気魄といったものではないだろうか。

子育てについてはどうだろう。森崎（同）のルポに登場する女性たちの母親としての側面を見ると、妊娠中も働けるだけ働き、坑内で出産することもあった。その際は医師や看護婦が坑内にはいってくれたという（同、一四六頁）。産後もすぐに後山に入り、ときには危険を承知で子どもを背負って坑内にはいり、篭に入れて、仕事の合間にあやし、授乳し、遊ばせていたことが記されている（同、二二二頁）。

ヤマの仕事は緩やかな二交替のローテーションで、一番方ではいる場合は、朝二時に起き出し、家族全員の弁当を作り、子どもを起こし、預かり賃を払って預けに行く。世話してやれないつらさ。もう会えなくなるのではという不安。そして仕事がすんで「子どもに会える！」というのが、何より嬉しかったと述懐する（同、一一頁）。

坑内から一旦上ってきても、午後四時、そのまま二番方に入ることもあった。すると、子どもが家にいる場合は、ときには早朝もそして夜も、ほったらかしになる。それでも子どもたちは、捨ててある微粉炭を粘土と混ぜ団子にし、燃料を作って遊ぶ。親がいない夜には、文字通り、泣き寝入りになる。

父親の暴力が妻や子どもに及ぶ場合、近くの誰かが仲裁役を呼びに行く。そうした、多重的な人同士の関係があった。また、炭住という住環境からすると、作りは粗壁に自前の紙天井という超安普請だから、こうした時の様子は筒抜けになる。それは時に暴力の持続への抑止効果と低強度（law intensity）に貢献することもあったろうと推測する。

彼女たちのこの生活は、死と背中合わせの、失うものの何もない中での「明るい貧乏」に終わったのだろうか。彼女たちは、口々に、面白かった（「たのしかったな、つらいことも腹いっぱいしたが」「あのころはよか話しがありよったのう」）と言う。欲望を肯定し、自分を主張し、生活倫理を創り出した。それは今となっては、石炭という時代の先端の消費物資を獲物としつつ取り行なわれた祝祭のあとなのだろうか。

彼女らが創り出してきた労働と生活倫理については、まだ、全くカタがついてないように思われる。女炭坑夫という存在。それは、われわれが暗に持つ労働の性役割のステレオタイプを打ち砕く。網野（一九九九）が素描し問題提起しているように、史家とわれわれの思いこみによって日本の中世史で盲点になっている、桑（絹）・柿（実／柿渋）・漆・栗（実／用材）、また紙漉き、機織り、商業・金融をになってきた女性たちの労働。こうした女性労働と、ここで描いてきた彼女たちをつないでみること。そこから、再度ステレオタイプを見直す作業が、われわれを待っている。

5　戦後での男たちの居場所、女たちの居場所

先に描いた炭坑労働者の場合、その親世代も炭坑で働いていた。緩やかな流入・流出はあった事が推測されるが、全くの未経験者は働きが悪いか仕事が続かないと言われた。

当時、事務所も出産を祝ってくれたのは、「坑内は人がふえるとこじゃなかけんの、…みんなで祝うてやってじゃ」（森崎、一四六頁）と述べ、季節労働はあっても、炭坑労働者となる新たな流入はほとんどないことがわかる。二世代目も、親たちのように、各地の炭坑を点々としながらの暮らしであったようだ。彼らは「川筋もん」（筑豊）、子ども同士では「バラ」、「炭山んもん」（三池地方）と、世間（土地や町の生活者）から差別される側に

しかいない、最底辺の集団だった。朝鮮人差別は、使用者と監督者の側にははっきりとあり、それを「むげなかった（かわいそうだった）」という意識が、労働者間にはあった。もちろん、清潔感や金銭感覚に関する個人的・文化的な軋轢はあるはずだが、労働者間には構造的な差別意識があったという証言は見当たらないようだ。

この様相が一気に変わるのは、戦争が終わって、職を求めて、未経験者がどっと流入したことによる。彼らの意識は、「本当はおれたちはこんなところに来る人間じゃない（お前たちとは違う）」というもので、こうした意識が持ちこまれたことによって、それまでのほぼひとまとまりと意識されていた炭坑労働者間に差別意識が生まれることになる。彼らは男と女、旧と新、在日か否かに互いを分断し、時に互いを蔑視するようになる。

戦後、効率の良い山を残し、大規模化、機械化が進められる。そのひとつ、大牟田を起点に有明海の下へ下へと掘り進んだ三井三池炭鉱は垂直に一〇〇〇メートル以上も下り、次には中を走る炭車に乗って斜めの坑道を進み、更には平たく縦横に走る坑道を移動すること数キロ、三、四〇分を用してやっと切羽に着くと、そこは有明海の真下。

納屋制度はなくなり、会社雇いとなった男たちだけがヤマにはいるようになる。膨大な石炭を掘り出し、多い時は三池では年間二〇〇万トンあまりを産出していた。そして、大規模災害も発生する。一九六三年、三井三池三川では炭塵爆発で死者四五八、重症七一七、一九六五年、三井山野ではガス爆発で死者二三七。

小規模の落盤やガス・炭塵爆発は日常で、生存者となっても一酸化炭素中毒による重度の後遺症を残した人たちが今も生きる。熊谷（二〇〇六）の映画は、その今の三池を「負の遺産」とともに描き、われわれに突きつける。一九五〇年の朝鮮戦争による特需景気を最後に、炭坑は、石油へのエネルギー政策の切り替えがもたらす石炭不況のダラダラ坂を下り続け、閉山・離職が激しくなる。彼ら坑夫たちの南米への移民も加速し、そのピークは一九六〇年で、三池労働争議の終焉と重なる。南米での生活のすさまじさは尋常ではなかった。しかし、「炭鉱で働くということは、住むべきところ…帰るべきところがないということ」（上野、一九七七、三四九頁）だから、日本にも帰れないのだ。

戦争が終わったあと、それまでに、あるいは強制連行で、あるいは職を求めて朝鮮半島からやって来た人たちの帰還ラッシュが始まった。一方、それぞれの事情で、そのまま残る人たちもいた。「帰るところがない」のは南米に渡った炭坑離職者と重なるところがあるかも知れない。「にあんちゃん」（安本、一九五八）の両親も、そのまま残って、炭坑労働を続けた人たちだった。当時一〇歳の少女の全くの個人日記は、「きょうがお父さんのなくなった日から、四十九日目です」から始まる。既に母はなく、二〇歳の長兄、姉・一五歳、次兄・一一歳（にあんちゃん）、日記の著者の四人は、佐賀県の西の端の大鶴炭坑の炭住に暮らす。昭和二八（一九五三）年。長兄は既にそこで働いているが、在日なので臨時雇い、給料二四〇〇円あまり。小学校に通う下の二人の教科書代五九〇円が払えないために数日を休み、「学校に行けないなやみが、はりさけるように、たまっています」と書く。食べるものが一日全くない日には、じっと寝ている。栄養不良状態。長兄はストの余波で仕事を失ってしまい、職を求めて神戸へ、姉は佐賀へ、そして下の二人は、五人家族のMさんの家にと、別れ別れになる。

その兄は、手紙でこの妹に生活苦や親の愛の薄いことをかわいそうというのではなく、本を一冊も買ってやれないこと、学校を続けさせられないのではと「泣きたいほど悲し」く、折角の作文の才能を伸ばす手助けができないことを「たまらなくさびしい」と書く。この意識のスタンスは父のものではないだろうか。もちろん、この兄が働いて一家の収入を得、ボヤクことはあっても誰にも文句を言わないのは、既に父のポジションであり、姉は、この弟・妹に対して世話を焼く母の位置にいる。それも、ごく自然に。また、最初に彼女たちが預けられたM家は、二間に五人プラス二人が住むことになる。食糧は慢性的に少ない。そんな中、親切に世話されたり、厄介もの扱いされたり。他の家でも、食事や風呂や安眠を提供してくれる親切な人もいる。お金持ちだから親切というのでもなく、貧乏だから不親切というわけでもない。たとえばM家の妻の場合のように、妻として自分の家の子どもに食事を与えることに責任を感じるほど、彼ら預かりの子へは冷たくなるらしいことがわかる。いずれにしろ、この兄弟たちは、固定した一組の大人の、持続的な親代わりの世話を受けたのではない。公的な世話でもない。個人の、任意による、その都度の、同時に複数の人たちによる、切れ目ない、また多面的な世話と配慮に支えられて、生きて来たのである。

こうした世話は、不安定なもの、家族ならもっとよかったものと見えるだろうか。他のどれかの例と較べることはできない。が、一回性が特徴であることは確かである。そして、父親・母親的世話の役割の交換が起きていることも確かであろう。そのことは、人はそうし得るということを示す。

6　夫婦間での親役割の交換

親役割の交換あるいは相互浸透を、別の例から見てみたい（写真1、写真2）。

これを見るとき、われわれの中にあるステレオ・タイプがあっさり覆され、これはほとんど快感である。子を世話する役割は、ここでは軽やかに交換される。人は「自分（の経験）」という思いこみに生きている、ということを証明する、これは写真だろう。自分が思う以上にひとは役割の交換や相互浸透において柔軟である。

7　働く父親／母親が子どもの前に登場する場所

子どもにとっては、父親／母親が日頃仕事としている場所や道具の世界に、短時間、連れて行ってもらえ、ち

写真１　撮影は井上孝治。３歳で聴覚と言語を失った彼は、筑紫郡でカメラ屋を営みながら、コンテスト用に多くの写真を撮った。1989年、70歳の時、初めての写真集「想い出の街」を出版。この写真が撮影された場所は、福岡市の東に隣接する志免（しめ）町の炭住。昭和32（1957）年。よく見ると、後ろのほうでも、父親らしき人がしゃがみ込んで、２人の男の子の相手をしている。３人が囲む遊びの獲物はなんだろうか。とりわけ右側の子は、それに吸いつけられている。
（出典：井上孝治『こどものいた街』河出書房新社、2001）

写真２　同じく撮影は井上。場所は大牟田、三池炭鉱。昭和33（1958）年７月。「労働争議、スト中のソフトボール大会」との説明がある。バッターは女の子、キャッチャーは中学生ぐらいの学生帽の男の子、守っているのはステテコをはいた男性。母親と見える女性の表情からして、全員、家族かも知れない。肩がわずかに映っている審判は誰だろうか。
（出典：井上孝治『こどものいた街』河出書房新社、2001）

写真3　撮影場所は東京都・台東区三ノ輪。撮影者・荒木経惟の実家、にんべん屋履物店前、1983/84（昭和58/59）年。
（出典：荒木経惟『東京人生 SIENCE 1962』バジリコ、2006）

写真4　撮影場所は日炭高松炭鉱（遠賀郡水巻町）。撮影者は、自らもこの炭鉱で炭坑夫として働き、彼らの日常を撮り続けた写真家・山口勲。1962/63（昭和37/38）年。
（出典：山口勲『ボタ山のあるぼくの町　山口勲写真集』海鳴社、2006）

写真5　撮影者は前述の井上孝治。1960（昭和35）年、福岡・天神。父親と母親の服装のズレに注目。父親に気合いがはいっている。これは、家族を引き連れての「父親の外出」である。男の子は既に何かに引きつけられ、そちらに目が行っている。つまり、父親が主導して創り出そうとしている「おでかけ」の場の雰囲気＝ダイナミックスに、既に乗っている。母親も少しくたびれた服とつっかけながら、胸にブローチ。ちょっとだけこの気分に乗ろうとしている。残るは、女の子ということになる。彼女の去就が全体の雰囲気を動かしてしまう。それに気づいているのだろうか、母親の腕にしがみついている。このまま最後まで黙って従うか、それとも何か演出／仕掛けを繰り出すか。このあと、この家族はどうなったのだろう。たとえば昼の食事になって、この場面はどう展開しただろうか。父親が妻や子どもたちに、何か買ってやると言い出したら…。そのどの場面においても、父親は必ず、ちょっと特別な振舞いをすることになる。

（出典：井上孝治『こどものいた街』河出書房新社、2001）

ょっとだけ遊ばせてもらうこと、または、そこに自分の友達を招待すること。そこには、いつもの子ども同士の遊びとは違う楽しみと、少しの晴れがましさがある。こんな時、子どもにとって、父親／母親は「かっこイイ」のだ（写真3）。

アラーキーの写真3のように、自分の仕事をする場へ気負わずさりげなく招待すること。父の子へのかかわりの典型ではなかろうか。筆者の子ども時代、学校帰りに連れて行かれた知人の父親の炭焼き小屋。普段からよく知っているそのおじさんの顔は、家にいるときの顔とも、農作業のときのそれとも違って、一種野性的な生気があった。自分が一瞬ハッとしたのを憶えている。そうした顔に触れること。

バケツの水汲みも、お手伝い／労働という面も幾分かはあるが、女の子の少し恥ずかしげな笑顔が示すように、子守が

図2　西原理恵子　鴨志田さんと子どもたち
（出典：西原理恵子『毎日かあさん2』毎日新聞社、2006）

てらのお母さんの仕事について行く、という側面のほうが強いことがわかる。一緒にちょっとだけ働けること、また、そういうふうに扱ってもらったことが嬉しいのだ（写真4、写真5）。それは子どもにとって大人を知る重要な機会になる。

父親にとっても、子どもたちと接することは、やはり日常以上の面を持つ。そのぶん、サービス過剰気味になりやすい。お出かけ（食事、買い物）、旅行、祭りと、イベント的な面を強める選択に傾く。男の子がそれに乗ると、ちょっと浮いた状態で、事態はすべり出す。図2のように。

たとえ、日曜日のファミリー・レストランの、一家で行って一万円でお釣りが来る食事の場合でも、父親が、つい「折角だから」と思って場を仕切ろうとすると、それが子どもたちのつもり（彼らにとっては日常の延長）とズレて、あまり嬉しくない雰囲気になったりする。

一方、西原（二〇〇六）のこのマンガにも如実に現れているが、女の子は自分独自のスタンスから演出し、仕掛け、コミュニケーションを取ろうとする（図2）。そして、父親のかかわりは、ここでのようにならざるを得ない。そして他の家族のかかわり、乗り加減が、場の雰囲気を決める。父親が、「自分が働いている」と自負するほど、この写真5のようになるだろう。その意味で、この写真5の父は、働く自負を持つ父の誰でもが、こうであり得る。（もっとも、先のルポにあるように、「妻も働いている」なら、家事労働をどう負担するかひとつとってみても、事態はだいぶ違うかもしれない）

父親が、たまの日曜日にはりきって子どもを遊ばせると、子どもはその夜、興奮してなかなか寝ずに手こずった。そんな話を、子育てグループの母親・父親から聞くことがある。子どもにとって、その遊びの場が、かなり特別なセッションになっていることがわかる。これをそうなるのが問題だからとして、ふつうのセッションにすることができるだろうか。多分、無理なのではないか。ふつうのセッションは、子どもたちの日常の世話にかかわる、女性たちやその知人（ママ友）が、そして子育てにかかわる専門職業の保育者が受け持っているから。

子どもの世話は、その大部分が日常のメニュウによって埋められている。誰がしても、父がやっても母がやっても、それは同じ。その世話のうち、半分に近いかそれ以上を父が受け持つことがあるとしたら、この現代の日本ではやや特例にはいるだろう。子どもが重度の障害を持つ場合や、仕事も家事も世話も半分にするという、それが可能な特別の条件と意識にめぐまれている場合、などが思いつく。しかしその場合も、「男の人はよくやっている」がくっついてくる。逆に「女の人はよくやっている」は、よっぽどの悪条件をクリアしつつ仕事をしている人くらいにしか、くっついてこない。

8　小さなステレオタイプと役割交換

われわれは時代の価値や偏見から、それほど自由ではない。われわれを動かし、規定し、時には守るグラウンド・ルールがある。われわれはそれに慣れ、それを使っているゆえに、そのことにそれほど意識的ではない。それは顕在化することで、ステレオタイプとなる。いかにもキャリアガールらしい、スーツの肩のトンガラセ方とか、弁護士らしい歩き方（同業者にはすぐにわかるらしい）、とか。

固定しているかに見える父・母役割のステレオタイプの背後にあって、それを創り出し、支えているものは、役割交換の潜在的な柔軟性である。それは普段は見えないが、西原さんチの娘や、天神の街を歩く少女の家族のダイナミックスへの仕掛けがあるとき、小さく、また一瞬、揺らぐ。この仕掛け、演出、揺らぎによってもたらされるのが、役割交換と相互侵透のチャンスでもある。それが可能なこと、それが露わになることが、健康さ、ではなかろうか。それは、父親も子育てに参加しましょう、のキャンペーンで揺らされるものとは、その有効性においても、破壊力、復元力においても、相当違う。

先の森崎のルポに登場する女性たちの、恐ろしくも明るい働き方と生活倫理。それは消えたように見えて、また違った形で復活するだろう。彼女たちによって一度、実現したのだから。初めは個人化されたものが、共有され、小さなステレオタイプとなって、それらが次々と生まれ、それにつれて消えていくものもある。その活力。

役割交換のチャンスもどんどんやって来る（写真1、写真2）。が、それがより大きなステレオタイプになってしまうと、役割交換は容易でなくなる。近ごろの大学生の就職活動（就活、というらしい）の際の、男女全員ダークスーツはそれにあたるだろうか。大きな波だから、呑み込まれ易く、脱出しにくい。小さなそれを生み出す活力は、水没の危機に瀕する。この時、服装で言えば、「あらゆる服装は制服である」（鷲田、一九九五）と呪文を唱えてみると、せり上がってきた水位は、随分と下がるかも知れない。

（1）明治二〇年代前半、藩閥政治に不満を持つ政治結社の福岡・玄洋社は三井財閥と激しく争って、遠賀川流域二五〇万坪あまりを取得。この結社活動資金づくりのアイデア提供と利権獲得のための膨大な資金調達で頭角を現したのが、後に政治の裏舞台で活躍する、二〇代の杉山茂丸である（多田、一九九七）。茂丸のひとり息子・夢野久作は、後に「犬神博士」の中で、この顚末を「血の雨降らす争奪戦」として描いている。

引用文献

網野善彦『女性の社会的地位再考』御茶の水書房、一九九九
荒木経惟『東京人生　SINCE1962』バジリコ、二〇〇六
井上孝治『こどものいた街』河出書房新社、二〇〇一
上野英信『出ニッポン記』潮出版社、一九七七
熊谷博子　映画『三池―終わらない炭鉱（やま）の物語―』二〇〇六
西原理恵子『毎日かあさん』2　毎日新聞社、二〇〇六
多田茂治『夢野一族―杉山家三代の軌跡―』三一書房、一九九七
羽下大信「ソーシャル・サポート／コミュニティ・アプローチ」野島（編）『臨床心理地域援助研究セミナー』二六九―二七九頁、『現代のエスプリ別冊』至文堂、二〇〇六
森崎和江『まっくら』三一書房、一九六一／七七
安本末子『にあんちゃん』西日本新聞社、二〇〇三／一九五八
山口勲『ボタ山のあるぼくの町　山口勲写真集』海鳥社、二〇〇六
山本作兵衛『筑豊炭坑絵巻上　ヤマの仕事』パピルス文庫No.3、葦書房、一九七七
山本作兵衛『筑豊炭坑絵物語』（田川市石炭資料館編）葦書房、一九九八
鷲田清一『ちぐはぐな身体―ファッションって何？―』筑摩書房、一九九五

トラウマと「いま」
——賠償と秘密の行方

森 茂起

トラウマ研究の視点から見て「いま」はどういう時代なのか。これが本論の問題である。ブルンナーによれば、「傷つきやすい個人」という観念を核とするトラウマ言説は、九・一一同時多発テロ以後、「ナショナル・トラウマ」という概念にまで拡大し、今日の言論にいまだかつてない規模で広がっている[1]。トラウマ研究内部で扱われている、戦争、事故、自然災害、犯罪、児童虐待等が、今日の時代を映す鏡であると同時に、トラウマ言説自体の拡大、進行もまた、今日の時代のある側面を映し出しているという意味で、トラウマという切り口は、「いま」を捉える有効な手段であろう。

1 『ストレイト・ストーリー』

主題を鮮明にするために、二つの「物語作品」に触れることから始めよう。まず第一に、デイヴィッド・リンチ監督の映画作品『ストレイト・ストーリー』[2]である。奇怪なイメージの氾濫する作品で知られる監督が、はじめて撮ったヒューマンドラマとして知られる。主人公は、足が弱り、持病を抱えて医師から警告されている七三歳の男性、ストレイト氏である。彼は、兄が病に倒れたという知らせを受け、離れた土地に住む兄を訪ねることを決意する。何かの諍いから、兄とは一〇年も音信不通となっている。視力が衰え、運転免許を持たない彼がたてたのは、芝刈り機に荷車をつないで五〇〇キロを旅する計画である。こうして映画は、芝刈り機による「ロードムービー」となる。旅に出るまでの、そして旅に出てからの苦労のあれこれがストーリーの面白みだが、ここでは触れない。ここで問題にしたいのは、途上で世話になった町のバーで、同年輩の町の男性ヴァーリンと主人公が語り合う場面である。

カメラは、バーのカウンターに並んで座る二人を前から捉える。左に座るストレイト氏は、アルコールを飲まない。戦時中にフランスでアルコールを覚えたが、無事帰還したあと酒におぼれて、生活が破綻したと彼は語る。アルコール依存から脱したのは、牧師の援助によって飲酒癖が戦争の悲惨な思い出とつながっていることに気付いたときだったと回想し、「皆忘れようとしてアルコールに耽る、そういう奴は見たらすぐに分かる」、と続ける。それを聞くヴァーリンの表情から、彼もそういう奴の一人であるのが分かる。

ヴァーリンは、ストレイト氏の言葉を受けて、隊の全員を空爆で失った経験を語るが、その詳細は省略する。それを聞いていたストレイト氏は、その語りには一言も答えず、自らの戦場の記憶を語る。かつては思い出さなかった記憶まで蘇るようになった、死んだ仲間の若い顔だけでなく、敵兵一人一人まで脳裏に浮かぶようになった、という言葉に続いて彼が語りだすのは、ある日の戦闘での出来事である。彼は、狙撃手であった。見晴らしのよい場所に銃を据え、敵を狙い撃つのが役割である。部隊に、コッツという天才的に優秀な偵察兵がいた。その兵のおかげで多くの兵が死を免れていたという。その日も銃を据えて戦場を見ていたストレイト氏は、遠くの森が人の存在を示して揺れるのを見る。敵兵と判断した彼は、狙い撃ち、茂みの揺れは止まる。翌日、茂みから発見されたのは、コッツであった。彼は、敵陣の偵察から帰るところだったのだ。ストレイト氏以外の誰もが敵に狙撃されたものと信じ、この事実は彼一人の胸にしまわれたままとなる。語り終えた二人の姿をカメラは後から映し、二人とも互いの体験について何も言わない。二人の語りに時に重なる戦場の音は、彼らの脳裏に戦場の情景や音がありありと浮かんでいることを意味する。

ストレイト氏の記憶は、おそらくは家族にも友人にも語れなかったものだろう。通りすがりの間柄だからこそ、そして似た体験を持つ相手だからこそ語れたのであろう。そして、その記憶は今もなお彼を苦しめている。若い日以上に苦しめているのかもしれない。このシーンにいたる旅の途上で若者に「年とって最悪なのは何?」と問われ、彼が答えた、「若い頃を覚えていることだ」という言葉はこのことだったのかと見るものは胸を打たれる。

主人公の言葉は、半世紀前の体験が、時間によって褪せることなく彼の記憶に留められていることを伝える。淡々と語る描写は、狙撃手の彼の目が、誰かがそこに潜んでいることを示して揺れる茂み、敵兵と信じて撃ち込んだ結果揺れなくなった茂みの情景を捉えていたこと、語る今の彼の脳裏にその情景がそのまま浮かんでいるであろうことを想像させる。

こうした五〇年以上に渡る、おそらくは命が続くだけ保たれるトラウマの作用を、実証的に確認していく作業は今後に残された課題である。第二次世界大戦に関しては、六〇年以上の長さの年月の作用はまだ検証しようがないが、現在までの知見だけでも、それが時間によって減衰する、消滅するという証拠はあがっていない。個人に対する作用としては、生涯を終えることによってその跡が消えるのかもしれないが、それは時間による減衰とは言えないだろう。

2 『残酷な神が支配する』

触れたい作品のもう一つは、萩尾望都の漫画作品『残酷な神が支配する』[3]である。萩尾望都に関心を持つ読者にはあまりにも有名であり、性暴力に関心を持つサークルの中でもよく知られた作品である。[4]

この作品が描く出来事の連鎖と複雑な人間関係の詳細をここに紹介することは不可能である。主題の核心部分のみ要約しよう（この作品は、初めて読むものを、まさに「書ヲ置ク能ワズ」の体験に引き込む。未読の方は、以下の要約を読まずに次項に進むことをお勧めする）[5]。主人公ジェルミ・バトラーと母親のサンドラは、アメリカのボストンで母一人子一人でそれなりに幸せに暮らしていた。そこに、偶然の出会いによって、仕事でボストンを訪問した英国紳士のグレッグ・ローランドが登場する。グレッグは、サンドラに求婚し、サンドラは夢見心地になる。しかし、一見ロマンティックな家族物語の様相を見せて始まる物語は、グレッグがジェルミをドライブに連れ出し性暴力を加える場面から、突然地獄絵図となる。ジェルミは、このあまりにも屈辱的な体験を、ガールフレンドのビビにも、サンドラにも打ち明けることができない。夢のような結婚話に有頂天のサンドラの幸せを壊せないという思いから、ジェルミは結婚に反対できず、結局二人は結婚にいたり、家族はイギリスのグレッグの大邸宅に移り住む。ジェルミに対するグレッグの性暴力は結婚後もさらに激しさを増し、しかし、サンドラにも、グレッグの息子でジェルミの義兄にあたるイアンにも、イアンの叔母のナターシャにも、つまり、登場する重要な人物の誰にもジェルミはその被害体験を打ち明けることができない。人格者として通っているグレッグによる性暴力は、知らない人にとってあまりにもあり得ないことで、信じてもらえないことが目に見えている。しかも、被害が重なることで、自らがその行為に関わる共犯者であるという罪悪感がジェルミを苦しめ、他者に打ち明けることをいっそう妨げる。こうして、誰にも知られないまま、ジェルミの心と身体は破壊されていく。

彼の心身に次第に現れる変調とそれに並行して進む人間関係の歪みは、極めて現実感のあるもので、その詳細を分析すれば興味深い議論となるはずである。結局彼は、老齢の心理療法家を訪ね、そこで初めて彼の体験のすべてを打ち明けることができる。この心理療法家の人物像も、同種の作品にありがちな作為性がなく、いかにもこうしたことが実際あると思わせる現実味がある。しかし、彼は間もなく亡くなり、ジェルミの運命を変えるまでの力を及ぼすことができない。

ジェルミは、この地獄から脱出するには、グレッグを殺すしかないと追い詰められ、自動車事故を仕組む。グレッグの運転する自動車は予定通り大事故を起こし、グレッグはサンドラとともに還らぬ人となる。この事故には複雑な事情が絡まっており、その一つ一つが物語にとって重要だが、ここでは省略する。ここまでを物語の前半とみなすことができる。後半の物語は、ジェルミが抱える秘密が、義兄のイアンを通じて次第に明るみに出されていく過程である。

後半のジェルミは、グレッグの死が決して地獄の終わりを意味しないことを知る。ある意味無垢で穢れを知らなかった彼の身の上に、グレッグの登場以来重なった罪と秘密と嘘の数々、それらを剝ぎ取ることは、途方もなく困難で、ほとんど不可能に近い。それらは彼の上にのしかかるというよりは、身体深くに埋め込まれている。その困難は、具体的には誰よりもイアンとの関係において最も詳細に描かれる。イアンにとって、父のグレッグは潔癖な男性であり、家庭は平和を保っていた。ジェルミの被害は、グレッグ個人の行為だけではなく、それを知りながら目を閉ざしていた周囲の人々、あるいはまったくそれを見ていなかったイアンのような人の存在があって成立していたことが後半の進行から分かってくる。ジェルミが最も被害を知られるのを恐れ、その幸せのために耐えていた母親サンドラが、実はすでにグレッグとジェルミの関係を知っていたこと、したがってすでに幸せは崩れていたことをジェルミは知る。そのとき彼は叫ぶ、「彼女にこそ知られたくなくてぼくはずっとグレックの要求どおりにしてきたのにー!!」家族のあらゆる部分に秘密と嘘がいきわたり、ジェルミを包囲していたのである。

その秘密は、ジェルミを縛っていた鎖であるとともに、その暴露によって、良家の息子に過ぎなかったイアンを地獄に陥れる。ジェルミからついに告白を受けたとき、彼は一旦その事実を受け入れる。しかし地獄の苦しみのなかで、彼は問う。「そんなことってあるだろうか?」「あり得ないよ!」と。そしてついに、「―ジェルミが告白したようなことは――なかったんだ!」という言葉を口にする。ここには、受け入れがたい事実を前にした時に生まれる「否認」の力の強さが如実に示されている。

ここに描かれるような家庭内の性暴力は、世の中に確かに存在し、明るみに出されないまま、被害者の心身を破壊している。破壊の影響範囲は家族内にとどまらず、さまざまの形で家族外にまで及んでいるに違いない。性暴力だけではない、他種の暴力も含めて、親密な関係の中で行われ秘されている暴力がどれだけ世に存在し、どれだけの作用を社会にもたらしているのか、その程度を見積もることは未だなされていない。表面化している事例は氷山の一角ではないだろうか。

3 トラウマの発見/発生

本論が「トラウマ」という概念を用いて扱いたいのは、ここに紹介した二つの物語が描いていた事態である。前者は、戦争に代表される巨大なトラウマ的事象によって生じる被害で、「惨事ストレス」[6]という語が用いられる領域である。後者は、性虐待に代表される親密な個人的関係の中で生じる被害である。本論ではこの両者をトラウマ学の二領域としておく。両者は、発生する現場の様相こそ大きく違え、「トラウマ」としての共通の性質を持ち、光が十分当たらないまま、個人や社会を根底から変質させているのではないか。もちろんその実態に光を当てる努力はすでになされており、総体を「トラウマ学」と呼ぶことのできるような流れを形成しているが[7]、現実にトラウマ的事態を防止するにはいまだ微力である。現在、トラウマによる変質と根底への光の照射の緊張関係は、ある臨界点に近づいているのではないか。先に触れたブルンナーも共有するこの視点を可能な範囲で提出するのが本論の目的である。

トラウマによる社会の変質に光が当てられだしたのは、一九世紀の最後の三〇年間と言われる。[8] トラウマ的事象の発生、人権意識の発生、神経学の発達といったいくつもの要因の重なりによって始まった当時の研究の流れが、「トラウマ」という概念を生み出した。二領域のトラウマ的事象のいずれも、近代化の進行と共に「発生」し、「発見」されたことに注目しなければならない。

第一領域では、鉄道事故と近代戦争というトラウマ的事象が近代科学技術の発展と共に発生することで、今日のPTSDに相当する症状が多くの被害者、兵士に発生し、医師の注目を促した。「外傷神経症」[9] の歴史として捉えられる現象である。第二領域での暴力の「発見」も、子どもへの身体的虐待の発見、あるいは家族内での性暴力の発見という形で同時期に起った。そうした暴力の「発生」と「発見」が、近代化に伴う急激な都市化などの環境変化とどう関係するか、近代化以前の同種の暴力と質的に違うものか、といった議論が必要であろう。

これらの現象すべての背後に近代化の進行があることを考えると、トラウマ研究とは、近代化の進行によりトラウマ的事象が増大し、それと並行してトラウマをトラウマとして理解する認知枠が発達するという過程である。つまり、トラウマの「発生」と「発見」の両者が絡み合った過程である。

一九世紀の末に始まったトラウマ的事象への認識は、しかしその後必ずしも順調に進まなかった。当初のトラウマ認識は抵抗を受け、トラウマ現象は否認され、おおむね二〇世紀の最後の三〇年間にいたるまで共通認識はもたらされなかった。トラウマ学の二領域で、その発生と発見、認識と抵抗はどのように起ったのか、その総体は、二〇世紀の歴史全体に及ぶ事象であり、検討には本来厖大な作業を必要とする。ここでは、私の関心領域のみに焦点を当て、第一領域では「賠償」の問題、[10] 第二領域では「秘密」の問題を取り上げてみたい。

4　外傷神経症と賠償

外傷神経症の歴史は、すでに何度も論じられている。[11] 医学において大事件によるトラウマ性の症状が注目されるようになったのは、一九世紀後半のことである。一八六六年に、イギリスのエリクセンが鉄道事故後遺症について発表したものが、初めての例とされている。彼は、その症状を、脊髄の目に見えない損傷の結果と考え、「鉄道脊椎 railway spine」と呼んだ。後に、ドイツの医師オッペンハイムが、鉄道事故後の症状をまとめて、外傷神経症 traumatische Neurose という診断カテゴリーを提案することで、「トラウマ」という言葉が診断名として登場した。[12] 同時期の一八七一年には、アメリカ南北戦争を戦った多くの兵士に見られた特殊な症状に注目した報告がなされた。それらの症状は心臓の機能障害と考えられ「過敏性心臓 irritable heart」の概念が生まれた。[13] ストレイト氏のような戦争のトラウマに光が当たった最初の例と思われる。ただし、戦争がトラウマ研究の中心に躍り出るには第一次世界大戦を待たねばならない。

大量輸送技術の発展に伴って生まれた鉄道事故後遺症研究は、実は、もう一つの、これもやはり近代化によって生まれた、「損害賠償」の制度と深く結びついている。ブルンナーは、エリクセンの研究が、「個人の傷つきやすさ」に科学的な説明を与え、賠償の法的正当性に根拠を与えたという。また、法学者フリードマンの言葉を引いて、「近代の民事過失法は、人体を粉々にする驚異的な力をもつ機械類を生み出した産業革命に由来する」と指摘する。[14] つまり、損害賠償制度とトラウマは、その起源を同じくしているのである。

一九世紀から二〇世紀の初頭にかけ、トラウマ性の症状が、脳や神経組織の器質的変化によるものか心理的作用による機能的なものかという議論と並行して、詐病との区別をめぐって錯綜した議論が展開される。オッペンハイムの主張に対して、それらの患者を年金を得るための詐病あるいはアルコール依存とみなし、言わば患者の人格に問題があるとする主張が投げかけられ、外傷神経症を一つの疾患単位と考える立場の旗色は悪くなっていく。[15]鉄道事故に焦点が当たっていた英米の学会に対して、ドイツでは、鉄道事故よりも労働災害をめぐっての賠償が問題になっていた。それは、労働災害に対する年金賠償制度が整うことで、賠償を求める労働者の診断という職務が医師に与えられたからである。一方には詐病による年金要求を見破ることを義務と考える医師が登場し、他方には「一人の病人に不当な扱いをするよりも、むしろ一〇人の仮病人を見過ごす」[16]べきという医師がいた。

第一次世界大戦は、戦争神経症と呼ばれるようになる多数の患者を兵士に生みだし、外傷神経症をめぐる議論に再び火をつけた。ここでもオッペンハイムは、器質的変化を伴う外傷神経症という持論を展開したが、支持するものは少数であった。オッペンハイムの言う「目に見えない器質的変化」を実証するデータが存在しないことから、ヒステリーという理解や、賠償を求めての反応、あるいは詐病などの主張が優勢となる。こうしたなかでネゲリは、「外傷神経症」という包括的な概念は不適当で、「事故直後の恐怖症が周囲の影響で年金欲求に変質」、「訴訟魔―アルコール依存を合併することが多い」、「先天性の鈍感抑うつ症」、「道徳精神の低下に詐病がとりついたもの」などを含む分類をすべきと唱えた。[17]医学上の科学的概念より倫理的価値判断、あるいはむしろ「断罪」とでも言うべき態度がうかがえる。

「統合失調症 Schizophrenie」の概念を提出した精神医学の大家、ブロイラーは、精神医学教科書において災害神経症を四型に分類し、「安静と休息が治療上重要な驚愕神経症」「治療が長引くか不治の外傷神経症」「パラノイド性格が基盤にある年金好訴症」「外傷性ヒステリー」とした。[18]教科書という性質上、ネゲリのような倫理的断罪を排しながら、当時の議論を整理して客観的に記述しようとしたものであろう。しかしここにも「年金好訴症」というカテゴリーが含まれることで、後のその種の議論に影響を与えた面は否めない。

ドイツにおけるその後の議論では、外傷神経症を賠償を求めての反応とする主張が頻発した。年金を停止したところ症状の訴えがなくなったという報告があり、それに伴って、ボンヘッファーのように、[19]願望、欲求が底に流れる精神病質者が心因反応を示しているものが多く、そうした患者については年金を打ち切るべきという主張がなされる。「賠償神経症」「年金神経症」という概念がそれに伴って生まれる。「災害神経症者を低級な人種、ペテン師とみなす傾向」への警鐘もあるが[20]、逆に言えば、それだけ患者への逆風が吹いていたということである。同時期ヴァイツゼッカーは、「年金神経症」は経済的、法的概念であるとして批判し、臨床家としては、すべての権利復権を求める者として「権利神経症」と呼ぶべきだと主張した[21]。トラウマの最も重要な側面の一つ、つまり「被害」に注目した主張として興味深い。

さて、煩雑を怖れながらやや詳しくたどってきた流れから見えてくるものは何であろうか。保険制度、賠償制度、年金制度などは、私たちの生活を「安全」かつ「平等」なものにするために近代社会が生んだ制度である。「安全感」の追求を基本的な動因とする人間が、貨幣経済の確立した時代に、近代社会が目指す完全に守られた世界を実現するための装置として発明した制度である。それらによって、人生は一定の安全の範囲に納められ、私たちは守られている感覚と共に生きることができる。

トラウマ現象とこれらの制度が常に絡み合っている事実は、逆に、トラウマと「安全感」の深い関係を照らし出している。トラウマ現象の一つの本質的性格は、私たちが通常当然のこととしている「安全感」が突き崩されるところにある。言い換えれば、「安全」が脅かされたときに生じる恐怖感が、トラウマ現象の中核に位置する。神経学に発したトラウマ研究だが、トラウマ現象に恐怖という心理的体験が作用することに気付いていた研究者は初期から存在した。見えない神経の傷害と考えたエリクセンも、恐怖の因子が働く可能性を示唆しているし、先に触れた「驚愕神経症」という概念は、恐怖の支配する衝撃的体験に注目するものである。現在のＰＴＳＤ概念は、身体的外傷を伴うような出来事だけでなく、他者の危険の目撃も「トラウマ的出来事」に含めており、その作用が心理的な恐怖感を通して起ることをいっそう明確にしている。

しかし、起ってしまった被害に対する補償に際し「金銭」が導入されることで、経済的利害関係が発生する。

恐怖によって動いていたトラウマの場が、金銭をめぐる欲望のぶつかり合う場となるのである。その結果、補償を行なう主体側の利害に突き動かされることで、被害を低く見積もる傾向、被害を被害と認定しない傾向が生まれる。このように、トラウマに関係する医学概念は、被害‐加害をめぐる利害関係と無関係ではおれない。「賠償神経症」の概念は、障害が被害者の欲求によって生じると断じることを意味し、その理解によって加害者の責任が回避される。医学が、被害者よりは加害者に利するように機能する例である。言い換えれば、利害関係の観点から見て、医師が加害者と同じ立場に立って下す診断である。診断という自然科学に裏付けられた客観的判断と見える営みも、それを下す医師の個人的、組織的、政治的などの立場に依存する。

安全かつ豊かな生活への欲求によって発達したはずの近代技術だが、当の技術による被害が発生すると、その技術によって利潤を得ている企業あるいは国家の欲求によって被害の認識が阻害される。医学もその欲求の力の内部にある。賠償制度によって鮮明化するこのメカニズムは、トラウマをめぐる「加害‐被害」の構造に普遍的な一つのパターンと思われる。つまり、恐怖と「生き延び survival」を中核として発生した現象に、欲望の支配する現象が事後的にまとわりつくのである。

賠償問題が照らし出すもう一つの論点は、トラウマの及ぶ範囲の限界に関するものである。当初、目に見える身体的外傷を対象として生まれた賠償制度の範囲が、目に見えないトラウマにまで拡張されたとき、その範囲は極めて曖昧なものになる。そもそも外傷神経症は、器質的変化を伴うとされる場合でも、「目に見えない変化」を想定したものであり、その程度を計るには、観察可能な症状に基づくしかなかった。苦痛の程度の判断は当人の報告に頼ることになる。現在の脳科学はトラウマ的作用のある部分を、海馬の縮小[22]といった脳の器質的変化に見出しているが、たとえそうであっても、傷害の量をその縮小率で測って、それに応じた賠償を行なうといった議論は問題外であろう。心的な機能的障害となると、それがどれだけの範囲に及ぶものかを計ることはなおさら難しい。

「年金神経症」「賠償神経症」といった概念で否定されようとした外傷神経症は、その後の、特に第二次世界大戦以降に合衆国で進んだ研究の成果によって、トラウマ性ストレス traumatic stress という概念で多様な衝撃的事件をくくり、PTSD（外傷後ストレス障害）の概念で総合されるようになった。トラウマ性ストレスが障害を生むメカニズムとして、PTSD概念は、被害者の欲求ではなく、死の危険等の衝撃的体験に際する恐怖を中核に置いている。二〇世紀前半を支配した議論を清算して外傷神経症を再定義したものと言える。PTSD概念がトラウマ理解に果たした役割は限定的だが[23]、「賠償神経症」「与金神経症」といった概念を払拭して共通理解に達した意義は大きい。では、その共通理解が成立した現在、賠償、補償の問題はどのように決着を見たのであろうか。何らかの判断基準が得られたのだろうか。

実は、決着を見たどころか、この問題は、今あらためて議論の対象になり、かつてのような対立とはいえないまでも、やはり同じく判断の相違を生み出しているのである。日本でもPTSD概念の浸透と共に、法的観点から賠償のあり方について論じられるようになっている。日本の状況について、松本克美の検討を参照すると[24]、日本ではじめてPTSDに対する賠償が認められた判決は、一九九八年に生まれている。交通事故後の精神不安定をPTSDによるものと判断し、五千一八五万円の賠償額を認めた判決である。しかしこの判決については、批判が寄せられ、精神科医の黒木宣夫は当時、「どういうPTSDを補償すべきかが全然固まっていないうちに、これが認定されて補償まで出てしまったということで、こういうことでいいのかという気持ですね」と述べたと言う。トラウマに対する賠償という古くて新しい問題が、現在の日本においてようやく論じられ始めたのである。

松本は、PTSD概念を用いた被害認定について、被害‐加害という関係の存在が明確になること、人格への損害を独立したものとして認定できることの意義を指摘している。これは物理的被害に伴う精神的苦痛という従来の被害認定とは一線を画すものである。加えて、PTSDと診断されることで、それだけ悪質な事件であったと認定され、慰謝料を高額化する働きがあると言う。その一方で、PTSDの発症に心的素因や環境要因が関わることを根拠に賠償額を減額する判決も生まれている。こうした判断について松本は、それが「加害者を不当に減責することにならないか、慎重な配慮が必要であろう」と危惧を示している。

賠償の及ぶ範囲についても松本は触れている。賠償を請求する権利の範囲が一つの論点である。子どもが死んだことで被る親のPTSDの損害をどう考えるか、事故の目撃等、間接的な被害者もPTSDになりうると考えられている現在、賠償をどこまで拡大するのか。法的にこれらの問題を処理する課題は今後にゆだねられているようだが、これもまた、心理的な被害の限界を限る難しさの現われである。時効も同じく限界に関わる主題である。戦時下の体験が半世紀以上を経ても変わらず体験者を苦しめることは、『ストレイト・ストーリー』が扱っていた主題であった。戦争だけではない、トラウマ的体験による作用は時間によって減衰しないと現在までの報告が教えている。両大戦における戦争神経症を詳細に検討したカーディナーは、過去の戦争神経症研究が一時点のみの観察から議論していたことを批判し、「戦争神経症は年単位の長さで研究してゆかなければならない過程である」と述べ、慢性化した症例の治療は至難であると言う[25]。そのカーディナーでも、提示している症例の経過はおおむね一〇年以下である。言わば一生にわたる可能性のある被害の影響のどこまでを賠償の範囲とするのかと考えたとき、判断の難しさは容易に想像がつく。時効問題について松本は、「PTSD被害が完全に治癒するまでは、時効は進行しない[26]」という判断を提示している。症状が続く限り時効は進行しないという判断は、トラウマ論から見て説得力がある一方で、賠償側の経済原理からの反発も予想される。

以上見たように、日本においてトラウマへの賠償をめぐる検討は今まさに始まったところであり、今後の議論には相当の紆余曲折が予想される。ヨーロッパでかつてあった「年金神経症」の議論に逆戻りすることはないとしても、その背後にあった問題を扱わないでは議論が進まないこともまた確かである。つまり、トラウマ現象に欲望が絡む問題、トラウマの及ぶ範囲の限界設定の問題である。

私の思うところ、トラウマ的作用の理解が遅れたのは、恐怖が支配するトラウマ現象を直視することがそもそも難しいからである。ストレイト氏の体験を直視することは、よほどの強靱な精神がなければ難しい。それに比べれば、欲望が惹き起こす諸現象は目を向けやすく、トラウマを欲望のぶつかり合う現象として理解する傾向が生まれる。トラウマが存在するところに、欲望を見るという傾向は世のいたるところにあると想像できる。しかし、元来トラウマ現象は、それが発生する瞬間に被害者の欲望が関わるものではない。[27] 誰も鉄道事故にあいたいとは思わないし、ストレイト氏のような戦争下のトラウマ体験によってもたらされる利得を想像するのは難しい。賠償神経症の概念が外傷神経症を説明できないのと同様、ストレイト氏に固執する記憶は、決して彼の欲望で説明できない。

トラウマ現象に限界を設けることとは、被害の範囲においても、時間の限界においても、極めて難しい。もしかすると、トラウマ性の被害は、そのすべてに賠償を行なうとすれば、賠償の責を負う国家や企業が破綻するほどのものなのかもしれない。それが、賠償側から賠償の対象を限定しようとする力が働く一つの原因であろう。賠償や補償は、被害による悲劇を最小限にとどめるため必要な制度だが、逆に言えば、無限大かもしれない被害の作用を小さく見積もろうとする力が常に働く場でもある。

恐怖によるトラウマ現象をどこまで直視できるか、トラウマ作用の量をどう計るかという一九世紀以来の難題にはまだ回答が与えられていない。

5　親密な関係における暴力

もう一つのトラウマ現象、つまり、親密な関係の中に発生する暴力によるトラウマの認識は、一九世紀後半のヒステリー研究から生まれた。ヒステリーは、身体を通して現れる多彩な症状を特徴とする疾患で、パリで活躍した医師、シャルコーが精力的な研究を行なっていた。そのシャルコーの影響下で、フランスのジャネー、オーストリアのフロイトという二人の医師が、ヒステリー症状の背後にあるトラウマ的体験にほぼ同時期に注目する。(28) これが、鉄道事故と並ぶもう一つのトラウマ研究の起源である。鉄道事故を代表とする外傷神経症研究が、誰の目にも見える大規模な事象に注目したものとすれば、こちらは親密な閉じられた集団に隠されている個人的被害に光を当てるものであった。

フロイトの第一著作『ヒステリー研究』は、ヒステリー患者の症状の背後にトラウマ的な出来事、それも鉄道事故のような巨大な事件ではなく、主として家庭内で起こる事件の作用があるという「発見」によって成立したものである。しかしこの時点でのトラウマ的事件は、比較的最近の患者の体験であった。フロイトはこの認識をさらに発展させ、続いて発表した論文、「ヒステリーの病因について」において、個々の症状の原因となっている近い過去のトラウマ体験の背後に、幼児期の性的被害体験があると報告した。このフロイトの「発見」は、科学的観点から見れば必ずしも実証的なものとは言えない。フロイトが体験した一九の成人症例からの推論であり、過去の事件の存在について確証があったわけではないからである。しかし、一〇年、二〇年の歳月を経てトラウマの作用が現れることを想定したこの認識は、トラウマ論から見て重要な意味を持っている。子ども時代の体験の作用が長い時間経過を経て症状として現れる、あるいは、幼児期体験に後のトラウマ的体験が重なって症状形成に至るという現在でも妥当と思われる理解を示したからである。

このフロイトの主張はその後、いくつもの要素が絡み紆余曲折の過程をたどった。諸要素のうち三点だけを指摘しておこう。まず、この洞察は、現在の症状をはるかな過去の現象によって説明するという「発生論」への道を開いた。現在の症状を過去の現象から説明するという発生論的視点は、あまりに自明のものと思われるかもしれない。しかし、トラウマ概念に伴うこの視点は、決して常に共有されてきたわけではない。科学のパラダイムによって、あるいは政治的な背景によって、この視点への立場は変移する。ダーウィンの進化論が多様な生態系を発生論的に説明した時代、起源を探ることが科学であるという信念が成立した時代を背景に、フロイトのこの視点は生まれたのである。(29)

第二に、フロイトの議論は、患者の「想起」のどこまでが「現実」かというやっかいな問題を孕んでいた。そして、患者の語る内容が必ずしも事実の想起ではなく、「空想」の産物を含むことに気づいた時、フロイトはこの学説の修正を迫られることになる。「空想」と「現実」の関係の理解、両者の価値付けにおいて、その後の精神分析は、さまざまの立場を生む。

最後に、フロイトの「発見」は、家族という親密な人間関係における暴力被害の存在の「発見」でもあった。それはつまり、彼のもとを訪れる患者の家族の誰かが加害者であることを意味する。今日の言葉で言えば、「児童虐待 child abuse」の発見である。この発見が社会から強い反発を受けたことが、フロイトが理論を修正せざるを得なかった理由の一つである。

精神分析内の変遷はここでは置いて、フロイトが患者の過去を探ることで子どもへの暴力を「発見」した時代が、社会問題として児童虐待が「発見」されたのと同時代であることに注目したい。

たとえば、アメリカの児童虐待認識の始まりと言われる、ニューヨークのメアリ・エレン・ウィルソン事件が発生したのは一八七四年である。(30)フロイトの住むウィーンでは、フンメル夫婦、クッチェラ夫婦という二組の夫婦が子どもを虐待死させた事件が、一八九九年に相次いで発生し、センセーショナルなニュースになった。(31)子どもに対する暴力は古くより存在したはずだが、それが社会問題として、「あってはならない」暴力として認識されはじめたのは、一九世紀最後の三〇年間であった。

この時期に子どもへの暴力がはじめて問題化したのには、同時代の人権意識の高まりが関係する。(32)女性や子どもの人権を認識することで、被害をあってはならないものとする意識が生じ、家族の意志よりも、個人としての家族成員の人権が尊重されることになる。家庭内の子どもへの暴力は、親子関係よりも子ども個人の人権が優先されてはじめて、社会が取り組み救済すべき人権の侵害と理解される。

しかし、外傷神経症の認識と同様、人権という観点から発生した家庭内での暴力被害の「発見」もまた、社会全体に認識が共有されるには長い歳月を要した。精神症状の背後に暴力被害があるという認識と、社会問題としての子どもや女性への暴力の認識、これらは砂山に両側から掘り進む二つの穴のようである。二つの穴は、一方で近代社会の成立に伴う人権意識の高まり、他方で心理療法による家族問題への接近という形で、同じ一九世紀末に掘り始められたのだが、二つの穴が中央で出会い、トンネルとして貫通するには、残念ながら、およそ一九七〇年代を待たねばならなかった。

なお、日本の状況を見れば、家庭内における児童虐待の実態が社会に認識されるようになったのはごく最近のことであり、現在でもなおこの認識をめぐる葛藤は続いている。なかでも最も隠されやすい暴力である性暴力は、共通認識のもっとも進んでいない対象である。フロイトが「ヒステリーの病因について」を発表したときに体験した困難は、現在でもそのまま存在していると言わねばならない。

家族内での暴力の認識を難しくする要因はさまざま上げられようが、ここでは二つの側面に触れておく。精神分析内で起こった「欲動理論」への転換と、近代社会の発展における家族の変遷である。

フロイトが、幼児期に関する患者の想起が必ずしも事実に即していないことに気付いたことは先に触れた。この難題に直面した結果フロイトが向かったのが、子どもの性的欲動の発達によって神経症の症状形成を理解する性理論である。つまり、外的事象としてのトラウマ的体験を想定しなくても症状形成を理解できる理論の構築である。フロイト自身のその後の理論的展開は複雑で、単純なトラウマ否定とは言えないが[33]、精神分析が全般にトラウマを重視しない方向に向かったことは否めない。外的事象が関係している場合も、その直接の作用と考えるよりは、外的事象に刺激されて呼び覚まされる性欲の作用を重視するようになる。性欲は子どもにそもそも内在し、それに脅かされる自我の防衛が神経症を形成すると考えられた。恐怖に基づくトラウマ性のメカニズムよりも、欲望を基盤に置く理論形成が中核を占めるようになったのである。[34] 先に、外傷神経症についてみたのと同じ傾向がここにもある。家庭内に暴力被害が存在するとき、この理論は、加害行為から目をそらして被害者を咎める傾向に力を貸すことになる。

もう一つの側面は、家族の「秘密」の暴露と隠蔽の力学である。親密な関係における暴力に共通する力学である。性暴力、児童虐待、DV、セクシャルハラスメントなどが、トラウマ性障害を産み出すトラウマ的事象として認識されたのは、一九七〇年代初頭から始まるフェミニズム運動以降のことである。[35] これらはいずれも、親密な関係内の暴力被害という意味で構造を同じくする。トラウマという観点は、これらの問題を、私的な関係の中で処理可能な「内輪の揉め事」ではなく、暴力による「傷害」と理解することを意味する。[36] 言い換えれば、被害を隠蔽しようとする集団の利害よりも、傷害を受ける個人の人権を尊重する立場である。トラウマという視点が加害‐被害という構造を明確化する働きを持つのは、先に見た事故被害と同じである。

ここで注目しておきたいのは、親密な関係を構成する家族等の集団がこの視点によって被る変容である。『残酷な神が支配する』で描かれていた性暴力被害を思い出してみたい。そこで問題であったのは、暴力被害そのものもさることながら、その被害を「秘密」として家族内に隠蔽しようとする強い力の存在であった。それをはっきりと知って隠そうとする人、怪しみながら見ないようにする人、個人の思いはさまざまでありながら、全体として被害を被害者個人の問題にとどめようとする力が強固に働く。「家族の恥」であり、「正視に耐えない現実」であるがゆえに、ないことと見なされ、外から見えないままに留められるのである。被害者の精神を歪ませ、被害を深刻化させるのは、まさにこの集団的な「否定」「否認」の力である。

一九世紀の末に、医療においても福祉においても、「家族内の被害」への認識が始まったにもかかわらず、その後の認識が必ずしも進まなかった理由には、その後の人権意識の展開と、家族形態の変遷が絡むはずである。詳しい検討は別の機会にゆずり仮説的に述べるなら、近代の歴史は、人権意識の向上に関してかならずしも直線的発展を印していない。個人の生命、個人の意志を尊重する人権意識は、家族という私的な空間を尊重する結果となり、時に、家族内の被害をむしろ隠蔽する力としても働きうる。ブルンナーの言うように、近代化の中で、「多くの場合、多数派や政治的エリートによってトラウマを抱える個人や集団が周縁化され、排除され、黙殺されてきた」[37]。この理解にしたがって、「幸せな家族」という価値を無条件に承認し、そうあらねばならないと考える層をある種のエリートととらえれば、ここにも被害者排除の構図が存在する。

近代化によって、前近代の野蛮、蒙昧が克服されていくという観念は、克服されていない暴力の存在を「あってはならない」ものとして見ない傾向も生む。「幸せな家族」のイメージが強固であるほど、家族に隠された不幸を家族外に知らしめることへの抵抗が強まる。『残酷な神が支配する』が描いているように、暴力は家族の「秘密」として、外部の人間の手の届かないところで進行する。現在、児童虐待防止対策が直面している困難は、まさに家族という私的空間に介入することへの抵抗である。恋人間暴力をＤＶと同質のものと認識して防止する介入も、恋愛を個人の人権の延長と考える自由恋愛の思想による抵抗を受ける。私的な空間の尊重と、個人の人権の保護が、時に対立するというこの構造をどう扱っていくか。これは今私たちが直面する難題である。

6　トラウマと器

ここで扱った「巨大な惨事」と「親密な関係における暴力」の二主題は、規模の点でかけ離れた事象である。しかし、両者をトラウマという視点から見たとき浮かび上がる構造には多くの共通性がある。賠償問題によって鮮明になる外傷神経症の問題は、被害‐加害関係の修復の困難であり、そこに由来する欲望の原理の支配である。この構造は、児童虐待や性被害にもそのまま存在する。親密な関係のなかで暴力が秘される現象も、巨大な惨事に無縁ではない。惨事によるトラウマも、その多くが個人の中に留められ、秘密となって被害者の人生を支配する。ストレイト氏の体験はそのよい例である。トラウマ的事象の多くはこうして消化されないまま、個人、家族、社会のなかに残存し、それらを歪ませていると推測できる。

トラウマという現象の一つの本質的性質は、人間の心的働きを構造化し、抱えている器の破壊と考えられる。個人の「体験を抱える」力を超えて、心の働きを破壊するのがトラウマの作用である。言わば、個人の器の破壊である。家族内の暴力は、家族の解決能力を超え、家族内外の人間関係を歪ませる。家族という器の変質である。児童虐待、DVなどの被害は、実際、家族という器の維持を不可能にする。あるいは逆に、秘密を共有する家族の壁がむしろ強固になることもあるが、家族それぞれの心を容れ、それぞれの成長を促進する家族の器が破壊されていることに違いはない。『残酷な神が支配する』のジェルミの家庭はまさにその状態に陥っている。

器の破壊という観点は、さらに大きな集団についても適用できる。JR西日本尼崎事故は、その被害の総体に対して賠償するとすれば、企業という組織を揺るがせるだけの規模のものではないかと想像する。トラウマ的被害への賠償は、加害者と被害者の関係という器を維持し、被害を社会秩序の中にとどめようとする試みと理解できるが、他方で、賠償問題の難しさは、その維持の困難も知らせている。そもそも、科学技術に支えられて実現されている現代の生活には、一旦破綻すればかつてない大規模な被害を発生させる脆弱さが伴っている。その規模は、被害の全体に対して賠償するとすれば、産み出した組織という器が崩壊する程のものである。国家の規模にまで考察を広げれば、第二次世界大戦で発生したあまりにも巨大な被害に対して賠償するならば、それを発生させた国家が持たなくなるのではないか。

トラウマの本質の一つは、それが時間によって変化しないことである。だとすれば、トラウマ性の被害に対する補償は、原理的に無限大になる。被害者は、永遠にトラウマに苦しめられることになるからである。トラウマと補償の間にある緊張関係の一つがここにある。一人の人間の生涯だけではない。世代を越えた作用についても考えなければならない[38]。世代間連鎖やあるいは霊魂のような観念による作用まで視野に入れれば、死による終わりも保証されるわけではない。死者が「安らかに眠る」ことは残された者の常なる願いだが、むしろ現実がそれに反する恐れから口にされる言葉かもしれない[39]。

トラウマは時間によっても範囲によっても限界づけることができない。本論では、賠償という法的概念を取り上げたので、金銭的補償に焦点が当たったが、加害への償いという問題の一典型として扱ったのであって、実は法廷の場で争われないトラウマ的被害にも同じ構造がある。トラウマの作用が残る限り、加害‐被害の関係がどこまでも続き、それに対する償いへの要求が、必ずしも金銭的なそれとは限らず、発生する。トラウマ性の症状への治療法は確かに存在するし、医学および心理学による試みがある。その効果による回復もあり得る。しかし、これはあくまで治療という専門的な関わりのなかで、周到な努力の結果起る変化である。効果自体、被害者の人生全体からすれば限定的であるし、治療が功を奏した個人という限定的な範囲の出来事である。トラウマ的な被害の多くは、有効な援助を受けないまま、個人に、社会に残存しているはずである。言ってみれば、トラウマに由来する作用は、無限に拡散しているのである。

このように考えると、トラウマ的被害を、何らかの独立した個としての存在のみが担うことは不可能ではないか。個人、家族、法人、国家のいずれも、ここでは個としての存在と考えている。だからこそ、その責を他に負わせようとする傾向が発生し[40]、新たなトラウマを発生させる。本質的に一個の器に容れることができないものがトラウマだからこそ「共に担う」という作業が求められる。個人のトラウマから、集団のトラウマまで適用できる原則である。トラウマへの金銭的補償は必要だが、そこに、謝罪、許し、といった加害‐被害関係の修復に向けた働きがなければならない。修復によって、トラウマを担う場としての関係が成立することが目指されなければならない。

トラウマは常に「事後的」なものと言われる。その瞬間を捉えることはできず、すでに過ぎ去ったものとしてしか扱えないのがトラウマである。しかし同時に、常に今ここにあるのがトラウマである。「事後的」という事態が今ここにあり続けるという意味で、トラウマは過去にならない。そして見えないトラウマが集積すると、「今」が押しつぶされる。あるいは「トラウマ的なもの」の働きが、「今」の働きの大部分を占めてしまう。そうなるまでに、そうならないうちに、認識作業と修復作業を進めねばならないだろう。

（1）J・ブルンナー「傷つきやすい個人の歴史—トラウマ性障害をめぐる言説における医療、法律、政治—」『思想』二〇〇五年、四、五—四三頁。

（2）デイヴィッド・リンチ監督『ストレイト・ストーリー』一九九九年、ポニーキャニオン。

（3）萩尾望都『残酷な神が支配する』全一七巻、プチフラワーコミックス、小学館、一九九三—二〇〇一年。

（4）精神医学、臨床心理学の専門領域ではまだそれほど取り上げられていない。今後論じる価値のある作品であろう。完結前の紹介だが、赤木かん子編著『こころの傷を読み解くための800冊の本』自由国民社、二〇〇一年、に紹介されている。赤木はこの書のあとがきに、「最初にこういう本をつくろうと思ったのは、ある精神科医のかたと話をしていて〝萩尾望都〟の話になった時に〝萩尾望都〟ってだれよ？　ときかれた時でした」と記している。

（5）家族内における性暴力を主題とした作品であることだけ踏まえていただければ、以後の議論の理解に支障はない。

（6）現在「日本トラウマティック・ストレス学会」で盛んに論じられている主題である。成書としては次の文献を参照。G・エヴァリー、J・ミッチェル『惨事ストレスケア——緊急事態ストレス管理の技法』飛鳥井望監訳、藤井厚子訳、誠信書房、二〇〇四年。

（7）次の拙著でその流れを概観した。本論は、その骨格を示すとともに、若干の補説を加えるものである。森茂起『トラウマの発見』講談社、二〇〇五年。

（8）「傷つきやすい個人の歴史」八頁。

（9）外傷神経症 traumatische Neurose はドイツのオッペンハイムが提唱した疾患名である。トラウマ的な出来事に起因する神経性の疾患を意味する。一般に外傷神経症と訳されているが、「トラウマ」を鍵概念として議論するために、先に「トラウマ神経症」（『トラウマの発見』）と表記したことがある。この表記については私自身揺れており、医学上の議論を大幅に参照する本論では、一般に倣って「外傷神経症」と表記する。

（10）賠償をめぐる議論は、重要でありながら『トラウマの発見』で十分ふれることのできなかった問題であった。本論にはその部分を補う意味がある。

（11）医療人類学の立場からトラウマ概念の概念の起源と発展を近代史と重ねて理解するヤング『ＰＴＳＤの医療人類学』中井久夫他訳、みすず書房、二〇〇一年、女性の暴力被害の認識とその防止対策を進めたフェミニズム運動を基盤に書かれたハーマン『心的外傷と回復〈増補版〉』中井久夫訳、みすず書房、一九九九年、生物学的、生理学的研究も含む今日の幅広いトラウマ研究を網羅したベセル・A・ヴァン・デア・コルク他編『トラウマティック・ストレス――ＰＴＳＤおよびトラウマ反応の臨床と研究のすべて』西澤哲訳、誠信書房、二〇〇一年、などが一般に入手しやすいものの代表である。本項の議論は、『トラウマティック・ストレス』第三章「精神医学におけるトラウマの歴史」、及び先のブルンナー「傷つきやすい個人の歴史」の他、次の文献に多くを負っている。森山成彬「重度ストレス反応および適応障害の概念と歴史的展望」『臨床精神医学講座５』中山書店、一九九七年、三五―四八頁。

（12）Oppenheim H., Wie sind die Erkrankungen des Nervensystems aufzufassen, welche sich nach Erschütterung des Rüchenmarkes, insbesondere Eisenbahnunfällen, entwickeln? *Berliner Klinische Wochenschrift* Nr. 9, 116-170, 1988.

（13）Da Costa J. M., On irritable heart. *American Journal of Medical Science*, 61, 17-52, 1871.

（14）「傷つきやすい個人の歴史」一八頁。

（15）同時期に、トラウマ性の症状を、神経学ではなく、はじめて精神医学の問題として捉えたスティアラン E. Stierlin の、直後の驚愕神経症から神経衰弱、不安神経症などに移行するという記述や、日露戦争で医療活動に携わった医師、チギルストレイチ A. Cygielstreijch の、病前性格よりも情動的衝撃の長さ、強度、反復が症状形成に関わるとする報告などがあるが、今日の私たちから輝いて見える客観的で優れたこれらの研究に光が当たらないのがこうした論争の常であろう（前述、森山のレビューによる）。スティアランは、地震、鉄道事故、鉱山事故など、あらゆる惨事に関心を持ち続けた先駆的研究者である。次の文献には、一八九四年の明治東京地震下ではないかと思われるドイツ人医師の体験も言及されている。Stierlin, E., Nervöse und psychische Störungen nach Katastrophen. *Deutsche Medizinische Wochenschrift*, 37, 2028-2035, 1911.

（16）Müller, F. C., Über die traumatische Neurose. *Ärztliche Sachverständigen-Zeitung*, 18, 125, 1907.「傷つきやすい個人の歴史」二一頁による。

（17）Naegeli O., *Unfalls- und Begehrungsneurosen*. Ferdinand Enke, Stuttgart, 1917.

（18）Bleuler, E., *Lehrbuch der Psychiatrie*. 2Auf., pp. 385-395, Springer, Berlin, 1918.

（19）Bonhoeffer K. Beurteilung, Begutachtung und Rechtsprechung bei den sogenanten Unfallneurosen. *Deutsche*

Meditische Wochenschrift, 52, 179-182, 1926.

（20） Aschaffenburg, G., Zur Frage der psychogenen Reaktionen und der traumatischen Neurosen. *Deutsche Medizinische Wochenschrift*, 52, 1549-1595, 1926.

（21） Weizsäcker, V. v., Über Rechtsneurosen. *Nervenarzt*, 2, 569-581, 1929.

（22） 衝撃的体験によって海馬の縮小があり、それが記憶の障害を生む可能性が示唆されている。『トラウマティック・ストレス』二二六頁。

（23） ヴァン・デア・コルクとマクファーレンは次のように言っている。「トラウマとなる被害を受けた人の抱える問題をPTSDという概念のみから見ようとすることは、実際に彼らを苦しめている問題の複雑性を正当に評価しないことになってしまう。」『トラウマティック・ストレス』二五頁。

（24） 松本は、二〇〇三年の時点で得られた、PTSDが問題となった損害賠償訴訟判決例三五例について検討している。松本克美「PTSD被害と損害論・時効論」『立命館法学』二〇〇三年、二号、三二一―八四頁。

（25） エイブラム・カーディナー『戦争ストレスと神経症』中井久夫訳、みすず書房、二〇〇四年、二頁。

（26） 前掲書、七三頁。

（27） カーディナーによれば、戦争神経症は、精神分析がリビドーへの防衛形成によって説明する神経症の枠外にある。『戦争ストレスと神経症』第八章参照。

（28） シャルコーから、ジャネー、フロイトにいたるトラウマの扱いについては、『トラウマの発見』で詳しく扱った。『トラウマティック・ストレス』第三章も参照。

（29） フロイトがヒステリー症状の起源の発見をナイルの水源の発見にたとえたことが、議論の発生論的性質をよく表している。『トラウマの発見』第三章参照。また、現在の精神医学的診断体系（DSM―IV）は、基本的に症状の起源を問わない理念に支えられている。

（30） メアリー・エドナ・ヘルファ、ルース・S・ケンプ、リチャード・D・クルーグマン編『虐待された子ども』明石書店、二〇〇三年、第一章参照。

（31） Larry Wolff, *Child Abuse in Freud's Vienna*. New York University Press, 1995.

（32） Alexander C. McFarlane, On the Social Denial of Trauma and the Problem of Knowing the Past. *International Handbook of Human Response to Trauma*. Ed. Shalev, A. Y., Yehida, R. & McFarlane, A. L. Kluwer Academic Plenum Publishers, 11-26.

（33） ここでは述べるゆとりがないが、フロイトはその後、再びトラウマの作用を重視する理論に向かっていく。この点については、『トラウマの発見』第三章を参照。

(34) 被害者に欲望があるように見えても、その欲望自体大人の加害者から植え付けられたものであるとして、もう一度議論を逆転させてトラウマ認識を復活させたのが、精神分析の反逆児、フェレンツィであった。「大人と子どもの間の言葉の混乱」森茂起訳『心の危機と臨床の知』一、二〇〇〇年、一六三―一七二頁。

(35)「傷つきやすい個人の歴史」二九頁。

(36) 松本克美は、「性的問題にかかわるため、通常の男女関係として合意に基づく関係であったと加害者側から主張される」という困難を抱える性暴力が、「被害がPTSDであると認識されることによって、被害の存在自体が、したがって加害の存在自体が明確になる場合がある」と言う。「PTSD被害と損害論・時効論」六七頁。

(37)「傷つきやすい個人の歴史」三一頁。

(38)「虐待の世代連鎖」をめぐる議論はその一つである。戦争が世代を超えて及ぼす作用については、戦後のドイツ社会を論じたアリス・ミラーの古典的研究がある『魂の殺人――親は子どもに何をしたか』山下公子訳、新曜社、一九八八年。

(39) 広島の原爆死没者慰霊碑には「安らかに眠って下さい　過ちは繰返しませぬから」の言葉がある。ここには、過ちが反復されれば、安らかに眠ることができないという観念がある。

(40) これを精神分析用語でいうならば、投影同一視を用いた迫害的不安の排出である。

山口直彦（やまぐち・なおひこ）
1939年生。神戸大学大学院医学研究科修了。医学博士。精神科医。神戸大学医学部助教授、兵庫県立光風病院長を経て、甲南大学文学部人間科学科教授。著書に『看護のための精神医学』（共著、医学書院）など、訳書にコンラート『分裂病のはじまり』（共訳、岩崎学術出版社）など。

吉岡　洋（よしおか・ひろし）
1956年生。京都大学文学部卒、大学院文学研究科博士課程単位取得退学。専門は美学・芸術学。甲南大学文学部教授、情報科学芸術大学院大学（IAMAS）教授を経て、現在京都大学教授。著書に『情報と生命』（新曜社），『〈思想〉の現在形』など。批評誌『Diatxt.』（京都芸術センター刊）初代編集長。「京都ビエンナーレ2003」「岐阜おおがきビエンナーレ2006」ディレクター。

川田都樹子（かわた・ときこ）
編者略歴欄（奥付頁）に記載。

谷本尚子（たにもと・なおこ）
1962年生。京都工芸繊維大学大学院工芸科学研究科博士後期課程単位取得。博士（学術）。現在、立命館大学、近畿大学などで非常勤講師を務める。専門はデザイン史・デザイン理論。共著に『作家達のモダニズム』（学芸出版社）、『越境する造形』（晃洋書房）、共訳に『グラフィック　デザインの歴史』（淡交社）など。

羽下大信（はげ・だいしん）
1949年生。広島大学大学院博士課程（教育心理学専攻）中退。高知大学専任講師、神戸市外国語大学教授を経て、甲南大学文学部人間科学科教授。専門は臨床心理学、コミュニティ心理学。著書に『子どもたちのいま』（共著、星和書店）、『心理臨床の森で』（近代文芸社）など。

森　茂起（もり・しげゆき）
1955年生。京都大学教育学部大学院博士課程修了。博士（教育学）。現在、甲南大学文学部人間科学科教授。著書『トラウマ映画の心理学』（共著、新水社）、『埋葬と亡霊』（編著、人文書院）、『トラウマの発見』（講談社）ほか。訳書にエイヴンス『想像力の深淵へ』（新曜社）、フェレンツィ『臨床日記』（みすず書房）、N&J・シミントン『ビオン臨床入門』（金剛出版）など。

執筆者略歴（論文掲載順）

飯島洋一（いいじま・よういち）

1959年生。早稲田大学理工学部建築学科卒業。同大学大学院修士課程修了。現在、多摩美術大学教授。建築評論家。著書に『光のドラマトゥルギー』、『王の身体都市』、『現代建築・アウシュヴィッツ以後』、『現代建築・テロ以前／以後』、『建築と破壊』、『グラウンド・ゼロと現代建築』（以上、青土社)、『終末的建築症候群』（パルコ出版)、『映画のなかの現代建築』（彰国社)、『〈ミシマ〉から〈オウム〉へ』（平凡社）などがある。日本デザイン賞、サントリー学芸賞を受賞。

大森与利子（おおもり・よりこ）

1948年生。立教大学大学院博士前期課程修了。 関東学院大学、人間総合科学大学等の非常勤講師。専門は臨床心理学。著書に『弱者からのメッセージ—青年期の対人不安』（分担執筆、太陽出版)、『青春こころ模様—青年心理の周辺』（東洋館出版社)、『「隙間」論—人間理解の臨床 〜モノローグからダイアローグへ〜』（東洋館出版社)、『「臨床心理学」という近代—その両義性とアポリア』（雲母書房)など。

西　欣也（にし・きんや）

1968年生。京都大学大学院博士後期課程単位取得退学。博士（文学)。 甲南大学文学部助教授。専門は美学、思想史。共著に『シリーズ・近代日本の知　第四巻　芸術／葛藤の現場』（晃洋書房)、『心と身体の世界化』（人文書院）がある。

笹岡　敬（ささおか・たかし）

1956年生。美術家。愛知県立芸術大学美術学部中退。成安造形大学准教授。特定非営利活動法人キャズ運営委員長。水や光、熱など捉えにくい素材を使いインスタレーションを制作、国内外で数多く発表。美術作家や音楽家などとのコラボレーションも多数。『日本の現代美術、欧米の現代美術』（WALK No.45、水戸芸術館）インタビュー記事『アートをめぐる三角関係』（大阪人 vol.58、大阪都市協会）など。

田中俊英（たなか・としひで）

1964年生。20代は編集者。不登校の子へのボランティア活動を経て、ひきこもりや不登校の青少年への訪問活動をする個人事務所を96年に開設。00年、淡路プラッツのスタッフ。02年、同施設がNPO法人を取得した際、代表に就任。共著に『「待つ」をやめるとき』（さいろ社）など。03年、大阪大学大学院文学研究科博士前期課程（臨床哲学）修了。

刊行の辞

叢書〈心の危機と臨床の知〉は、甲南大学人間科学研究所の研究成果を広く世に問うために発行される。文部科学省の学術フロンティア推進事業に採択され、助成金の補助を受けながら進めている研究事業「現代人の心の危機の総合的研究――近代化の歪《ひず》みの見極めと、未来を拓く実践に向けて」(2003〜2007年)の成果を7冊のアンソロジーにまとめるものであり、甲南大学の出版事業として人文書院の協力を得て出版される。同じく学術フロンティア研究事業の成果として先に編んだ、『トラウマの表象と主体』『現代人と母性』『リアリティの変容?』『心理療法』(新曜社、2003年)の続編であり、研究叢書の第二期に相当する。

今回発行する7冊は、第一期より研究主題を絞り込み、「近代化の歪み」という観点から「現代人の心の危機」を読み解くことを目指す。いずれの巻も、思想、文学、芸術などの「人文科学」と、臨床心理学と精神医学からなる「臨床科学」が共働するという人間科学研究所の理念に基づき、幅広い専門家の協力を得て編まれる。近代化の果てとしての21世紀に生きるわれわれは、今こそ、近代化のプロセスが生んだ世界の有り様を認識し、その歪みを直視しなければならない。さもなくばわれわれは歪みに呑み込まれ、その一部と化し、ひいては歪みの拡大に手を染めることになるだろう。危機にある「世界」には、個人の内界としての世界、あるいは個人にとっての世界と、外的現実としての世界、共同体としての世界の両者が含まれるのはもちろんのことである。

本叢書は、シリーズを構成しながらも、各巻の独立性を重視している。したがって、それぞれの主題の特質、それぞれの編集者の思いに従って編集方針、構成その他が決定されている。各巻とも、研究事業の報告であると同時に、研究事業によって生み出される一個の「作品」でもある。本叢書が目指すものは、完成や統合ではなくむしろ未来へ向けての冒険である。われわれの研究が後の研究の刺激となり、さらなる知の冒険が生まれることを期待したい。

編者略歴

川田都樹子（かわた・ときこ）

1962年生。大阪大学文学部大学院博士課程修了。博士(文学)。甲南大学文学部人間科学科教授。専門は美学・芸術学。著書に『芸術理論の現在』(共著、東信堂)、『懐徳堂ライブラリー・文化と批評』(共著、和泉書院) など。

Printed in Japan 2007
ISBN978-4-409-34033-2 C3010

「いま」を読《よ》む
消費至上主義の帰趨

二〇〇七年二月二〇日　初版第一刷印刷
二〇〇七年二月二八日　初版第一刷発行

編　者　川田都樹子

発行者　渡辺博史
発行所　人文書院
612-8447 京都市伏見区竹田西内畑町九
Tel 〇七五(六〇三)一三四四　Fax 〇七五(六〇三)一八一四
振替 〇一〇〇〇・八・一一〇三

印刷　創栄図書印刷株式会社
製本　坂井製本所